애들아, 미안하다 - 한국사 교과서

Enough!

애들아, 미안하다 – 한국사 교과서

Enough!

분필통, 1997년

박찬중

키 팅
Key★Think

책을 내면서

2023년, 쉰네 살. ○○중학교 상담 선생님으로 한 해를 살고 있다.

스물일곱 살(1997년)에 고등학교 기간제 교사로 근무를 시작한 후 스물일곱 해를 살아내는 동안 충청남도, 경기도, 강원도에 있는 중학교, 고등학교 등에서 기간제 교사로 재직을 했다. 재직하는 동안 담임교사로서 중학교 1학년 학급부터 고등학교 3학년 학급까지 등교 후 식사와 인사 예절과 같은 생활지도부터 방과 후 학생 돌봄, 고등학교와 대학교 진학을 위한 야간자율학습 지도를 수행했다. 교과 교사로서 중학교 1학년 학생부터 고등학교 3학년 학생에게 중학교 사회와 역사(한국사, 세계사) 교과와 고등학교 통합사회, 정치와 법, 경제, 사회·문화, 한국지리 교과를 소개했다(가르쳤다). 상담교사로서 강원도교육청 직속기관인 상담 전문 기관 재직에 이어 현재 경기도교육청 소속 중학교 위(Wee) 클래스에서 마음이 아픈 사람(학생, 학부모 등)을 돕는 상담자 역할을 수행하고 있다.

스물일곱 해 동안 중학교와 고등학교에서 우리 중,고등학생과 함께 담임교사, 교과교사, 상담교사로 생활하면서 참으로 고마웠고 참으로 미안했다. 작년(2024년 3월)에 '애들아, 고마웠다(1997년 스승의 날...)'를 세상에 내 놓았다. 참으로 고마웠던 마음을 담은 책으로, 2021년 5월부터 1년 6개월 이상 정성을 담아 글을 쓰고 글을 엮고, 출판 여부에 관해 고민 끝에 2024년 3월에 교보문고를 통해 세상에 알렸다. 본 책 'Enough!(애들아, 미안하다 - 한국사 교과서)'는 올 해(2025년) 초(初)에 세상에 내 놓을 수 있을 것 같다. 이십여 년 동안 내가 담당했던 교과서들에 관하여 '이제 그만(enough), 새롭게 다시(enough)'라는 판단으로 구상(構想)했던 바를 재작년(2023년 가을)부터 올 해(2025년 1월까지) 실천하고 있는 열매이다. 마음으로 여력을 낼 수 있다면 정치와 법, 경제, 사회·문화, 상담, 교육 등에 관하여 연속하여 'Enough!(애들아, 미안하다 - ~)' 제목으로 세상에 알리고 싶은 바람이다.

2025. 1. 27.
박찬중
(키팅샘)

< 책을 내면서   ... 출처 : 애들아, 고마웠다 (박찬중 著, 키팅, 2023년) >
- 1997년 스승의 날 -   Key★Think

1997년. 스물일곱 살. ○○고등학교 사회 선생님으로 한 해를 살았다.

그 해 이후 오늘에 이르도록 학생들에게서 받았던 편지들은 금강(錦江)을 닮은 듯 책꽂이 한편에서 비단결처럼 곱게 빛나고 있다.

스물아홉 살 이래 경기도, 충청도, 강원도 지역 등으로 정처 없이 떠돌 듯 헤아릴 수 없을 만큼 잦은 이사를 하면서도 늘 곁에 두었던 편지와 분필통.

나에게는 소중함이다.

스승의 날에 학생과 카네이션 꽃 한 송이를 주고받으며 인사 나눔이 불법을 저지르는 범죄가 되어버린 세상 속에서도 늘 곁에 두었던 편지와 분필통.

나에게는 칠판 앞에 설 수 있게 해 주는 위로이다.

스물아홉 살 이래 사람으로서 부끄러운 삶을 살아야 했던 자신임에도 감히 곁에 두었던 편지와 분필통.

교단에서만큼은 참된 선생님 모습을 흉내라도 낼 수 있게 해 주는 용기이다.

언젠가 나의 삶이 나의 죽음과 만나는 날에 소중함, 위로, 용기가 되어주던 분필통과 편지들이 불태워져 버려질 텐데, 차마 20여 년 전 학생들에게 도리가 아니다 하는 마음에 이렇듯 책을 내었다.

이번 책을 내는 과정은 20여 년 전 학생들에게 인사를 드리는 소중한 시간이었다.

2022. 秋
박 찬 중

주문진등대 아래 마을(강원도 강릉시 주문진읍)   2021.12.04.(토) 14:50

1997년 이래 인연을 맺은 학생 모두

하기를^^~

차 례

책을 내면서   7쪽~8쪽

주문진등대 아래 마을 2021. 12. 04.(토) 14:50   9쪽

1997년 이래 인연을 맺은 학생 모두 happy하기를^^~   9쪽

하나 역사관 歷史觀, a view of the history   15쪽~32쪽

To. 인연을 지었고, 인연을 짓고 있는 학생 모두에게   17쪽

□ 역사관 – 키팅샘이 바라는 역사관   17쪽

1. 틀(= 형식) – 시간 :
   직선형 시간 → 순환형 시간   18쪽

2. 틀(= 형식) – 공간 :
   한반도 → 한반도, 만주, 중동, 유럽, 시베리아, 아메리카   19쪽

3. 내용 – 영역 :
   틀(시간·공간)에 채우기를 바라는 것   20쪽~21쪽

4. 천손(天孫, 하늘 자손 – 정체성)으로서 큰 뜻(= 이상) :
   홍익인간(弘益人間) – 큰 뜻, 이상(理想), 건국 이념   22쪽~24쪽

5. 혁명, 항쟁, 봉기, 운동, 난   25쪽~27쪽
   (革命), (抗爭), (蜂起), (運動), (亂)

6. 전쟁(戰爭), 침략(侵略), 난(亂)　　　　　　　　　　　　　　28쪽~29쪽

7. 대한제국 시기 중 일제 강점기 전후 시기의 운동(運動)　　　30쪽

8. 출처(出處), 참고 문헌(參考 文獻)　　　　　　　　　　　　31쪽

9. 한자(漢字)　　　　　　　　　　　　　　　　　　　　　　32쪽

둘	지금까지 **한국사교과서**
	韓國史敎科書, Korean history textbook　　33쪽~69쪽

To. 인연을 지었고, 인연을 짓고 있는 학생 모두에게　　　　　　35쪽

1. 지금(2024년) 고등학교 한국사 교과서 - 차례 부문　　　　35쪽~41쪽
   - 교과서 틀(= 형식) / 교과서 내용 / 근대화
2. 중·고등학교 한국사 교과서 - 교과 내용 부문　　　　　　　42쪽~69쪽
   - 인류의 조상, 고인돌, 반달 돌칼, <u>조선(= 고조선)</u>, <u>단군 왕조</u>,
     국가 발전 단계, 한 군현(한 사군), 부여 왕조, <u>옥저, 동예, 삼한</u>,
     고구려 왕조, 최씨 낙랑국, 백제 왕조, 신라 왕조, 가야 왕조,
     발해 왕조, <u>고려 왕조, 조선 왕조, 대한제국</u>

셋	내가 바라는 **한국사교과서**
	韓國史敎科書, Korean history textbook　　71쪽~122쪽

To. 인연을 지었고, 인연을 짓고 있는 학생 모두에게　　　　　　73쪽

□ 대한민국 - 키팅샘이 바라는 대한민국을 바라보는 역사관   73쪽

1. 대한민국 헌법 전문(前文)   74쪽~86쪽

2. 지금 우리 민주제 ~ 첫 번째 우리 민주제   86쪽~89쪽

3. 태극기 - 우리나라 국기(國旗)   89쪽~90쪽

4. 애국가 - 우리나라 국가(國歌)   90쪽~91쪽

To. 인연을 지었고, 인연을 짓고 있는 학생 모두에게   92쪽

□ 조선 왕조, 대한제국
  - 키팅샘이 바라는 조선 왕조와 대한제국을 바라보는 역사관   92쪽~97쪽

1. 대한제국   97쪽~100쪽

2. 조선 왕조
  - 천상열차분야지도, 훈민정음   100쪽~108쪽

To. 인연을 지었고, 인연을 짓고 있는 학생 모두에게   109쪽

□ 중국 왕조   109쪽~112쪽

To. 인연을 지었고, 인연을 짓고 있는 학생 모두에게   113쪽

□ 책, 노래, 드라마, 영화, 유튜브 영상 자료 등   113쪽~122쪽

넷	역사 관련 젊은이 **키팅샘의 실천**　歷史 history
	young man, Key★Think 선생님, 實踐 practice　　123쪽~202쪽

To. 인연을 지었고, 인연을 짓고 있는 학생 모두에게　　　　125쪽

□ 학사 학위 논문(學士 學位 論文, 1996년)　　　　125쪽~142쪽
　- 행정 개혁으로서 '입헌군주제로의 행정 구조 개편' 고찰

□ 면담(面談, interview) - 구왕공가규범에 관하여　　143쪽~147쪽
　　　　　　　　(舊王工家規範)

□ To. 헌법재판소　　　　　　　　　　　　　　　　148쪽~151쪽
　- 구왕궁재산처분법(舊王宮財産處分法)의 위헌성 여부 분석

□ To. 시사저널　　　　　　　　　　　　　　　　　152쪽~153쪽
　- 구왕궁재산처분법(舊王宮財産處分法)의 위헌성 여부 분석

□ 시민단체 황실보존국민연합회(皇室保存國民聯合會)　154쪽~167쪽

□ 당원 새내기 인사 - 민주노동당 가입 후 탈퇴　　　168쪽~169쪽

□ 탈상(脫喪)　　　　　　　　　　　　　　　　　　　　170쪽

□ 도덕성과 실용　　　　　　　　　　　　　　　　171쪽~172쪽

□ 노무현 대통령 서거(逝去)　　　　　　　　　　　173쪽~174쪽

□ 구황실재산법은 위헌적이다　　　　　　　　　　175쪽~178쪽
　(舊皇室財産法) (違憲的)

13

□ 촛불 집회를 통해 바라본 우리 사회의 지향점!　　　　179쪽~184쪽

□ 광복절(光復節) - 지금 우리는 자격이 있는가?　　　　185쪽~187쪽

□ from 주한영국대사관 ... Daum 메일　　　　　　　　　188쪽

□ from 박찬중 ... Daum 메일　　　　　　　　　　　　189쪽

□ 성웅(聖雄) 이순신 - 바른 길이 되어주는 조상(祖上)　190쪽~202쪽
　　(바른 길, 참 삶 - 참 효(孝), 참 아버지, 참 군인, 참 벼슬아치)

다섯　추신　追伸　postscript　　　　　　　　　203쪽~227쪽

To. 인연을 지었고, 인연을 짓고 있는 학생 모두에게　　　205쪽

□ 나는 누구인가(정체성, 正體性)를 찾아갔던 과정　　205쪽~212쪽

□ 광복절 과 건국절,
　　대한민국 정부 수립 과 대한민국 건국　　　　　　213쪽~217쪽

□ 독도(獨島) - 경상북도 울릉군 울릉읍 독도리,
　　　　　　　우리 겨레 땅(영토), 대한민국 땅(영토)　217쪽~219쪽

□ 우장춘로(路) - 부산광역시 동래구 온천동 우장춘로　220쪽~224쪽

□ 테디 베어(Teddy Bear)
　　- 시어도어 루스벨트(Theodore Roosevelt)　　　224쪽~227쪽

역사관

歷史觀　a view of the history

To. 인연을 지었고, 인연을 짓고 있는 학생 모두에게
키팅(Key★Think)샘 보냄 2023. 秋 ~ 2024. 冬

☐ 역사관 - 키팅샘이 바라는 역사관

(歷史觀, 역사를 바라보는 눈길 중에 하나)

애들아.
초등학교, 중등학교(중,고등학교)에서 너희가 배우고 있는 역사 교과서에 관하여 나(키팅샘)는 참 미안한 마음이 크단다. 이것은 곧 어떻게 개선하기를 바라는지와 같다. 이와 같은 미안함, 개선하기 바람을 본 책에 담았다. 살아내는데 분주했던 까닭에 늦었지만, 이제라도 실천할 수 있어서 다행인 마음이다. (가능한 역사 부문 중 한국사 중심으로 한정지어 얘기를 하고자 한다.)

한국사를 공부하는 까닭은,
첫째, 나, 너, 가족, 사회, 우리 겨레가 누구인가(정체성(正體性), 정통성(正統性))를 이해하고 자부심을 가질만한 나라임을 알기 위함이라고 생각한다.
둘째, 지금 겪고 있는 일의 흘러가는 형편(사태, 事態)을 이해할 수 있는 지혜와 지식을 구하기 위함이라고 생각한다.
셋째, 지금의 절망적인 인류 역사 흐름에서 인류에게 희망의 길로 이끌 수 있는 세계시민(世界市民, cosmopolitan)의 역할을 하기 위함이라고 생각한다.

위 세 가지 까닭은 내가 교육 현장에서 학생에게 역사(한국사, 세계사)를 소개하면서 느껴야 했던 미안함이기도 했다.

※ 애들아~
본 책에서 너희에게 건네는 나(키팅샘)의 얘기들 역시 역사를 공부하는 수 많은 사람들 중에 한 사람일 뿐인 나의 주장이라는 것을 기억하기 바란다. 뒷날 너희가 감사하게도 이 책을 읽는다면, 비록 지금 나는 성심(誠心)으로 책을 쓰고 있지만 '키팅샘은 이와 같이 보는구나. 키팅샘 주장이 모두 옳다고 볼 수는 없을거야. 다른 사람의 주장도 들어보자' 정도의 마음으로 나의 소리를 들어주기 바란다^^

1. 틀(= 형식(形式)) - 시간(時間) : 직선형 시간 → 순환형 시간

시간 개념을 직선형이 아닌 순환형으로 학생에게 소개하기를 바란다. 우리나라에서 한국사를 다루는 교과서는 시대를 선사시대와 역사시대로 구분하고, 역사시대를 고대시대, 중세시대, 근대시대, 현대시대로 구분을 한다. 우리나라의 경우는 중세시대와 근대시대 사이에 근세시대를 포함시켜 구분을 하기도 한다. 인류의 삶을 이와 같이 직선형으로 구분한 사람은 누구인지, 구분한 기준은 무엇인지, 기준은 보편 타당한 것인지 등에 관하여 내가 고등학생 시절이었던 35년 정도 전 과거와 마찬가지로 지금 초,중,고등학교에서 역사를 선생님으로부터 배우는 학생도 마치 당연한 시대 구분인 것으로 받아들이고 있다. 나(키팅샘)는 이러한 용어를 사용하지 않기를 바란다. 선사시대 사람이나 지금의 사람이나 그 사람이 살아 숨 쉬는 순간은 현재인 동시에 과거이기 때문이다. 어제와 오늘을 반복하고, 태어나 성장하고 죽어가는 순환을 반복하는 사람의 시간이 역사인 것이다. 우리 겨레를 나라라는 용어로 표현하면 나라가 형성하고 발전하고 멸망하는 변화를 통해 나라의 어제와 오늘을 반복하면서 우리 겨레의 정체성과 정통성을 유지하며 순환하는 시간이 역사인 것이다.

내가 바라는 것은 시대를 진화론 관점으로 선사, 역사, 고대, 중세, 근세, 근대, 현대 등으로 구분하지 말고, 시기별로 존재했던 우리 겨레 터전의 명칭을 사용하자는 것이다. 시대를 구분하고 시대마다 나라들에게 고조선, 초기 철기국가, 삼국시대, 통일신라, 남북국시대와 같이 이름을 지어 구분하지 말자는 것이다. 또한 시대라고 구분짓기 보다는 같은 왕가(王家)에서 대(代)를 이은 시기의 나라(왕조(王朝))와 우리 스스로의 힘으로 이룬 민주공화국(대한민국)에 걸맞는 이름을 붙여 가치를 부여하기를 바란다. 우선 지금의 한국사 교과서 체계에 준하여 소개할 경우, 고조선 왕조, 부여 왕조 - 부여 왕조, 고구려 왕조, 옥저, 동예, 마한, 진한, 변한 - 고구려 왕조, 백제 왕조, 신라 왕조, 가야 왕조 - 발해 왕조, 신라 왕조 - 고려 왕조 - 조선 왕조 - 대한제국 - 대한민국이라고 할 수 있을 것이다. 이와 같이 구분하는 것 또한 충분하게 마땅한 바는 아니지만 우선 이와 같은 방식으로 구분을 하면 자연스럽게 순환을 반복하는 사람의 시간으로, 단지 나라 이름만 달리했을 뿐 순환을 반복하는 우리 겨레의 시간으로 학생들에게 소개할 수 있다.

2. 틀 – 공간(空間) : 한반도 → 한반도, 만주, 중동, 유럽, 시베리아, 아메리카

<u>공간 개념을 한반도 중심으로부터 넘어서는 관점에서 학생에게 소개하기를 바란다.</u> 내가 사람으로서 살았던 경험에서 판단하면 사람이 말과 글을 만들고, 사람은 그 말과 글 속에 갇힌다. 시간과 공간이라는 말과 글이 그러하고, 한반도라는 말과 글이 그러하고, 고조선과 조선, 삼국시대, 통일신라시대, 남북국시대라는 말과 글이 그러하다. 내가 고등학생 시절이었던 때 국사 선생님으로부터 배운 그대로 당연한 것으로 받아들였고, 지금 학교에서 선생님으로부터 한국사를 배우는 학생도 배우고 있는 그대로 당연한 것으로 받아들이고 있다. 나(키팅샘)는 이러한 말과 글을 사용하지 않기를 바란다. 과연 우리 겨레가 한국사 교과서에 실려 있고, 이에 따라 학교에서 학생에게 가르치고 있는 바와 같이 한반도와 그 주변 지역에 한정지은 듯 살았을까를 숙고(熟考)할 필요가 있다고 판단한다. 학원에서 학생에 가르치고 있고, 한국사능력검정시험, 대학수학능력시험 등을 통해 한국사 학습 능력을 평가하는 내용 역시 한국사 교과서에 실려 있는 내용에서 벗어나지 않은 까닭에 숙고(熟考)할 가치가 있다고 판단한다.

<u>내가 바라는 것은 우리 겨레를 우랄알타이어족이라고 분류하는 것에서 우리 겨레의 공간 개념을 다시 마련해 나가자는 것이다.</u> 학창 시절 국어 시간에 우리 언어가 우랄알타이어족에 속한다고 배웠다. 이것이 전부였다. 우랄과 알타이가 무엇인가에 관하여는 배운 바가 없었고, 영어, 수학 과목과 관계 없었으며, 국어 시험 문제에서도 구체적으로 다루지 않는 부문이었으므로 공부할 필요성이 없었다. 우리 겨레의 정체성을 찾을 수 있는 방안으로 우랄알타이 말과 글에 관한 가치있음을 모든 과목의 선생님으로부터 듣지 못했다.

내가 바라는 것은 한국사 교과 과정에 우리나라를 중심으로 서쪽으로는 몽골과 파미르고원 주변의 신장웨이우얼자치구, 키르기스스탄, 우즈베키스탄, 투르크메니스탄, 카자흐스탄 그리고 터키, 헝가리, 핀란드까지, 북쪽으로는 러시아 지역 중 바이칼 호 주변의 이르쿠츠크 주, 두만강 너머 연해주(블라디보스토크 도시), 하바롭스크 도시, 사할린 주, 캄차카 주, 축치반도의 마가단 주까지, 동쪽으로는 북아메리카와 남아메리카의 원주민까지 아우르는 말과 글, 문화, 역사를 포함하자는 것이다. 상기 지역 사람들과 공동의 역사 연구를 통해 세계시민(世界市民)으로서 인류 희망의 길을 찾자는 것이다.

3. 내용(內容) — 영역(領域) : 틀(시간·공간)에 채우기를 바라는 것

앞에서 얘기했던 시간 개념, 공간 개념은 우리 겨레의 역사를 살피는 틀(=형식)에 해당한다. 여기에서 얘기하는 영역 개념은 우리 겨레의 역사를 살피는 틀에 채워내야 하는 알맹이(= 내용)에 해당하는 것으로, 과거부터 현재까지 변천해 왔던 우리나라들마다 그 나라에 속해 살았던 사람들이 공유했던 철학, 행정, 도덕, 정치, 경제, 사회, 문화, 교육이라고 할 수 있다.

내가 판단하는 철학 영역은 이념, 종교를 아우르는 개념이다. 행정 영역은 정부 조직, 보건, 복지, 경찰, 소방을 아우르는 개념이다. 도덕 영역은 법을 아우르는 개념이다. 정치 영역은 국방, 외교, 과학, 기술, 정보, 통신 및 통일을 아우르는 개념이다. 경제 영역은 재정, 금융, 산업, 통상, 자원을 아우르는 개념이다. 사회 영역은 사회 구조, 계급 및 계층 간 지위와 역할을 의미하는 개념이다. 문화 영역은 사회 구조, 계급 및 계층 간 생활 모습을 의미하는 개념이다.

종교는 과거부터 현재까지 변천해 왔던 우리나라들마다 으뜸이 되었던 가르침을 아우르는 개념이다. 제천 의식(祭天 意識 — 단군신앙(수두신앙), 영고, 동맹, 무천, 수릿날, 계절제, 연등회, 팔관회, 초제(醮祭) 등), 불교, 유교, 크리스트교 등을 의미한다.

도덕 아래 법을 배치한 까닭은 덕치(德治)를 법치(法治)보다 상위 개념으로 판단하기 때문이다. 도덕과 자연법을 굳이 구분할 필요가 없다고 판단하기 때문이다. 도덕 중에서 사회 질서와 공공 복리를 위해 필요한 것들에 반드시 지켜야 하는 강제성을 부여한 것을 법으로 판단하기 때문이다.

내가 판단하는 개념으로, 국방은 영토, 영해, 영공을 아우르는 국토 및 교통 체계이다. 통일(統一)은 우리나라의 특수성을 반영한 숙명(宿命)적인 단어이고 개념이다. 재정(財政)은 조세(租稅) 제도를 포함한다. 계급 및 계층 간 생활 모습은 소위 엘리트와 서민으로 분류할 수 있는 그들의 의복 문화, 음식 문화, 주거 문화, 놀이 문화 등을 포함한다.

놓치지 말아야 할 것은 과거부터 현재까지 변천해 왔던 우리나라들마다 우리 겨레를 구성했던 한 사람 한 사람이 살았던 삶이라는 개념이다. 공동체 형성 및 유지가 중요한만큼 나와 너라는 한 사람 한 사람이 살았던 삶 또한 중요하기 때문이다. 과거 왕조 나라부터 현재 대한민국 민주공화국까지 소위 엘리트 계급 또는 계층이라고 할 수 있는 그들의 삶의 과정에서 이루어 온 철학, 도덕, 정치, 경제, 사회, 문화, 교육 영역 뿐만 아니라 소위 서민 계급 또는 계층이라고 할 수 있는 사람들의 삶의 과정에서 이루어 온 철학, 도덕, 정치, 경제, 사회, 문화, 교육 영역을 놓치지 말아야 한다.

 내가 바라는 것은 초등학교, 중학교, 고등학교 한국사 교과서에서 우리 겨레의 정체성과 정통성을 기준으로 철학, 행정, 도덕, 정치, 경제, 사회, 문화, 교육 영역을 학교급별 연령에 알맞은 수준으로 틀과 알맹이를 채워 학생에게 소개하자는 것이다.

 한국사 교과서를 통해 우리 초,중,고등학생이 나, 너, 우리 가족, 우리 사회, 우리 겨레가 누구인가와 같은 정체성, 정통성을 이해할 수 있는 기회를 발견할 수 있기를 바란다. 이에 따라 우리 초,중,고등학생에게 나, 너, 우리 가족, 우리 사회, 우리 겨레에 관한 자부심을 발견할 수 있는 기회가 주어지기를 바란다. 한국사 교과서를 통해 우리 초,중,고등학생이 지금 겪고 있는 일의 흘러가는 형편을 이해할 수 있는 지혜와 지식을 발견할 수 있기를 바란다. 한국사 교과서를 통해 우리 초,중,고등학생이 지금의 절망적인 인류 역사 흐름에서 인류에게 희망의 길로 이끌 수 있는 세계시민의 역할을 발견하고 실천할 수 있기를 바란다.

 ※ 철학 영역부터 교육 영역은 상호 간 위계를 정하여 철학을 가장 상위 개념으로, 교육을 가장 하위 개념으로 나열한 것은 아니다. 그냥 나열한 것이다. 모두 소중한 영역이고, 모두 필요한 영역이다. 한편 정치 영역에 과학, 기술, 정보, 통신을 포함시킨 나의 주장에 관하여 다른 주장이 있을 수 있으며, 다른 주장 또한 존중을 받아야 할 것이다. 다만 <u>나(키팅샘)는 과학, 기술, 정보, 통신은 반드시 정치 영역에 포함시켜 충분한 대화와 토론, 양보와 타협, 다수결에 의한 결정과 같은 신중한 선택과 선택에 따른 책임을 담보할 수 있어야 한다고 판단한다. 우리 조상, 우리 겨레가 그랬듯이 자연(自然)을 자연 그대로, 우리 겨레의 일상의 삶과 조화(調和)로 살아가기 위함이다. 수준 높은 시민의식(市民意識)을 전제(前提)함은 당연하다.</u>

4. 천손(天孫, 하늘 자손)으로서 큰 뜻(= 이상, 理想) :
   홍익인간(弘益人間) - 우리 겨레의 하늘을 열었던 큰 뜻(건국 이념)

어림잡아도 10년은 지났을 것이다. 홍익인간에 관한 것 역시 참 오랫동안 아쉬움을 느끼며 학생에게 한국사를 소개했던 사안이다.

어느 정도는 극단적인 표현일 수 있겠지만 학교에서 한국사라는 과목은 우리 겨레의 미래 세대인 초,중,고등학생에게 선사시대부터 대한민국까지 시험 점수 관리 용도의 과목이 되었다. 중학생에게는 보다 나은 고등학교 진학을 위한 내신(內申) 성적 관리 용도로, 고등학생에게는 사회에서 인정해주는 내놓으라하는 대학교에 합격하기 위한 내신 성적 또는 수능 시험(대학수학능력시험, 大學修學能力試驗) 성적 관리 용도의 과목이 되었다. 한국사능력시험 등도 마찬가지 용도 또는 취업의 수단이 되었다. 이러한 까닭에 한국사는 학교에서 학생들이 배우는 많은 과목 중에 한 개의 과목으로서, 좋아서 공부한다기 보다는 진학, 취업 등에 필수 과목이 되어버린 한국사이기 때문에 공부를 해야만 하는 암기 과목이 되었다.

나(키팅샘)는 바람이 있다. 우리나라에서 우리나라 한국사 선생님이 우리나라 역사와 우리의 삶이 켜켜이 쌓여 맺힌 소중한 열매인 초,중,고등학생에게 우리 역사인 한국사를 가르치는 첫 번째 교과 내용으로 우리 겨레 사람끼리 소중하게 공유할 수 있는 정체성(天孫)과 우리 겨레 사람들이 온 인류와 온 세상에 행복을 선물할 수 있는 큰 뜻(弘益人間)을 소개할 수 있기를 바란다.

정말이지 우리 조상(祖上)께서 세상을 바라봤던 관점이면서 언제부터인가 후대의 우리 조상께서 잊으셨고, 잃으셨던 세상을 바라봤던 관점인 천손(天孫, 하늘 자손)으로서 세상을 바라봤던 관점을 우리 초,중,고등학생이 알아챌 수 있도록 한국사 교과서를 구성하기 바란다. 우리 겨레 스스로 버렸고, 외세(外勢, 바깥 세력)에 의해 버려졌던 천손의 자질과 품격이 다행이도 여전히 미력(微力, 작은 힘)이나마 남아 끊어지지 않고 이어져서 살아 숨쉬고 있음을 우리 초,중,고등학생이 발견할 수 있도록 한국사 교과서를 구성하기 바란다.

<u>우리 조상(祖上)으로부터 하늘의 축복이라고 할 수 있는 참 아름다운 큰 뜻을 나, 너 뿐만 아니라 우리 겨레 사람이라면 이미 선물을 받았음을 우리 초,중,고등학생이 자랑스러워할 수 있도록 한국사 교과서를 구성하기 바란다.</u>

　　　　　　천손(天孫, 하늘 자손) - 정체성(正體性)
　　　　　　홍익인간(弘益人間) - 큰 뜻(이상, 理想), 건국 이념

　사람이 만들어 낸 단어 중에는 그냥 그대로 머리와 가슴에 새겨지는 단어들이 있다. 우리나라 사람에게는 할아버지, 할머니, 엄마, 아빠, 누나, 동생 등이 그러하다. 우리나라 사람에게는 겨레, 나라(국가), 무궁화, 백두산, 독도 등이 그러하다. 천손, 홍익인간이라는 단어 역시 우리나라 사람에게는 그러하다.
　지금 초,중,고등학생에게는 낯설면서도 익숙하고 익숙하면서도 낯설 수 있는 단어일 수 있지만 천손과 홍익인간의 의미를 배우고 나서는 우리나라 사람이기 때문에 마찬가지로 그러할 것이다. <u>지금 초,중,고등학생 아이들 한 사람 한 사람 그 존재 자체가 우리나라 역사와 우리의 삶이 켜켜이 쌓여 맺힌 소중한 열매이기 때문이다. 우리나라 역사의 열매이고 우리 삶의 열매이기 때문이다.</u>

　이와 같은 단어(할아버지, 할머니, 엄마, 아빠, 누나, 동생 등, 겨레, 나라(국가), 무궁화, 백두산, 독도 등, 천손, 홍익인간)는 공부하는 사람들이 연구하기 위해 분석하거나 통합하기 시작하면 어쩐지 만족스럽지 못하게 된다. 그냥 그대로, 단어를 읽는 순간, 보는 순간 그냥 탁 머리와 가슴에 무엇인가 부분 부분이 아니라 분리할 수 없는 하나의 묶음으로 새겨지는 단어이다.

　훌륭하게 공부하는 사람 수준에 미치지 못하지만 천손과 홍익인간에 관하여 소리내고자 한다. 한국사 교과서 바로 첫 번째 내용에 우리 겨레의 정체성으로 천손(天孫, 하늘 자손)과 우리 겨레의 큰 뜻으로 홍익인간(弘益人間)을 우리 초,중,고등학생에게 소개하기를 바라는 마음이기 때문이다.

　우리 겨레의 정체성으로 천손(天孫, 하늘 자손)이라고 하는 것은 지금까지 한국사 교과서에서 소개하고 있는 단군 신화를 통해서도 알 수 있다. 단군의 할아버지 이름이 환인(桓因)이고, 아버지 이름이 환웅(桓雄)이며, 환인과 환웅은 하늘 세상의 신(= 天神)이다. 단군(檀君)은 환인의 손자이고 환웅의 아들이며, 그들이 인간 세상에 대하여 추구했던 뜻은 홍익인간이었다.

홍익인간이라는 단어는 홍익과 인간으로 구분할 수 있다. 홍익(弘益)은 넓게 이롭게 한다는 의미이다. 넓게는 능력의 한계를 스스로 인정하는 겸손함을 담고 있는 의미이다. 그러므로 <u>홍익(弘益)은 누구에게나 보편적으로 이로움을 받게 하는 것이 그냥 그러한 것이 자연이듯 당연하게 여기면서도 자신이 할 수 있는 능력의 한계를 깨닫고 최선을 다한다는 의미이다.</u> 가톨릭이라는 단어의 뜻도 역시 보편적이라는 의미이지만, 가톨릭(= Catholic, 보편되다)이라는 단어는 가톨릭이라는 종교를 믿는 사람들이 자신들이 믿는 가톨릭을 온 세상 사람들에게 퍼뜨려 온 세상 사람들이 믿게 한다는 측면의 보편성인 까닭에 홍익이 담고 있는 보편성과 다른 관점의 단어이다. 홍익인간에서 인간(人間)은 한 명의 사람만을 의미하는 것이 아니다. 사람과 사람이 함께 살아가고 있는 시간과 공간을 모두 담고 있는 의미이다. <u>홍익인간에서 인간은 나, 너, 우리를 모두 아우르는 단어이다.</u>

한편 이와 같은 두 개의 단어 홍익(弘益)과 인간(人間)을 합한 단어인 홍익인간(弘益人間)이라는 의미는 더욱 확장한다. 홍익인간은 나, 너, 우리. 즉 한 사람 한 사람 그리고 우리 모두 누구나 가능한 최선을 다하여 이로움을 받게 한다는 의미이므로, 사람이 이로움을 지속하기 위해서는 사람과 사람이 함께 살아가고 있는 <u>시간과 공간을 아우르는 환경(모든 생명과 모든 자연 상태)이 이로움을 받도록 최선을 다한다는 의미까지 확장하는 것이다.</u>

자기가 속한 거대한 정치 공동체(= 나라)가 처음 공동체(조선 = 고조선)를 마련한 때부터 나만의 욕심이 아닌 한 사람 한 사람을 자기 자신과 함께 모두 살뜰하게 챙기는 우리라는 개념을 큰 뜻이면서 건국 이념(= 홍익인간)으로 삼은 나라, 자기 자신을 비롯하여 한 사람 한 사람을 둘러싼 환경까지 모두 살뜰하게 챙기는 우리라는 개념을 큰 뜻이면서 건국 이념(= 홍익인간)으로 삼은 나라, <u>천손의 나라다운 자질과 품격을 홍익인간 정신을 통해 발견할 수 있는 나라였다는 것은 누구에게라도 자랑하고 싶은 자부심이고 아름다움이라는 것을 우리 초,중,고등학생이 알아차리기를 바란다. 우리 초,중,고등학생이 스스로 알아차릴 수 있는 기회를 한국사 교과서에 마련하기 바란다.</u>

5. 혁명(革命), 항쟁(抗爭), 봉기(蜂起), 운동(運動), 난(亂)

　학교에서 학생에게 서양사를 소개하는 교과서는 혁명이라는 단어를 한국사나 동양사를 소개하는 교과서에 비교하면 많이 사용하는 것을 발견한다.
　어느 중·고등학교 역사 교과서를 보더라도 세계 3대 시민혁명이라면서 영국의 명예혁명, 미국의 독립혁명, 프랑스의 혁명이라고 소개하고 있다. 과연 세 나라의 혁명이 세계 3대 시민혁명이라는 가치를 부여할만한 것인지부터 의문이다.
　어느 중·고등학교 역사 교과서를 보더라도 서양 제국주의에 저항했던 아시아, 아프리카 사람들의 활동을 대부분 혁명 또는 전쟁이 아닌 운동으로 표현하고 있다. 중국의 반제국주의 운동, 인도의 민족 운동, 동남아시아의 민족 운동, 아프리카의 민족 운동, 서아시아의 민족 운동 등으로 표현하고 있다. 이와 같은 표현은 지금(2024년)의 한국사 교과서에서도 마찬가지이다.
　만일 교과서에 영국의 명예운동, 미국의 독립운동, 프랑스의 운동이라고 표현한다면 어떠할까? 언제까지 우리는 우리의 역사를 스스로 못난 것으로 취급할 것인지 답답한 마음이다. 무조건 우리의 역사를 추켜 세우라는 것이 아니다. 나의 것이나 남의 것이나 정당하고 타당하게 대우(待遇)하라는 것이다.

　시기별, 나라별로 지배 세력의 부당(不當)함에 대한 민중(民衆)의 저항이라고 할 수 있는 사건들에게는 운동(運動)이나 난(亂)이 아닌 혁명(革命), 항쟁(抗爭), 봉기(蜂起)라는 표현으로 한국사 교과서에 소개하기를 바란다.

　운동(運動)은 지배 세력의 부당함에 대한 민중의 저항을 담아낼 수 없는 단어라고 판단한다. 운동은 목적을 이루어내기 위해 노력하는 활동과 같은 가치 중립적인 의미를 가지고 있는 단어라고 판단하기 때문이다. 운동이라는 단어를 사용하지 않기를 바란다. 난(亂)이라는 단어 역시 사용하지 않기를 바란다. 지배 세력에 대한 민중의 저항은 기원전에 있었든 지금에 있든 어지럽히다, 무도(無道)하다, 포악(暴惡)하다, 버릇없다와 같이 위에서 아래를 내려다 보면서 부정적으로 평가하고 책망(責望)하는 의미인 난(亂)으로 표현할 일이 아니다. 분명히 지배 세력에 의한 사건이든, 민중에 의한 사건이든 난(亂)에 해당하는 사건은 있을 수 있다. 하지만 나(키팅샘)는 지금의 한국사 교과서와 같이 민중의 저항을 대부분 운동(運動)과 난(亂)으로 표현하는 것을 신중하게 고민하여 개선하기를 바란다.

 <u>봉기(蜂起)</u>는 지배 세력의 부당함에 대한 민중의 저항을 담아낼 수 있는 단어이면서, 민중의 저항이 일어났다는 사실 관계를 가치 관계보다 강조하는 단어라고 판단한다. <u>항쟁(抗爭)</u>은 지배 세력의 부당함에 대한 민중의 저항을 담아낼 수 있는 단어이면서 봉기보다는 가치 관계를 강조하는 단어라고 판단한다. 즉 봉기와 혁명의 가운데 정도의 의미를 사람들이 부여하고 있는 단어라고 판단한다. <u>혁명(革命)</u>은 지배 세력의 부당함에 대한 민중의 저항을 담아낼 수 있는 단어이면서, 민중의 저항이 일어났다는 사실 관계보다 가치 관계를 봉기와 항쟁 수준을 넘어서 강조하는 단어라고 판단한다. 또한 혁명은 성공 또는 실패라는 결과보다는 당시 사회 또는 나라 전체의 가치를 근본적으로 뒤집어 놓을 수 있을 가치를 담고 있는 과정을 강조하는 단어라고 판단한다.

 한국사 교과서에서 소개하고 있는 사건들 중에 신라(통일신라) 왕조 시기 원종·애노의 난 / 고려 왕조 시기 망이·망소이 난, 전주 관노비 난, 김사미 효심의 난, 만적의 난 / 조선 왕조 시기 홍경래의 난 등은 난(亂) 대신 <u>봉기(蜂起)</u>라고 표현하기를 바란다.

 한국사 교과서에서 소개하고 있는 사건들 중에 6월 민주 항쟁이 있다. 이와 같이 대한민국 시기의 유신 체제 반대 운동, 5.18 민주화 운동은 <u>유신 체제 반대 항쟁</u>, <u>5.18 광주 민주화 항쟁</u>으로 표현하기를 바란다.

 한국사 교과서에서 소개하고 있는 사건들 중에 4.19 혁명이 있다. 이와 같이 조선 왕조 시기 동학농민운동, 대한제국 시기 중 일제 강점기 시기의 3.1 운동을 <u>동학혁명</u>, <u>3.1 독립혁명</u>이라고 표현하기를 바란다.

 한국사 교과서에서 어떤 까닭인지는 알 수 없으나 대체로 소개하고 있지 않거나 고등학교 교과서에 너무 간단한 사건처럼 소개하고 있는 대한민국 시기의 사건이 있다. 제주 4.3 사건, 여수·순천 10.19 사건이 그러하다. 80여 년 전 사건인데도 당시 고통을 겪었던 민중의 삶을 보듬어 안아드리지 못하고 있다는 판단이다. 하루라도 이른 시기에 <u>제주 4.3 항쟁</u>, <u>여수·순천 10.19 항쟁</u>과 같은 가치를 담은 이름으로 결정하여 한국사 교과서에 소개하기를 바란다.
  40여 년 전, 80여 년 전 광주(= 빛고을, 광주광역시)에서, 제주도에서, 여수와 순천에서 목숨을 잃었거나 몸과 마음에 상함을 당했던 우리나라 사람들, 그 분들(= 우리나라 사람들)과 같은 고통을 겪으셨던 가족들의 삶을 충분하게 보듬어 안아드릴 수 있는 이름으로 1987년 6. 10 민주 항쟁, 5.18 광주 민주화 항쟁, 제주 4.3 항쟁, 여수·순천 10.19 항쟁보다 훨씬 나은 이름이 있다면 그 이름을 마련해주기를 바란다. 우리 초,중,고등학생에게 그러한 훨씬 나은 이름으로 하루라도 빨리 소개하기를 바란다.

6. 전쟁(戰爭), 침략(侵略), 난(亂)

 참 오랜 의문이 있고 불만이 있다. 한국사 교과서에 나라 간의 참혹한 전쟁을 소개하는 표현 방식에 대한 것이다. 구체적으로 수치화하여 비교한 바는 아니지만 어쩐지 서양 역사를 소개하는 교과서와 언론은 대체로 전쟁이라는 단어를 사용한다는 판단이다. 기원전으로 거슬러 올라가서 페르시아 전쟁, 펠로폰네소스 전쟁으로부터 1900년대 초, 중반 시기 제1차 세계대전, 제2차 세계대전을 거쳐 지금 벌어지고 있는 러시아 - 우크라이나 전쟁까지 전쟁이라는 단어를 사용하여 소개하고 있다. 반면에 전쟁이 발생했던 당시 세계관을 반영하여 판단할 경우 세계대전이라고 해도 억지스러운 과장이 아닐 정도의 우리나라가 상대했던 전쟁 사례도 적은 숫자가 아닌데도 침략(侵略), 난(亂)이라는 단어를 전쟁(戰爭)이라는 단어보다는 더 많이 사용한다는 판단이다. 지금(2024년)의 한국사 교과서에서도 마찬가지이다. 한국사 교과서 본문 소제목 등에는 20여 년 전 또는 30여 년 전 한국사 교과서와 별반 다름없이 한의 침입과 고조선의 멸망, 수의 고구려 침략, 당의 고구려 침략, 고려와 거란의 충돌, 몽골의 침략과 고려의 저항, 임진왜란, 정유재란, 정묘호란, 병자호란 등과 같은 표현으로 우리나라의 전쟁사를 소개하고 있다. (수의 고구려 침략 부문) 고구려 왕조가 수 왕조와 전쟁을 해야만 했던 상황과 전쟁 규모를 당시 세계관에 비추어 보기를 바란다. 수 왕조가 전쟁에 동원한 인원 수를 헤아리면 3백만 명을 훌쩍 넘어서는 규모의 전쟁이었으며, 전쟁의 영향으로 수 왕조는 멸망에 이르기까지 한 전쟁이었다. (몽골의 침략과 고려의 저항 부문) 몽골(이후 원 왕조)은 당시 세계관으로 거의 모든 세계를 정복하였으며, 몽골어는 세계 공용어의 위치에 있을 정도의 나라였다. 고려 왕조는 이러한 몽골(이후 원 왕조) 간 40여 년 동안 전쟁을 했다. (임진왜란, 정유재란 부문) 당시 세계관으로 세계의 중심이라고 자부(自負)했던 명 왕조가 가담한 조선 왕조와 일본 간 전쟁이었다. (정묘호란, 병자호란 부문) 그러한 명 왕조를 멸망에 이르도록 하는 청 왕조에 대한 조선 왕조의 전쟁이었다. 이와 같은 전쟁사들은 남의 땅에 쳐들어가 약탈하다 정도의 의미인 침략(侵略)이란 단어나 어지럽히다 등의 의미 정도인 난(亂)으로 표현할 사안이 아니다.

위에서 얘기한 한의 침입과 고조선의 멸망부터 병자호란까지 한국사 교과서에서 소개하고 있는 표현 방식을 전쟁이라는 참혹함을 알리기 위한 상징적 의미로 전쟁을 앞에 내세워 하나의 바구니 삼아 나머지를 아래와 같이 열거하는 방식으로 표현하기를 바란다.

전쟁 : 고조선 왕조 대(對) 한 왕조 / 전쟁 : 고구려 왕조 대(對) 수 왕조 / 전쟁 : 고구려 왕조 대(對) 당 왕조 / 전쟁 : 고려 왕조 대(對) 거란(이후 요 왕조) / 전쟁 : 고려 왕조 대(對) 몽골(이후 원 왕조) / 전쟁 : 임진년, 조선 왕조 대(對) 일본 / 전쟁 : 정유년, 조선 왕조 대(對) 일본 / 전쟁 : 정묘년, 조선 왕조 대(對) 후금(이후 청 왕조) / 전쟁 : 병자년, 조선 왕조 대(對) 청 왕조

내가 원하는 이와 같은 방식보다 우리 초,중,고등학생 아이들을 위한 바람직한 방식이 있다면 언제든지 내가 원하는 방식을 버리고 그 방식으로 표현하기를 바란다.

<u>나라와 나라 간의 전쟁은 사람으로서 할 일이 아니다. 참으로 잔인(殘忍)하여 참혹(慘酷)한 사건으로 결코 일어나서는 안되는 사람 세상에서의 일이다. 하지만 전쟁은 사람 세상에서 언제나 있었던 사건이기도 한 것으로, 전쟁을 통해 우리 겨레가 우리나라를 지켜냈던 과정과 결과를 더하고 덜함이 없이 우리 초,중,고등학생에게 소개하기를 바란다. 지금까지 한국사 교과서에서 우리나라의 전쟁사에 관하여 수 십 년간 반복하고 있는 제목부터 바로 잡아 표현하여 우리 아이들이 전쟁의 참혹한 실상과 함께 평화의 소중함과 평화를 지켜내기 위해 갖춰야 할 힘(力)들, 그리고 우리 겨레, 우리 나라에 대한 정체성, 정통성, 자부심을 가질 수 있도록 소개하기를 바란다.</u>

7. 대한제국 시기 중 일제 강점기 전후 시기의 운동(運動)

앞 5, 6번에서 얘기한 바와 같이 한국사 교과서에 혁명, 항쟁, 봉기, 전쟁으로 우리나라 역사를 표현하는 것이 우리 초,중,고등학생에게 정체성, 정통성, 자부심을 발견할 수 있게 하는 바람직한 소개 방법이라고 판단한다. 이와 같은 맥락으로 나(키팅샘)는 20여 년 동안 한국사 교과서 본문에서 답답함을 느꼈던 것이 있다.

한국사 교과서는 대한제국 시기 중 일제 강점기 전후 시기에 있었던 우리 민중(民衆)의 저항 사례(事例) 대부분을 운동(運動)으로 표현하고 있다. 항일 의병 운동, 애국 계몽 운동, 국채 보상 운동, 3.1 운동, 실력 양성 운동, 6.10 만세 운동, 광주 학생 항일 운동, 농민 운동, 노동 운동, 청년 운동, 소년 운동, 여성 운동, 형평 운동 등이 그러하다. 운동을 모두 혁명, 항쟁, 봉기, 전쟁으로 단어 선택을 바꿔 한국사 교과서에 소개하기를 바란다.

무엇보다 일제 강점기 이전(以前) 항일 의병 운동과 일제 강점기 이후(以後) 수 많았던 사람, 단체의 항일 활동을 한묶음으로 표현할 때 사용하고 있는 독립운동이라는 것만큼은 항일 의병 전쟁과 독립전쟁으로 단어 선택을 바꾸기를 바란다. 한국사 교과서에 봉오동 전투, 청산리 전투와 함께 소개하는 간도참변이 있다. 두 전투를 승리로 이끄는데 간도 민중(民衆)의 간절(懇切)한 지원(支援)을 숙고하여 간도 항쟁 또는 보다 바람직한 표현을 찾아주기 바란다. 자신의 목숨과 자신의 가족과 자신의 삶 전체를 당시에는 너무나도 무도(無道)하고 포악(暴惡)하고 잔인(殘忍)하고, 비겁(卑怯)하면서도 군사력은 스스로 감당할 자질(資質)을 갖추지 못하면서도 강력했던 일본 제국주의에 맞서 싸웠던 한 사람 한 사람인 독립운동가와 독립운동가 가족 분들(북간도, 서간도, 연해주, 러시아와 구 소련 지역 등에 살았고 살고 계신 고려인(= 고려 사람, 한인(韓人), 카레이스키, 우리 겨레 사람)을 보듬어 안아드리기 위해서라도 운동(運動)이라고 한국사 교과서에 표현하고 우리의 미래 세대인 초,중,고등학생에게 소개해서는 안된다. 항일 의병 운동 대신 항일 의병 전쟁, 독립운동이 아닌 독립전쟁이라고 바꿔 우리 초,중,고등학생에게 소개하기를 바란다.

8. 출처(出處), 참고 문헌(參考 文獻)

  초·중·고등학교, 대학교, 대학원 등 모든 교육기관에서 사용하는 모든 교과서에 적용하여 시행하기를 바라는 사안이 있다. 모든 교과서에 적용하고 시행하는 것에 무리가 있거나 불필요한 경우가 있다고 하더라도 역사를 다루는 교과서만큼은 반드시 출처를 밝히기를 바란다. <u>한국사만큼이라도 반드시 출처를 밝혀서 교과서 내용만이 정답은 아닐 수 있음을 가르치기를 바란다.</u>
  <u>출처를 밝히는 방식은 지금과 같이 교과서 맨 뒤에 참고 문헌 부문을 별도로 정리하는 것을 바라지 않는다. 교과서 본문에 문장마다 문단마다 꼼꼼하게 소개하는 방식을 바란다.</u> 교사가 한국사 교과서 맨 뒤에 있는 참고 문헌을 찾아가면서 교과서 본문 내용과 다른 주장이 있음을 학생들에게 가르치는 모습을 실제 학교 수업 현장에서는 찾아 볼 수 없다. 학생이 학습하고 있는 역사 교과 내용에 관하여 의문을 가지고 질문하는 모습을 실제 학교 현장에서는 발견하기 드물다. 학생이 의문을 가진다고 하더라도 비교 분석할 수 있는 참고 문헌을 소개하지 않는 경우가 대부분인 상황이 현실이다. 한국사 교과서 내용의 출처, 참고 문헌을 교과서 내용이 있는 본문에 소개하기를 바란다. 동시에 교과서 본문 내용과 다른 주장이 있는 경우 상호 간 비교 분석할 수 있는 주장과 그 주장의 출처, 참고 문헌을 교과서 내용이 있는 본문에 소개하기를 바란다. 또한 역사부도 내용도 교과서 본문에 관련 쪽 수를 소개하기를 바란다. 학교 교실 수업 현장에서는 역사부도를 한 번 펼쳐보는 것마저 드물다.
  역사 부문은 역사를 문헌으로 기록해 내는 사람(역사가)의 영향을 받을 수밖에 없다. 역사 부문은 사람(역사가)의 영향과 함께 그 사람에게 가르침을 주신 기존의 문헌을 통한 글쓴이와 선생님, 그 사람이 속한 가정, 정치, 경제, 사회, 문화, 국가, 시대 상황 등의 영향을 받을 수 밖에 없다.
  <u>학창 시절 역사 수업 시간에 역사 선생님으로부터 교과서 내용을 배우고, 시험 문제로써 정답으로 배운다. 이와 같이 배운 학생 중에 나이 들어 역사 선생님이 되어 후학(後學)에게 자신이 과거 학생 때 배웠던 교과서 내용을 그대로 정답이라고 가르치는 학교 현장의 대물림 현상을 고찰하기 바란다. 역사 의식이 개인 정체성, 겨레 정체성 형성에 미치는 영향을 살피기를 바란다.</u>

9. 한자(漢字)

<u>나(키팅샘)는 우리 고유의 말이 한자라는 글자로 인하여 왜곡되었을 것을 교사가 인식할 수 있기를 그리고 교육 현장에서 학생에게 소개할 수 있기를 바란다. 중국 외 외국과 교류를 하는 과정에서 외국 문화의 말과 글이 한자라는 글자의 음차화를 통해 전달되었다는 것을 구체적으로 인식할 수 있기를 바란다.</u>

나(키팅샘)는 한글과 함께 한자를 서툰 수준이지만 활용하고 있다. 한자가 우리나라 말과 글의 상당 부분을 차지하고 있기 때문에 한글만으로는 우리나라 사람 간 의사 소통을 원활하게 할 수 없기 때문이다.

수업시간에 <u>국가 간 이해관계</u>라고 말로 설명을 하던 중에 문득 과연 학생이 옳게 이해하고 있을까 하는 염려에 학생에게 질문한 때가 있었다. 수업을 하는 교실마다 같은 질문을 했으나 단 한 명도 국가 간 이해관계라는 문구(文句)에 옳게 대답하는 학생은 없었다. 이해관계를 국가와 국가가 서로 이해하다 정도로 대답을 하는 것이었다. 이해라는 단어 옆에 한자로 이해(理解)와 이해(利害)를 구분하여 소개했다면 학생은 옳게 구분하여 대답을 할 수 있었을 것이다.

이렇듯 나(키팅샘)는 한자의 가치를 인정하지만, 내가 공부하면서 참 문제구나라고 판단한 것은 중국인들이 사용하고 있는 한자(漢字)라는 글자로 인해 우리가 분명하게 인식하지 못한 채 겪고 있는 폐해(弊害)이다. <u>조선(= 고조선), 단군, 부여, 고구려 왕조와 관련한 우리 고유의 말을 한자화(音借)하면서 나, 너, 우리에게 형성된 인식 구조로 인한 폐해를 살필 필요가 있다.</u> 우리나라에 영어라는 말과 글이 넘쳐나면서 우리 말과 글이 엉터리화 하는 참담한 시기를 살피면 아무리 길게 잡아도 지금으로부터 100년을 넘지는 않을 것이다. 반면 한자를 우리나라에서 우리나라 사람이 사용하기 시작한 때를 아무리 짧게 잡아도 고구려 왕조, 백제 왕조, 신라 왕조, 가야 왕조라고 한다면 조선 왕조 시기 한글을 발명할 때까지 1000년을 훌쩍 넘을 것이다. 조선 왕조 시기 세종대왕께서 한글을 발명하여 널리 쓰이게 하는 것에 관하여 당시 양반과 같이 글자의 권력을 손에 쥔 사람들은 세종대왕께 반발을 하면서 한글 사용을 비정상으로, 한자 사용을 정상으로 주장을 했을만큼 한자의 영향은 대단했다.

지금까지

한국사 교과서

韓國史教科書　　Korean history textbook

To. 인연을 지었고, 인연을 짓고 있는 학생 모두에게

키팅(Key★Think)샘 보냄 2023. 秋 ~ 2024. 冬

1. 지금(2024년) 고등학교 한국사 교과서 – 차례(次例) 부문

올 해(2024년) 여름이었던 것으로 기억한다. 문득 '요즘 한국사 교과서는 어떻게 구성하고 있을까?' 하는 염려함이 일어 신세계백화점(충남 천안시 신부동 소재) 3층에 있는 교보문고를 들렀다. 점원으로부터 예전에는 교과서도 판매했는데 더 이상 취급하지 않는다는 소개를 받고 잠깐 고민 끝에 EBS 수능특강 한국사 문제집을 꺼내 들어 보았다. EBS 수능특강 한국사 문제집은 우리나라 한국사 교과서의 공통 내용을 모두 담아내고 있기 때문이었다.

'EBS 2025학년도 수능 연계교재 수능특강 한국사영역 한국사' 문제집 표지를 넘기고, 4개 대학교의 홍보용 인쇄 쪽(page)을 넘기고 맞이한 차례(次例)를 소개하고 있는 쪽을 펼치고는 이내 탄식(歎息)을 하고 말았다. 수년 전 한국사 교과서보다도 더욱 엉망이 되어 있었다. 교보문고를 나온 후 고등학교에서 학생에게 가르치고 있는 여러 출판사의 한국사 교과서를 살폈다. 예상한 바와 같이 EBS 수능특강 한국사 문제집과 기본 구성은 비슷했다.

가. 교과서 틀(= 형식) – 총4개의 단원을 배분하고 있는 분량(分量) 부문
   (EBS 2025학년도 수능특강 한국사 문제집 내용 중에서 <u>핵심 내용 정리</u>에 해당하는 쪽 수를 기준으로 하는 경우, 1단원~4단원까지 전체 쪽 수는 58쪽이다.)

  1) 지금(2024년) 고등학교 한국사 교과서들은 대체로 크게 4가지 단원으로 구성하고 있다.
     1단원. 전근대 한국사
     2단원. 근대 국민 국가 수립
     3단원. 일제 강점기와 민족 운동
     4단원. 대한민국
  2) 고등학교 한국사 교과서들은 대체로 4개의 큰 단원을 아래와 같이 소단원으로 구성하고 있다.

(괄호 안 쪽 수는 EBS 2025학년도 수능특강 한국사 문제집 내용 중에서 <u>핵심 내용 정리(총58쪽 중 해당 쪽 수)</u>에 해당하는 분량을 의미한다.)

<u>1단원. 전근대 한국사 (총17쪽)</u>
 1. 고대 국가의 정치, 사회, 문화 (5쪽)
 2. 고려의 정치, 사회, 문화 (5쪽)
 3. 조선 시대 정치, 세계관 (4쪽)
 4. 양반 신분제 사회, 경제 (3쪽)

<u>2단원. 근대 국민 국가 수립 (총15쪽)</u>
 1. 제국주의 국가와 흥선대원군 이후 조선의 대응 (5쪽)
 2. 근대 국민 국가 수립 노력 (4쪽)
 3. 일본의 침략과 국권 수호 운동 (3쪽)
 4. 개항 이후 경제, 사회, 문화의 변화 (3쪽)

<u>3단원. 일제 강점기와 민족 운동 (총14쪽)</u>
 1. 1910년대 일제 식민지 정책 - 무단 통치 (1쪽)
 2. 1920년대 일제 식민지 정책 - 문화 통치 (1쪽)
 3. 3·1 운동, 대한민국 임시 정부 (1쪽)
 4. 항일 민족 운동 (4쪽)
 5. 사회, 문화의 변화와 사회 운동 (2쪽)
 6. 전시 동원 체제 (2쪽)
 7. 광복을 위한 노력 (3쪽)

<u>4단원. 대한민국 (총12쪽)</u>
 1. 대한민국 정부 수립 (3쪽)
 2. 6·25 전쟁 (2쪽)
 3. 민주화 노력과 경제 성장 (4쪽)
 4. 6월 민주 항쟁과 민주주의 발전 (1쪽)
 5. 사회, 문화의 변화와 사회 운동 (1쪽)
 6. 평화 통일 노력과 동아시아 평화를 위한 노력 (1쪽)

3) <u>1단원</u>. 전근대 한국사가 차지하고 있는 분량은 58쪽 중에서 17쪽으로 나머지 3개 단원의 분량과 비교할 경우 대략 4분의 1이다. 25% 남짓 정도이다. 1단원에서 다루고 있는 우리나라는 (구석기, 신석기의 시·공간을 제외하고서도) 조선(=고조선)으로부터 옥저, 동예, 삼한, 고구려, 백제, 신라, 가야, 통일신라, 발해, 고려를 지나 조선왕조 고종 1년까지이다. 교과서 등에서 기준으로 삼고 있는 바를 반영하면 조금씩 차이가 있지만 기원전 2333년부터 기원후 1863년까지로 대략 4196년이라는 시·공간의 역사이다.

4) <u>2단원</u>. 근대 국민 국가 수립이 차지하고 있는 분량은 58쪽 중에서 15쪽으로 나머지 3개 단원의 분량과 비교할 경우 대략 4분의 1이다. 25% 남짓 정도이다. 2단원에서 다루고 있는 우리나라는 조선왕조 고종 1년인 1863년부터 일제 강점기가 본격화하는 1910년까지로 대략 47년이라는 시·공간의 역사이다.

5) <u>3단원</u>. 일제 강점기와 민족 운동이 차지하고 있는 분량은 58쪽 중에서 14쪽으로 나머지 3개 단원의 분량과 비교할 경우 대략 4분의 1이다. 25% 남짓 정도이다. 3단원에서 다루고 있는 우리나라는 일제 강점기가 본격화한 1910년부터 광복(光復)한 1945년까지로 대략 35년이라는 시·공간의 역사이다.

6) <u>4단원</u>. 대한민국이 차지하고 있는 분량은 58쪽 중에서 12쪽으로 나머지 3개 단원의 분량과 비교할 경우 대략 4분의 1이다. 25% 남짓 정도이다. 4단원에서 다루고 있는 우리나라는 광복한 1945년부터 열두 번째 우리 민주제(2017. 5. 10.~2022. 5. 09. 대통령제, 대통령 : 문재인) 종료 시점인 2022년까지로 대략 77년이라는 시·공간의 역사이다.

이상(以上)으로 고등학교 한국사 교과서를 틀(형식) 측면에서 살핀 바와 같이 우리나라 시·공간의 역사(4357년 이상) 중 대부분의 기간(4196년)을 총 4단원 중에서 1개 단원(첫 번째 단원, 1단원)으로 분류해 놓은 상태이다.

올 해(2024년)를 단기(檀紀 = 단군 기원 檀君 紀元)로 환산(換算)하면 4357년(기원전 2333년 + 기원후 2024년)이다. 4357년 중 4196년이라는 우리나라 시·공간의 역사를 1단원으로 분류해 놓은 상태이다. 총 4단원 중에서 나머지 3개 단원(두 번째 ~ 네 번째 단원, 2~4단원)에 해당하는 우리나라 역사를 기간(期間)으로 환산하면 4357년 중 159년(2022년 기준)이다.

첫 번째인 우리나라 조선(=고조선)부터 옥저, 동예, 삼한, 고구려, 백제, 신라, 가야, 통일신라, 발해, 고려를 지나 조선왕조 고종 1년까지 4196년 기간의 역사를 총 4단원 중에서 1개 단원(첫 번째 단원, 1단원)으로, 조선왕조 고종 1년부터 대한제국, 일제 강점기, 광복 후 2022년 대한민국까지 159년의 역사를 총 4단원 중에서 나머지 3개 단원(두 번째 ~ 네 번째 단원, 2~4단원)으로 분량을 배분한 상태이다.

EBS 2025학년도 수능특강 한국사 문제집 내용 중에서 핵심 내용 정리(총 58쪽)로 환산하면 4196년에 해당하는 우리나라 시·공간의 역사를 17쪽으로, 나머지 161년에 해당하는 역사를 41쪽으로 분량을 배분한 상태이다.

내가 앞에서 얘기했던 한국사를 공부하는 까닭 세 가지를 하나의 기준으로 삼아 살피면 지금(2024년) 고등학교 한국사 교과서의 틀(형식)은 기준에 걸맞지 않다. 우리 겨레의 4357년 역사 중에서 82년(1863년~1945년)에 해당하는 2, 3단원은 우리 겨레가 혹독하게 겪어야 했던 수난의 기간으로, 교과서에서 차지하는 비중이 너무 크다. 인류 역사에서 충분하게 자랑스러운 우리나라 역사를 통한 우리의 몸과 마음을 풍요롭게 하는 바에 마땅하지 않다.

> 한국사를 공부하는 까닭은,
> 첫째, 나, 너, 우리 가족, 우리 사회, 우리 겨레가 누구인가(정체성(正體性), 정통성(正統性))를 이해하고 자부심을 가질만한 나라임을 알기 위함이라고 생각한다.
> 둘째, 지금 겪고 있는 일이 흘러가는 형편(사태, 事態)을 이해할 수 있는 지혜와 지식을 구하기 위함이라고 생각한다.
> 셋째, 지금의 절망적인 인류 역사 흐름에서 인류에게 희망의 길로 이끌 수 있는 세계시민(世界市民, cosmopolitan)의 역할을 하기 위함이라고 생각한다.

나. 교과서 내용

　지금(2024년) 고등학교 한국사 교과서는 진화론 관점에서 우리나라 시간과 공간의 역사를 바라보고 있다. 진화론 관점에서 인간 세상을 바라보는 관점이 근대화라는 개념인데, 한국사 교과서는 근대화를 긍정적인 관점으로 규정하고 근대화를 주요 기준으로 삼아 우리나라 역사를 구분하고 있다. 근대화한 상태를 바람직한 상태로 규정하고 근대화 이전의 상태를 바람직하지 않은 상태라는 관점으로 우리나라 역사를 구분하고 있다.

　한국사 교과서 1단원 제목이 전근대 한국사이다. 1단원이 포함하고 있는 우리나라 역사는 선사 시대부터 조선(=고조선)을 지나 조선왕조 고종 1년까지로, (구석기, 신석기를 제외하고도) 4357년(기원전 2333년 + 기원후 2024년)인 우리나라 역사 중에서 4196년의 기간을 전근대(前近代) 한국사로 초,중,고등학생들을 가르치도록 구성하고 있다.

　한국사 교과서 2단원 제목이 근대 국민 국가 수립이다. 3단원 제목이 일제 강점기와 민족 운동이다. 2단원이 포함하고 있는 우리나라 역사는 조선왕조 고종 1년(1863년)부터 1910년 일제 강점기가 본격화하기 이전까지로 4357년인 우리나라 역사 중에서 47년의 기간을 근대 국민 국가 수립을 향한 과정으로 가르치도록 구성하고 있다. 곧이어 3단원을 1910년부터 1945년까지 4357년인 우리나라 역사 중에서 35년의 일제 강점기로 배치함으로써 4357년의 우리나라 시·공간 역사 중에서 4196년을 전근대의 시기(1단원)로 지내다가 47년을 근대 국민 국가 수립을 위해 노력(2단원)하였으나 결국 실패하여 일본제국주의에게 나라를 침탈 당한 것(3단원)으로 초,중,고등학생들을 가르치도록 의도(意圖) 여부를 떠나 구성하고 있다.

　한국사 교과서의 마지막 단원인 4단원 제목이 대한민국이다. 1948년에 대한민국 정부를 수립하고, 1960년대에 들어서 근대화를 시작한 후 정치, 경제, 사회, 문화 등 측면에서 뒤얽히고 헤치는 힘든 과정을 지나 드디어 근대화를 성공한 나라가 된 것으로 우리나라 고등학생들을 가르치도록 의도(意圖) 여부를 떠나 구성하고 있다.

　위와 같이 지금 한국사 교과서에 대해 내가 심할 정도로 단정지어 부정적으로 얘기하고 있다고 할 수 있겠으나, 나의 심정(心情)은 이와 같다.

다. 근대화(近代化)

 지금(2024년) 고등학교 한국사 교과서는 근대화를 기준으로 우리나라 시·공간의 모든 역사를 통사(通史)로 늘어놓고 우리나라 고등학생들을 가르치도록 구성하고 있다. 과연 근대화라는 개념을 기준으로 지금(2024년) 고등학교 한국사 교과서와 같이 이 시대를 명확하게 구분할 수 있는가에 관하여 논의할 필요성이 있다.

 근대화는 고대, 중세, 근세, 근대, 현대 등으로 구분하는 직선형 시간 개념으로 표현하는 단어이다. 근대화는 명확하게 개념화를 한 단어가 아닌 상태이기도 하다. 나(키팅샘)는 수년 전까지 고등학교에서 사회탐구영역 교과목을 학생에게 지도하던 때를 되짚으면, 근대화라는 단어를 정치와 법 교과와 사회·문화 교과에서 다루고 있었음을 기억한다.

 고등학교 정치와 법 교과서에서는 대체로 정치 발전 이론 부문에서 근대화론과 종속이론(從屬理論)을 서로 대비하여 소개했다.
 1) 근대화론 : 사회진화론 관점으로 인류 세상을 크게 두 가지로 구분한다. 발전한 서구(西歐, 유럽과 북아메리카) 지역과 발전이 덜 된 비서구(非西歐) 지역으로 구분하여 서구화 = 근대화와 같은 관점을 주장하는 이론이다. 우리나라와 같은 아시아 주요 국가들의 민주화 과정을 설명하는 데 활용하는 이론이다.
 2) 종속이론 : 종속(從屬, 내가 아닌 누군가 또는 무엇인가에 속하는 상태)의 의미에서 알 수 있듯이 서구 지역의 국가가 비서구 지역의 국가를 착취하는 것으로 보는 관점을 주장하는 이론이다. 과거 서구(포르투갈, 에스파냐 등) 제국주의의 식민지에서 독립하였으나 정치, 경제 부문 등에서 혼란을 겪고 있는 라틴아메리카의 나라들 모습을 설명하는 데 활용하는 이론이다.

 이와 같이 근대화론은 종속이론과 대비할 수 있는 이론 중에 하나인데, 고등학교 한국사 교과서는 일방의 주장일 수 있는 이론(근대화론)만으로 구성하여 우리나라 고등학생에게 소개하고 있다.

한편 고등학교 사회·문화 교과서에서는 대체로 근대화를 정치, 경제, 사회 부문으로 구분하여 개념을 소개했으며, 이에 따라 선발(先發) 선진국, 후발(後發) 선진국, 신흥(新興) 공업국(= 개발 도상국(開發 途上國)), 후발 개발 도상국과 같이 세계의 나라들을 네 가지로 구분했다.
 1) 정치 : 전제 군주제 등으로부터 민주제(입헌 군주제 포함) 실현 과정
 2) 경제 : 산업화를 기반으로 하는 자본주의 확산 과정
 3) 사회 : 개인주의, 합리주의 등 가치 확산 과정
이상의 1), 2), 3)을 기준으로 삼아 세계의 나라들을,
 - 선발 선진국 : 18세기 말~19세기 초, 영국, 미국, 프랑스 등
 - 후발 선진국 : 19세기 말, 독일, 일본 등
 - 신흥 공업국(개발 도상국) : 20세기, 대한민국, 대만, 싱가포르 등
 - 후발 신흥 공업국 : 동남아시아, 라틴아메리카 지역의 국가
 와 같이 네 가지로 구분하고 있다.

 이와 같이 근대화론은 세상을 바라보는 관점 중에서 서구(西歐) 지역 국가들이 기준으로 삼은 개념인데, 고등학교 한국사 교과서는 4357년의 우리나라 시·공간의 역사를 서구 지역 국가들의 기준인 근대화론 한 가지로 전근대, 근대 등으로 구분하여 전근대에 해당하는 시기의 우리나라는 근대에 해당하는 우리나라보다 열등한 상태로 고등학생에게 가르치도록 구성하고 있다. 보다 풀어서 정리하면 지금(2024년) 고등학교 한국사 교과서는 1960년대 이후의 대한민국을 근대화를 시작하여 성공한 나라로 구성을 하고 있으므로 2024년을 기준으로 하는 경우 64년(2024년-1960년)을 서구(西歐) 지역 국가들의 기준에 걸맞는 발전한 상태로 보는 것이며, 나머지 우리 역사의 기간인 4293년(4357년-64년)을 서구(西歐) 지역 국가들의 기준에 걸맞지 않은 발전하지 못한 상태로 보는 것이다. <u>64년의 지금의 우리나라(대한민국)에 비교하여 상대적으로 나머지 우리나라(조선(=고조선)부터 1960년대 미만의 대한민국)를 열등한 상태로 고등학생에게 가르치도록 구성하고 있다.</u>
 위와 같이 지금 한국사 교과서에 대해 내가 심할 정도로 단정지어 부정적으로 얘기하고 있다고 할 수 있겠으나, 나의 심정(心情)은 이와 같다.

2. 중·고등학교 한국사 교과서 - 교과 내용 부문

※ 2. 중·고등학교 한국사 교과서 - 교과 내용 부문 이하 항목은 가, 나~로 순서를 표현하는 대신 1, 2~로 표현하기로 한다. 항목이 많아 아라비아 숫자로 표현하는 것이 총 개수를 이해하는 데 편리하다고 판단한 바에 따름이다.

1. 인류의 조상(祖上)

인류의 조상과 관련한 다양한 관점을 소개하기 바란다. 인류의 조상과 관련한 관점을 한정짓는 문구를 포함하여 출제하기를 바란다. 오스트랄로피테쿠스로부터 호모 사피엔스 사피엔스는 진화론 관점이라는 문구가 명확하게 교과서에 실리기를 바란다. 진화론 측면에서 묻는 문제라고 출제하기를 바란다. 이와 같이 하지 않으면 의구심을 품지 않고 당연한 듯 가르치는 교사의 경우에는 진화론 외 다른 관점을 가르치지 않고 그냥 넘어갈 수 있기 때문이다. 학생 또한 당연한 것으로 받아들일 수 있기 때문이다. 인류의 조상에 관하여 진화론과 다른 관점으로 창조론 등이 있으며 창조론 또한 크리스트 교 이외 다른 종교의 창조론이 있다는 것, 겨레나 문화에 따라 인류의 조상 이름이 다르게 있을 수 있다고 가르칠 필요가 있다.

역사, 세계사 교과서에서는 인류의 조상으로서 최초의 인류 오스트랄로피테쿠스로부터 호모 에렉투스(베이징 인, 자바 인), 호모 사피엔스(네안데르탈 인)를 거쳐 현생 인류의 조상인 호모 사피엔스 사피엔스(크로마뇽 인)를 소개하고 있다. 어느 출판사라고 할 것 없이 대체로 같다. 학교, 학원, 시험 기관 등에서 학생에게 가르치고 평가하는 내용 또한 대체로 같다. 나 역시 교사로서 학생에게 당연한 것으로 소개했었다.

한 해 두 해를 거듭하면서 학생에게 소개하면서 문득 당연하지 않다는 생각에 학생에게 질문한 때가 있었다. 크리스트 교 신자가 있으면 손을 들어보기를 권했다. 손을 들어 보인 학생 모두에게 질문을 했다. 최초의 인류 이름은 무엇인가라는 질문이었다. 대답은 아담이었다. 이브였다. 하와였다. 다시 질문을 이어갔다. 그렇다면 인류의 조상을 다루는 수업 시간에 왜 반박하거나 비판하는 질문을 하지 않았는가하는 질문이었다. 대답은 '아무 생각 없었다. 별반 문제라고 생각하지 않았다. 학교와 교회에서 가르치는 인류의 조상이 다르다는 것 자체를 생각한 바 없었다. 선생님이 질문을 해서 어? 그러네! 다르네!라는 생각을 했다. 등' 이었다.

2. 고인돌 - 거석문화(巨石文化)

앞에서 얘기했듯이 내가 사람으로서 살았던 경험에서 판단하면 사람이 말과 글을 만들고, 사람은 그 말과 글 속에 갇힌다. 중,고등학교 한국사 교과서 거의 맨 처음 부분에 시작하는 구석기 시대, 신석기 시대, 청동기 시대와 같이 시대를 구분하는 것 또한 사람이 말과 글을 만들고 그 말과 글에 갇히는 경우이다. <u>이해하기 위한 편리성으로 사람이 살아가는 과정을 시대로 구분하고 시대를 구석기, 신석기, 청동기라는 말과 글을 만들어서 구분한다. 구분하고 나서는 사람의 판단하는 머릿속은 사람들을 구석기 사람, 신석기 사람, 청동기 사람으로 구분을 하게 되고, 마치 그들은 서로 다른 사람처럼 이해하게 되는 것이다. 사람으로서는 같고, 사람으로서는 자신이 살아가야 하는 자신의 상태와 자신을 둘러싼 환경에서 살아가야 하는 바로는 같은데도 사람의 판단하는 머릿속은 별개(別個) 사람처럼 이해한다. 이러한 머릿속에 누구로부터인지 명확하게 알지 못한 상태에서 권위를 가진 사람이나 책 등으로부터 배우게 되는 것을 정답으로 알게 되면서부터는 당연하게 그것만이 정답으로 살아가게 된다.</u> 가르치는 사람들 또한 어떠한 나쁜 마음이나 뜻이 있어서 이와 같이 가르치는 것이 아니다. 그들 또한 그냥 그렇게 배웠기 때문이기 때문이다. 때때로 과연 정답일까? 하는 궁금증을 가진 사람들이 있어 정답으로 배웠던 것들에 대해 정말 정답으로 제대로 다져주기도 하고, 때로는 또 다른 정답이 있다는 것을 발견해주기도 한다. 어떤 의도를 가지고 정답을 만들어 내기도 한다. <u>이와 같은 사람 세상의 모습을 나는 무엇은 좋다, 나쁘다, 옳다, 그르다 등으로 평가하는 것이 아니다. 그냥 사람 세상은 이러하다는 것이다.</u>

내 나이 30대로 기억한다. 경기도 분당구와 시흥구에서 기간제 교사로 중학교에서 근무할 때부터였던 것 같다. 학생들에게 청동기 시대와 조선(= 고조선)의 최대 영역과 관련한 교과서 내용으로 고인돌을 소개할 때 들었던 궁금증이었다. 2000년에 세계문화유산 지역으로 우리나라 인천광역시 강화군, 전라북도(전북특별자치도) 고창군, 전라남도 화순군의 고인돌 유적지가 등재까지 되었는데, 모든 세계에 분포하고 있는 고인돌 중에서 절반(50%) 이상이 한반도에 있다고 하는데, 한반도에 살았던 지배층이 유별나게 무덤으로 고인돌을 좋아한 것인가, 왜 교과서에서는 고인돌을 통해 많은 노동력을 동원할 수 있는 지배자의 모습을 추측할 수 있다, 북방식 고인돌의 분포 지역은 조선(= 고조선)의 최대 세력 범위를 가늠할 수 있는 유적이다 와 같이 한 줄 또는 두 줄의 내용으로 끝내는 것일까하는 궁금증이었다. 청동기 사람들 삶과 죽음의 과정이 우리가 살아가고 있는 지금(2024년) 삶과 죽음의 과정에서 공유하는 철학, 행정, 도덕, 정치, 경제, 사회, 문화, 교육 측면에서 살아가는 모습은 같음을 이해할 필요가 있다.

이와 같은 관점에서 <고인돌, 역사가 되다(이문영 著, 학연문화社)> 中 '제1장 우리 삶과 가까웠던 고인돌 - 1. 고인돌에 얽힌 전설(21쪽~37쪽)', <한국 7대 불가사의(이종호 著, 역사의아침社)> 中 '고인돌 별자리(15쪽~63쪽)'는 한국사 교과서에 반영할만한 자료라고 판단한다.

3. 반달 돌칼

반달돌칼의 쓰임에 관하여 다양한 가능성을 소개하기를 바란다. 한국사 교과서에서 청동기는 재료를 구하기 힘들고 땅을 일구거나 나무를 자르기에 적당하지 못하여 농기구와 같은 생활 도구는 여전히 돌이나 나무로 만들어졌다 라고 설명하고 있다. 반달 돌칼은 청동기 시대의 유물로, 곡식의 이삭을 자르는 데 사용한 간석기 라고 덧붙이고 있다. 반달 돌칼에 관하여 다루는 교과서 내용은 어느 출판사라고 할 것 없이 같다. 학교, 학원, 시험 기관 등에서 학생에게 가르치고 평가하는 내용 또한 같다.

반달 돌칼을 쥔 한 손으로 벼를 베어 내는 그림을 소개하고 있는 역사 교과서가 있다. 가을에 논에 들어가 벼를 낫으로 베어 걷어 본 경험이 있는 사람이라면, 역사 교과서 그림과 같이 한 손으로 반달 돌칼을 쥔 상태에서 한 포기의 벼를 움켜잡아 베어 낸다는 것이 가능한지 그리고 타당한지 궁금할 것이다. 한 포기씩 벼를 베어 내어 수확한다는 것도 마땅하지 않을 노릇인데, 교과서 그림처럼 한 포기씩 벼를 베어 수확을 하기 위해서는 어느 정도 면적의 논에서 어느 정도 벼를 길러내야 가능한지 그리고 타당한지 궁금할 것이다. 나(키팅샘)는 반달 돌칼의 쓰임에 관하여 의구심을 가지고 있으면서도 교사로서 학생에게 반달 돌칼을 교과서 설명 그대로 소개하는 것에 미안한 마음이었다.

2021년 9월에 구입하여 읽은 책이 있다. 교과서에서 소개하고 있는 반달 돌칼에 대하여 다른 용도로 사용한 도구로써 설명하고 있는데, 우리나라 교과서에 반영할만한 자료라고 판단하여 아래와 같이 소개한다.

<우리 민족의 대이동 - 아메리카 인디언은 우리 민족이다 - 멕시코 편(손성태 著, 코리 社) > 中, '05. 멕시코에 남은 우리 민족의 유물과 유적 - 반달형 돌칼(187쪽~196쪽)'

4. 조선(= 고조선, 古朝鮮), 단군(壇君, 檀君) 왕조

나(키팅샘)는 우리나라 어느 교과서에든지 고조선이라고 표현하는 것에 관하여 아쉬움이 있다. 말과 글의 힘을 어느 정도 알고 있는 나로서는 우리 스스로 최초의 우리나라 이름인 조선(朝鮮)을 한참 후에 우리나라인 조선(朝鮮)과 구분짓기 위해 앞에 고(古)를 붙여 고조선(古朝鮮)이라고 부르는 것에 관하여 바람직하지 않다고 판단하고 있다. 마치 고조선이 본래 이름인 것으로 여겨질 수 있기 때문이다. 다만 두 조선의 역사를 혼동할 수 있으므로 최초의 우리나라를 '조선(= 고조선)', '조선(단기 1년, 기원전 2333년)', '조선(최초의 우리나라, 기원전 2333년)' 등과 같이 이름 표현 방법을 개선하기를 바란다. 또한 한자화(音借)한 조선(朝鮮)이란 이름이 과연 타당한지 문제 제기하는 의견들을 반영하기 바란다. 분명하지는 않지만 20대 또는 30대였던 때였다. 교수님이었는지, 국선도 연수에 참여했을 때였는지 아니면 당시 어떤 책을 통해서였는지 기억하지는 못하지만 조선(= 고조선)에 관한 다른 발음의 이름들을 들었던 순간이 있었다. 그 때 들었던 이름은 탱그리, 주스, 배달, 박달 등이었다. 나와 비교할 수 없을만큼 훌륭하게 공부하는 사람이 '조선(= 탱그리, 주스, 배달, 박달 등)'과 같이 최초의 우리나라 이름 표현 방법을 찾아주기를 바란다. 지금처럼 그냥 '고조선'이라는 이름으로 초,중,고등학생에게 소개하지 않기를 바란다.

기원전 2333년(24세기)에 건국했다고 하는 단군과 고조선이다. 우리 겨레에게 한족(漢族)이 주도권을 잡은 한자(漢字)가 들어온 시기를 위만조선이라고 하더라도 그 시기가 기원전 2세기이다. 기원전 24세기에 살았던 우리 겨레가 한자로 단군(檀君), 조선(朝鮮)이라고 하지 않았을 것이다. 학교, 학원, 시험 기관에서 한자화한 단군, 조선이라는 명칭만으로 수십 년간 학생을 가르치고 시험으로 평가하는 것이 타당한지 스스로 질문하기를 바란다.

<단군의 나라 카자흐스탄(김정민 著, 글로벌콘테츠 社)> 中 '<표 6> 수메르어와 카자흐어, 한국어의 비교(117쪽), <표 2> 조선과 카자흐스탄 3주스의 공통점(123쪽), 고조선은 주잔의 전신(前身)인가?(132쪽), 배달겨레라는 말의 어원은 어디에서 왔을까?(259쪽~260쪽)'와 박달 <규원사화(揆圓史話 : 조선 왕조 숙종代 북애(北崖) 著)> 이라고 주장하는 단군, 조선의 또 다른 이름들을 지금의 초,중,고등학교 교과서에 반영하기를 바란다. 이와 같이 받아들일 때 우리 겨레의 지구상 시간과 공간 확장성을 살펴보기를 바란다. 이로 인해 우리 초,중,고등학생이 가질 수 있는 자신과 우리 겨레에 관한 자부심의 깊이와 넓이를 살펴보기를 바란다.

어느 출판사의 교과서든지 기원전 2333년에 단군이 고조선을 건국하였다고 소개하고 있다. 학교, 학원, 시험 기관 등에서 학생에게 가르치고 평가하는 내용 또한 이와 같다. 나 역시 학창 시절에 당연한 것으로 배웠고, 교사로서 한 동안 당연한 것으로 학생에게 소개했었다. 언제부터인지 분명하지 않지만 오랫동안 기원전 2333년, 단군, 고조선 이 세 가지 모든 것에서 궁금증을 가지고 있었다. 건국 시기는 <삼국유사(三國遺事) : 고려왕조 충렬왕 代, 보각국사 일연 著>, <동국통감(東國通鑑) : 조선왕조 성종 代, 서거정 등 著>와 같은 문헌에서 대체로 기원전 2333년 전후 시기로 언급(言及, 어떠한 일에 관하여 말을 함)하고 있으므로 우선 수긍하고 넘어간다고 하더라도 단군과 고조선만큼은 참으로 궁금증을 해결하기 어려웠다. 단군(檀君)과 고조선(古朝鮮)은 한자(漢字)이다. 궁금증을 가지고 있는 단어, 이름 등을 모두 열거하면서 글을 쓰려 한다면 너무 많은 지면을 소비해야 하는 문제가 있으며, 각각의 많은 궁금증을 풀어 낼 수 있을만큼 지식이 넓고 깊지 않은 나(키팅샘)로서는 그만한 능력도 없음을 알고 있으므로 당장 본 책에서는 그만 줄이려 한다. 나 역시

사회화 과정을 거쳤기 때문에 어쩔 도리 없이 단군, 고조선 등을 한자로 사용하는 경우가 있어 답답한 노릇이나 이 또한 알아채며 살아가는 것만으로도 다행이라는 마음으로 글을 쓰고 있다.

 단군 이름을 <삼국유사(三國遺事) : 고려왕조 충렬왕 代 보각국사 일연 著>에서는 단군(壇君), <제왕운기(帝王韻記) : 고려왕조 충렬왕 代 이승휴 著>에서는 단군(檀君)으로 서로 다른 한자를 사용하고 있다. 단(壇)은 제사를 지내기 위해 마련한 흙이나 돌로 쌓은 터, 즉 제단(祭壇)을 의미하는 한자이다. 단(檀)은 박달나무를 의미하는 한자이다. 나(키팅샘)는 우리 말을 한자화(音借)하는 과정에서 서로 다른 한자를 사용했다고 판단한다. 규원사화에서는 단(檀)을 박달, 백달이라고 했다.
 이와 관련하여 우리나라 초,중,고등학교 한국사 교과서에 반영할만한 자료라고 판단하는 책이 있다. 아래와 같이 소개한다.
 <조선상고사(신채호 著, 동서문화社)> 中 '조선 최초의 일반 신앙 단군(66쪽~67쪽)'
 위와 같은 문헌을 통해서 판단하면 삼국유사에서 사용한 단(壇)과 제왕운기에서 사용한 단(檀) 모두 우리 말로 의미를 살핀다면 같은 뜻이라고 할 수 있다.
 나(키팅샘)는 단군 이름을 수십 년간 대물림하며 '단군' 두 글자의 한자로만 획일적으로 학교에서 가르치지 않기를 바란다. 우랄알타이어로 표현할 수 있는 다양한 단군의 또 다른 이름을 교과서에 소개하기를 바란다.

 5 . 국가 발전 단계

 나(키팅샘)는 한국사 교과서에서 소개하고 있는 국가의 발전 단계에 관하여 궁금증을 가지고 있다. 한국사 교과서에서 소개하고 있는 국가의 발전 단계는 군장 국가, 연맹 왕국, 고대 국가(중앙 집권 국가)로 구분하고 있으며, 고대 국가 단계에 이른 국가를 비로소 국가다운 국가로 인정하는 경향이 있다. 고구려 왕조, 백제 왕조, 신라 왕조, 가야 왕조, 이렇게 분명 사국(四國)인데도 삼국 시대로 당시 시대를 구분하는 것도 지금까지 한국사 교과서에서 구분하는 국가의 발전 단계에 따른 것으로, 가야 왕조는 연맹 왕국 단계에서 신라 왕조에게 멸망 및 흡수가 되었기 때문에 사국시대가 아닌 삼국시대로 구분하고 있는 것이다. 한국사 교과서에서 구분하는 국가의 발전 단계에 따르면 삼국 시대(고구려, 백제, 신라) 이전의 고조선, 부여, 옥저, 동예, 삼한, 가야는 국가다운 국가로 인정하지 않는 것이다.

반면 군장 국가는 강한 부족의 군장이 이웃 부족을 이런 저런 과정을 통해 차지함으로써 영역을 확대하여 국가의 형태를 갖춘 것으로, 다음 단계인 연맹 왕국보다도 아래 단계, 즉 초기 국가 단계로 한국사 교과서에서 소개하고 있다. 한국사 교과서에서는 국가 발전 단계를 소개하면서, 옥저, 동예, 삼한과 함께 고조선을 군장 국가 단계에 머물렀던 국가로 포함시켜 놓고 있으며, 한국사를 가르치는 교사와 평가 기관에서 시험 문제를 출제하는 부문에서도 이것을 정답으로 가르치고 있다. 수십 년간 반복하고 있는 교육 현장이다.

<u>한국사 교과서에서 고조선 영토의 세력 범위라고 표현한 그림을 보아도 몽골 아래 한반도 아래까지, 지금의 한반도 면적 이상의 영토였는데 같은 한국사 교과서에서 고조선을 군장 국가라는 초기 국가 발전 단계에 머문 국가라고 할 수 있는지 설득력 있는 구체적인 설명은 수십 년간 교과서에서는 없었다.</u>

한 개의 나라는 홀로 있는 것이 아니다. 접해 있는 다른 나라와 끊임없이 관계를 맺으며 영향을 주고 받는 것이다. 서로 침략과 방어를 주고 받으며 영토가 늘어나기도 줄어들기도 하거나 때로는 상대 국가에 의해 멸망하기도 하는 것이다. 중국(中國)이라는 개념을 중국 사람들 나라에 관한 그들의 사관(史觀)을 존중하는 중에 우리나라 우리 겨레 측면에서 바로 잡아야 할 대상으로, 지금(2024년) 세계사, 동아시아사 교과서에서 소개하고 있는 것을 보더라도 최초의 중국 왕조라고 하는 <u>하 왕조</u>(夏, 기원전 2,000년 전후)부터 <u>상 왕조</u>(商 또는 殷, 기원전 1,600년 전후), <u>주 왕조</u>(周, 기원전 1,000년 전후), <u>춘추전국시대</u>(春秋戰國時代, 기원전 800년 전후), <u>진 왕조</u>(秦, 기원전 220년 전후), <u>한 왕조</u>(漢, 기원전 200년 전후)에 이르기까지 헤아릴 수 없을만큼 많은 왕조들이 세워지고 사라지는 혼란했던 시기 동안 이웃하고 있는 고조선은 기원전 2333년부터 기원전 108년까지 2200여 년 동안 안정한 왕조 형태를 유지할 수 있었는데, 이것이 군장 국가 형태인 초기 국가 단계로서 가능한 것이었는지 한국사 교과서에서는 구체적인 설명이 수십 년간 없었다.

2023년 11월에 만화책으로 읽었던 책이 있다. 내용이 좋아 올해(2024년)까지 다섯 번을 읽었다. 보다 자세한 저자(著者, 신채호)의 말씀을 듣고 싶어 또 다른 책을 찾아 올해(2024년) 4월에 구입하여 6월까지 읽은 책이 있다. 너무 좋아 읽고 또 읽었다. 좋아하는 책에는 늘 그래왔듯 형광펜으로 문장에 선을 긋고, 포스트 잇을 붙이고, 자판을 두드리며 요약 정리하기도 했다. 조선(= 고조선)을 단군신화와 같은 표현으로 학생에게 가르치고 있는 지금의 교과서와 다르게 주장하고 있는 이 책의 내용은 한국사 교과서에 반영할만한 자료라고 판단하여 아래와 같이 소개한다.

<조선상고사(신채호 著, 동서문화社)> 中 '단군왕검의 건국, 수도 홍포(弘布)와 문화 발달, 삼조선(三朝鮮) 총론(總論), 삼조선 분립 그 뒤 신조선·불조선·말조선, 삼조선 붕괴 원인과 결과(66쪽~103쪽)'

6. 한 군현(漢 郡縣, 한 사군(漢 四郡))

<u>언제부터인가 한국사 교과서에는 한사군의 위치를 구체적으로 표현하고 있지 않다. 다행이다. 내가 중, 고등학생 시기였던 1980년대에는 한사군의 이름과 함께 위치를 국사 선생님께서 알려주시는 그대로 암기해야만 했다. 시험 문제에도 출제되었고, 정답은 당시 국사 선생님께서 알려주신 것이었다.</u>

상담교사로서 근무하고 있는 학교에서 점심 급식을 먹고 있는 중에 다른 식탁에서 동료 교사들이 식사를 하면서 어떤 연유인지는 알지 못하지만 한사군의 위치에 관하여 목소리를 들었던 때가 있었다. 내가 1980년대에 배웠던 바와 똑같이 한국사 교과 담당교사가 당연하다는 듯이 한사군의 위치를 대부분 지금의 북한 지역에 해당하는 것으로 다른 교과 동료교사에게 식사하면서 설명하는 것을 듣고는 한편 이해를 하면서도 답답함을 느꼈다.

어느 역사 교과서, 한국사 교과서든지 위만조선은 철기문화와 중계무역을 중심으로 더욱 강성해졌다 고 설명하고 있다. 중국의 한(漢)나라는 북쪽에 있는 흉노를 정벌하는 과정에서 고조선이 흉노와 연결하는 것을 막고자 고조선을 공격하였고, 한(漢)은 대군을 보내 1년여 동안 싸워 지금 북한의 평양에 있었던 고조선의 수도 왕검성을 점령함으로써 마침내 고조선을 멸망시켰다 고 한다. 한(漢)은 고조선 옛 땅 일부에 한사군을 설치하여 지배하였고, 한사군의 위치가 지금의 북한 지역에 해당하는 것처럼 애매하게 설명하고 있다.

이와 같은 설명은 지금의 북한 압록강 위쪽에 있는 중국 둥베이 평원과 주변에 존재했던 부여 왕조의 세력을 간과하고 있다. 한 왕조를 가운데 두고 고조선 왕조와 선우(單于)가 다스렸던 흉노의 왕조 간 관계를 간과하고 있다. 지금의 한국사 교과서와 같이 한(漢)이 대군을 보내 1년여 동안 전쟁을 했다면 당시 부여와 흉노는 어떤 상황이었으며, 한(漢)이 서쪽의 흉노를 두고 1년여 동안 동쪽에 있는 지금 북한의 평양에 위치했다는 왕검성까지 쳐들어왔다는 것이 타당한 것인지 살피기를 바란다. 지금 북한 지역에 한사군을 설치했다면 한(漢) 왕조와 한사군 사이에 있는 지금 요동 반도(랴오둥 반도)의 당시 상황을 어떻게 설명해야 할 것인지를 살피기를 바란다. 나(키팅샘)는 한사군의 위치를 타당하고 신뢰할 수 있는 구체적인 사료(史料) 연구에 의한 자료로써 한국사 교과서에 소개하기를 바란다.

2021년 겨울방학 동안 읽었던 책이 있다. 당시 직장(인주중학교)에서 구입했던 책이었는데, 내용이 너무 좋아 모두 읽은 후 며칠 지나지 않아 구입을 한 책이다. 한 사군의 구체적인 위치 등에 관하여 기존 교과서와 다르게 주장하고 있는데, 한국사 교과서에 반영할만한 자료라고 판단하여 아래와 같이 소개한다.

<한국통사(이덕일 著, 다산호당 社)> 中, '낙랑군과 한사군의 위치(58쪽~61쪽), 태강지리지(127쪽), 수나라와 격돌하다(175쪽~176쪽)'

위 책(한국통사)과 함께 2023년 11월에 만화책으로 읽었던 책 또한 충분하게 가치있는 책으로서, 한사군의 구체적인 위치 등에 관하여 아래와 같이 소개한다. 한국사 교과서에 반영할만한 자료라고 판단한다.

<신채호 조선상고사 - NEW 서울대 선정 인문고전 60선(김대현 글, 최정규 그림, 주니어김영社)> 中 '한사군 설치(141쪽)'

그리고 한 사군에 관한 자료로써 <조선상고사(신채호 著, 동서문화社)> 中 '삼조선 분립 그 뒤 불조선(93쪽~95쪽), 열국 강역(109쪽)'을 읽어주기 바란다. 한국사 교과서에 반영할만한 자료라고 판단한다.

2020학년도에 충남 아산에 있는 인주중학교에서 사회, 역사 교과목을 맡아 재직할 때 우리 미래 세대인 학생에게 겨레 정체성 확립의 기반을 다질 수 있는 방안 중에 하나로써, 한국통사 저자 이덕일 교수님을 초빙하여 강좌를 펼친 바가 있다. 수십 년간 초,중,고등학교에서 학생에게 가르쳤던 한국사 교과서 내용과 다른 한국사를 주장하고 있는 또 하나의 사관(史觀)이라는 관점에서 <조선상고사(신채호 著, 동서문화社)>, <한국통사(이덕일 著, 다산호당社)>, <신채호 조선상고사 – NEW 서울대 선정 인문고전 60선(김대현 글, 최정규 그림, 주니어김영社)>와 같은 책과 사람이 있음을 우리 초,중,고등학생에게 소개하기를 바란다. 한국사 교과서 내용도 집필진들(執筆陣, 글쓴이들)의 주장으로, 반드시 정답이라고 할 수는 없음을 소개함과 함께 타당하고 신뢰할 수 있는 구체적인 사료 연구에 의한 다양한 역사관이 있음을 우리 초,중,고등학생에게 소개하기를 바란다.

7. 부여(夫餘) 왕조

부여라는 한자화(音借)한 이름만으로 수십 년간 학생을 가르치고 있는 것이 타당한지 스스로에게 질문하기를 바란다. 불여(不與), 부루(符婁)라고 한자화한 부여의 다른 이름이 있다. 우리 말(언어)의 소리를 당시 한자화하여 표기했기 때문에 우리 말의 소리인 부여를 여러 이름으로 부른 것이기 때문이다. 우랄알타이족 개념으로 확장할 경우 부여 이외의 발음으로 불릴 수 있으며 지금의 한글로 그 발음 그대로 단어화하여 교과서에 표기할 수 있음도 우리나라 초,중,고등학생에게 가르치기를 바란다. <u>우리 자신과 우리 겨레에 관한 자부심의 깊이와 넓이가 한반도를 벗어나 확장하는 것을 우리 초,중,고등학생들이 발견할 수 있도록 가르치기를 바란다. 우리 겨레의 지구상 시간과 공간 확장성을 살펴보기를 바란다. 이러한 사고(思考)가 억지스러움이 아닌 자연스러운 사실일 수 있다는 가능성을 우리 스스로 우리 아이들인 초,중,고등학생으로부터 차단하지 않기를 바란다.</u>

고조선과 부여 사람 간 관계를 구체적으로 한국사 교과서에 소개하기를 바란다. 대부분의 교과서는 고조선 왕조 멸망 다음 쪽 순서로 철기 사회 문화 변화를 배경으로 만주와 한반도에서 부여, 고구려, 옥저, 동예, 삼한이 등장하는 것으로 교과 과정을 구성하여 소개하고 있을 뿐이며, 고조선과 이들 나라 사람 간 관계를 소개하고 있지 않거나 모호하게 소개하고 있다. 구체적으로 고조선과 같은 계통의 겨레 관점으로 한국사 교과서에 소개하기를 바란다.

부여 왕조의 제천행사였던 영고(迎鼓)의 의미를 교과서에 소개하기를 바란다. 시험 문제와 정답 용도로 부여의 영고, 고구려의 동맹, 동예의 무천, 삼한의 수릿날과 계절제라고 암기하는 정도로 학교 교육 현장에서 수십 년간 대물림하면서 가르치는 현실을 벗어나기를 바란다.

이와 같은 <u>나(키팅샘)의 부여에 관한 낮은 수준의 궁금증과 비교하기에도 부끄러운 수준 높은 책이 있다. 동이족이 세운 은나라와 부여 간 관계까지 시간과 공간의 확장성을 넓힐 수 있는 자료이기도한 책으로서 한국사 교과서에 반영할만한 자료라고 판단한다.</u>

<한국통사(이덕일 著, 다산호당 社)> 中 '부여의 제천행사 영고와 은정월 간 관계(72쪽)'

8. 옥저(沃沮), 동예(東濊), 삼한(三韓)

내가 중,고등학생 시기로부터 지금 중,고등학생에 이르기까지 크게 다르지 않은 내용으로 수십 년간 가르치는 부문 중에 옥저, 동예, 삼한이 있다. 한국사 교과서에 한반도 그림을 소개하고, 두만강 아래 함경도 지역을 옥저, 그 아래 동해안을 따라 강원도 지역을 동예, 충청도와 전라도 지역을 마한, 경상도 지역을 진한, 전라도 아래보다는 경상도 아래에 치우친 지역을 변한으로 나타내고 있다. 교과 내용도 수십 년간 변함없이 옥저와 동예는 한반도 동쪽에 치우친 위치에서 고구려에 예속된 상태를 지속하다가 결국 고구려에 멸망했다고 소개하고 있다. 옥저는 민며느리제 혼인 풍습으로 고구려의 데릴사위제와 비교하고, 동예는 책화 풍습과 함께 무천이라는 제천행사를 부여, 고구려, 삼한의 제천행사와 함께 나라별 제천행사 이름을 구분지어 가르치고 시험 문제로 출제하는 것 외에는 제천행사 형식과 내용, 고조선을 비롯한 나라별 제천행사 간 관계에 관한 설명은 없다. 그 밖에 장례 풍습, 단궁, 과하마, 반어피, 천군, 소도 등도 구체적이고 상세한 설명 없이 한국사 교과서에 소개하고 가르치고 시험 문제로 출제하며 정답을 고르도록 학생을 지도하고 있다.

나(키팅샘)도 학생들에게 한국사 교과서에 실려있는 나라 이름을 문제의식 없이 정답으로 알리고 있다는 것을 알아채는 과정에서 동부여, 옥저와 같이 한자화(音借)한 이름 이외에 갈사나, 가시라와 같은 우리 말 나라 이름, 갈사국, 가슬라와 같은 이두문 나라 이름, 와지와 같은 만주어 등이 있음을 알았을 때 부끄러웠던 때가 있었다.

　나(키팅샘)는 조선상고사(신채호 著, 동서문화社)> 中 113쪽~114쪽, <한국통사(이덕일 著, 다산호당 社)> 中 82쪽~88쪽에서 옥저, 동예, 삼한에 관한 근거로써 소개하고 있는 사료 - 만주원류고(滿洲源流高, 청 왕조 인문지리책), 삼국지 위서 동이전(三國志 魏書 東夷傳, 서진(西晉) 왕조 역사책), 명사 지리지(明史 地理志, 명 왕조 역사책), 수서(隋書, 수 왕조 역사책), 후한서(後漢書, 남북조시대 남조 송 왕조 역사책) - 를 한국사 교과서 본문에 또 하나의 출처로써 학생에게 소개하기를 바란다. 기존 한국사 교과서에서는 낯설기만 한 북동부여(= 북갈사, 북옥저), 남동부여(= 남갈사, 남옥저), 동예가 아닌 예, 삼한에 관한 전후(前後) 삼한론 등을 학생에게 소개하기를 바란다.

9. 고구려(高句麗) 왕조

　가. 건국 시기
　기존 한국사 교과서는 고구려의 건국 시기를 기원전 37년으로 소개해 왔고, 한국사 교사는 이와 같이 가르쳐 왔다. 삼국사기 기록을 근거로 하는 것인데, 지금의 교과서 본문에 고구려의 건국 시기를 기원전 37년과 다르게 주장하는 학자와 사료(史料)를 또 하나의 역사관으로써 학생에게 소개하기를 바란다. 우리 초,중,고등학생들에게 역사를 바라보는 관점에 교과서 본문 내용 이외에도 다양한 관점이 있음을 인식하고, 개별 주장에 관한 근거를 비교, 분석, 통합하여 이해할 수 있는 기회를 마련해 주기 바란다.

　나. 광개토대왕릉비, 성(城), 무덤 무리(고분군, 古墳群)
　우리 초,중,고등학생에게 사실 그대로의 모습으로써 가슴 벅차오르는 우리 겨레에 대한 자부심을 느낄 수 있게 할만한 유적지로서 광개토대왕릉비, 고구려의 수 많았던 성(城), 무덤 무리(古墳群)는 차고 넘칠만큼 가치가 있다고 판단한다. 현장 체험이 좋겠지만, 현장 체험이 어렵다면 <u>가상현실체험</u>(假像現實體驗, VR, Virtual Reality) <u>기술을</u> 빌려서라도 우리 초,중,고등학생들이 지금 중국 땅에 있는 광개토대왕릉비, 셀 수 없이 줄지어 있는 크고 작은 성(城), 환도산성 아래 무덤 무리(古墳群)를 가상 공간 속 전문 여행가의 소개를 받으면서 여행할 수 있는 기회를 제공하기 바란다. 보태고 덜함이 없는 있는 그대로의 모습만으로 나, 너, 우리에 대한 정체성 발견과 정통성 발견을 통한 자부심을 우리 초,중,고등학생의 몸과 마음에 채워주기를 바란다. 홍익인간 마음까지 우리 초,중,고등학생의 몸과 마음에 자리를 한다면 나는 나답게, 너는 너답게, 우리는 우리답게, 우리나라는 우리나라답게 바로 설 수 있을 것이며 세상 모든 사람들에게 참된 본보기로서 자리매김할 것이기 때문이다. 나(키팅샘)는 10대 때부터 나를 찾아 헤매이면서 깨달은 것이 있다. 내가 누구인지를 어느 정도만이라도 알아채는 순간부터는 나는 나다워지기 시작한다는 것이었다. 20대 때부터 우리 겨레가 겨레 스스로 누구인지를 온전하게 알지 못할만큼 흩어져 있음을 알았다. 우리 겨레가 겨레 스스로 어느 정도만이라도 알아채는 순간부터는 우리 겨레는 우리 겨레다워질 수 있게 될 것임을 믿었고, 조금이라도 보탬이 되고자 하는 삶을 살고자 노력하고 있다. 너무나도 부족한 나의 지식, 지혜, 능력으로 인해 대부분 좌절로 끝이 났지만 여전히 포기하지 못하고 살아가고 있다. 이와 같은 나의 삶인 까닭에 우리 겨레의 미래인 우리 초,중,고등학생들에게만큼은 정체성, 정통성, 자부심을 더하고 덜함이 없는 사실 그대로의 역사로 아로 새겨주고 싶을 따름이다. 이와 같은 바람으로 책을 소개한다. 한국사 교과서에 반영할만한 자료라고 판단한다.

<요동, 고구려 산성을 가다(원종선 著, 통나무社)>, <고구려의 핵심, 산성을 가다(원종선 著, 통나무社)>

다. 고구려 왕조의 왕

어떠한 까닭인지는 모른다. 조선왕조는 1대 태조부터 27대 순종까지 모두 외우고 있다. 학창 시절에 선생님 말씀이면 정답으로 알았기 때문이었던 것 같다. 한국사 선생님께서 특별하게 조선 왕조만을 강조하셨던 것은 아니었을 텐데, 아무래도 한국사 교과서가 다른 시기 왕조보다 많은 분량으로 조선 왕조의 왕(王) 업적을 첫 번째 왕 태조부터 스물일곱 번째 왕 순종까지 몇몇 왕을 제외하고는 거의 대부분 한국사 교과서에 소개하고 있었기 때문인 것 같다. 반면에 조선 왕조를 제외한 다른 시기의 왕조에서 <u>역대</u>(歷代, 대대로 이어 내려온) <u>왕의</u> 업적은 상대적으로 적은 수의 왕들만을 소개하고 있는 까닭에 왕조별로 왕들을 순서에 맞춰 외우는 것은 생각해 본 바 없으며, 몇 번째까지 왕이 왕조를 이었는지도(계승했는지도) 관심에 없었다. 당연하게 그 정도면 충분한 것 같았다. 어쩌면 당연하다와 충분하다라는 생각도 없이 그냥 받아들였던 것 같다.

고구려 왕조 1대 동명성왕부터 28대 보장왕까지 총28명의 왕이 있다. 물론 우리나라 모든 왕조의 역대 왕 숫자에 관하여 역사가에 따라 다를 수 있으나 대체로 고구려 왕조는 28대까지이다. 한국사 교과서에서 고구려 왕 28명 중에서 수십 년간 한국사 교과서에서 주로 소개하는 왕은 동명성왕, 고국천왕, 미천왕, 소수림왕, 광개토대왕, 장수왕, 영양왕으로 7명이다. 유리왕, 태조왕, 동천왕, 고국원왕, 고국양왕 이상 5명은 몇 글자 또는 몇 줄 정도의 문장으로 소개할 정도이다. 대무신왕, 평원왕, 보장왕 이상 3명은 그마저도 더 적은 정도로 소개하는 것이 대부분이다. 나머지 13명에 관하여는 내가 기억하는 바로는 없다. 13명이 왕으로 있었던 시기의 우리나라 역사는 우리 초,중,고등학생에게는 없는 것이다. <u>나머지 13명의 고구려 왕을 모두 한국사 교과서 본문에 몇 글자 또는 몇 줄 정도의 문장만큼이라도 알차게 정리하여 소개하기를 바란다. 대무신왕, 태조왕, 동천왕 시기의 고구려 역사를 지금 보다 알차게 한국사 교과서에 소개하기를 바란다. 차대왕, 신대왕, 문자명왕 시기의 고구려 역사를 새롭게 우리 초,중,고등학생에게 소개하기를 바란다.</u> 이와 같은 바람으로 책을 소개한다. 한국사 교과서에 반영할만한 자료라고 판단한다.
<조선상고사(신채호 著, 동서문화社)>, <한국통사(이덕일 著, 다산호당 社)>

라. 윷놀이 - 우리 겨레의 정체성, 정통성 측면
한국사 교과서에 윷놀이의 기원에 관한 설명을 윷놀이 체험 활동을 통해 소개하기를 바란다. 도, 개, 걸, 윷, 모의 의미를 부여(夫餘)의 정치 체제였던 왕과 4개의 가(加, 마가, 우가, 저가, 구가)의 형태와 연관 짓는 역사관을 소개하기를 바란다. 고구려의 정치 체제였던 5부 또는 왕과 4개의 대가(大加)의 형태를 소개하는 과정에서 단군조선 시기 정치 체제(3경 5부 제도)와 관련성을 고찰하기를 바란다. 이와 같은 윷놀이 문화를 통해 고조선, 부여, 고구려가

같은 계통의 겨레임을 학교 현장에서 한국사를 배우고 있는 학생이 우리 겨레의 정통성으로서 인식하기를 바란다.

<한국통사(이덕일 著, 다산호당 社)> 中 '신수두의 3경 5부 제도(69쪽~70쪽)', <신채호 조선상고사 - NEW 서울대 선정 인문고전 60선(김대현 글, 최정규 그림, 주니어김영社)> 中 '윷놀이의 기원(118쪽)'은 한국사 교과서에 반영할만한 자료라고 판단한다.

마. 다물(多勿) - 우리 겨레의 정체성, 정통성 부문

한국사 교과서에 다물(多勿)이라는 용어에 관한 설명을 소개하기를 바란다. 다물(多勿)은 '옛 땅을 회복하다'라는 의미를 가지고 있는 우리 겨레의 옛 말로서, 다물(多勿)의 '옛 땅'이 단군조선 왕조의 땅이라는 역사관을 초,중,고등학생에게 가르치기를 바란다. 아주 오랜 전 우리나라였던 고구려도 조선(= 고조선)을 계승하고 있다는 의식을 가지고 있었음을 타당한 근거로 주장하는 역사관을 한국사 교과서에 소개하기를 바란다.

<한국통사(이덕일 著, 다산호당 社)> 中 '초기 고구려의 성장(80쪽)'은 한국사 교과서에 반영할만한 자료라고 판단한다.

10. 최씨 낙랑국

10대였을 때로 기억한다. 지금으로부터 40년 전쯤이다. 낙랑공주와 호동왕자 이야기를 들었을 때 안타까운 낙랑공주의 사랑과 여인의 사랑을 이용한 못된 호동왕자구나 라는 속상함으로 내 마음 한 켠에 새겨졌던 추억이다. 당시 나(키팅샘)는 낙랑공주에서 낙랑이라는 나라는 북한의 평양 지역에 있었던 낙랑군으로 알았다. 한(漢)나라가 우리 고조선을 멸망시키고 설치했던 한사군(漢四郡) 중 마지막까지 우리를 괴롭히다가 고구려 미천왕 때에 드디어 우리 한반도에서 몰아냈다고 배웠던 낙랑군으로 알았던 것이다. 고조선이 멸망했다고 배운 것이 기원전 108년이었고, 미천왕이 낙랑군을 몰아냈다고 배운 것이 기원후(= 서기, 西紀) 313년이었으니 대략 400년 넘게 한(漢)나라 힘이 우리 한반도 절반 이상의 지역에 살았던 사람들을 괴롭혔다고 생각을 했었다.

내가 10대였을 때로부터 40년 쯤 지난 지금도 한국사 교과서는 별다른 변화없이 반복하는 것이 있다. '고구려 미천왕이 기원후 313년에 낙랑군을 없

애 중국의 세력을 한반도에서 완전히 몰아냈다.'고 가르치고 있다. 낙랑군이 한반도 안에 있었다는 것이다. 이러한 주장은 중,고등학교 중간고사(1회고사) 또는 기말고사(2회고사)에서 시험문제로 출제를 하고 있는 내용이기도 하다.

나(키팅쌤)는 한사군에 관한 이와 같은 주장을 당연한 정답으로 학생에게 가르치는 교육은 그만하기를 바란다. 한(漢)이 멸망했다고 하는 것이 기원후 220년이므로 미천왕이 낙랑군을 몰아냈다고 하는 것이 기원후 313년과 100년 가까이 차이가 있다. 언제인지 분명하게 기억하지는 못하지만 이와 같은 차이를 알고 난 후 한참 동안 한(漢)나라가 멸망한 이후 낙랑군은 어떠한 의미로 명맥을 유지했는지 타당한 설명을 하는 자료를 찾지 못했다. 지금의 중국이라고 하는 지역에서 한(漢)나라가 멸망한 후 삼국시대(위, 촉, 오), 진(晉)나라가 세워지고 멸망하고를 거듭하는 동안 한반도의 낙랑군과 어떠한 관계를 유지했는지 알 수 없었다. 한반도와 그 주변 지역에서 당시 부여, 고구려, 옥저, 동예, 삼한, 백제, 신라, 가야와 어떠한 관계를 유지했는지 알 수 없었다.

우리 초,중,고등학생에게 낙랑공주와 호동왕자 이야기를 하면서 낙랑공주의 나라였던 낙랑이라는 나라가 한사군(漢四郡)의 낙랑군인지 여부에 관하여 궁금증을 가질 수 있도록 가르치기를 바란다. 이와 같은 나의 바람을 담아 아래에 책을 소개한다. 한국사 교과서에 반영할만한 자료라고 판단한다.
<한국통사(이덕일 著, 다산호당 社)> 中 '초기 고구려의 성장(81쪽), 최씨 낙랑국(89쪽~90쪽)'

11. 백제(百濟) 왕조

가. 소서노(召西奴)
기존 한국사 교과서에서 소개하고 있듯이 백제를 처음 세운 사람을 온조라고 학생에게 소개하면서 궁금했던 것이 있었다. 소서노라는 사람이었다. 한국사 교과서에서 소서노라는 사람은 언뜻 소개하기도 하고 소개하지 않기도 하는 수준이었다. 소서노는 졸본부여의 여자로, 부여(동부여)에서 위협을 느껴 졸본부여로 이주해 온 추모(= 주몽, 고주몽, 동명왕, 동명성왕)를 도와 고구려를 세우는 데 큰 역할을 한 사람 으로 소개하고 있다. 또한 소서노는 아들 비류와 온조를 데리고 고구려를 떠나 남쪽으로 이주하여 마한 지역에 정착하였고 비류와 온조가 나라를 세우는 데 큰 역할을 한 사람으로 소개하고 있다. 즉 소서노라는 여인은 고구려와 백제를 세우는 데 큰 역할을 한 사람이라는 것이다. 이것이 한국사 교과서에서 소서노를 소개하는 거의 전부였다. 그녀의 신분은 사료에 따라 다르고, 비류와 온조 역시 소서노와 추모 사이에 태어난 친아들이라고 하거나 또는 추모의 친아들이 아니라고 하는 등 사료에 따라 다를 뿐 소서노에 관한 소개는 더 이상 없었다. 어떻게 한 사람이 두 개의 나라를 세우는 데 크나큰 역할을 할 수 있었는지 소서노의 성품과 능력 등에 관한 소개는 없었다. 소서노의 이름 중에 한자로 노(奴)가 있는데, 노(奴)는 남의 집에서 종(= 노비) 노릇을 하는 사람을 뜻하는 단어이다. 더구나 노(奴)는 노비(奴婢)에서 알 수 있듯이 종 중에서 여성을 뜻하는 비(婢)에 대하여 남성을 뜻하는 단어인 노(奴)이다. 어떤 까닭으로 그녀의 이름에 남의 집에서 종 노릇을 하는 남성을 뜻하는 사람을 의미하는지에 관한 소개는 없었다.

<u>소서노라는 여인에 관하여 한국사 교과서에 보다 상세하게 소개하기를 바란다. 우리 겨례의 역사에서 여성의 위치가 남성의 위치와 대등한 수준이었음을 우리 초,중,고등학생에게 가르치기를 바란다. 한국사 교과서 본문 중 신라 역사 부문에서 선덕여왕, 진덕여왕을 학생에게 가르치듯 소서노라는 여인에 대해서도 소서노 여왕이라고 가르칠 수 있는 가능성을 열어주기를 바란다.</u>

조선상고사(신채호 著, 동서문화社)> 中 '추모왕의 고구려 건국(117쪽), 소서노 여대왕의 백제 건국(122쪽~125쪽)'은 한국사 교과서에 반영할만한 자료라고 판단한다.

나. 영토 - 담로(擔魯, 檐魯)

20대 또는 30대였던 것으로 기억한다. 당시 KBS 역사스페셜이라는 프로그램에서 백제의 22개 담로를 소개하는 내용이었다. 당시 나(키팅샘)는 참으로 신선한 느낌이었다. 학창 시절에 학교에서 배웠던 백제는 근초고왕 때 전후 외에는 한반도에서도 지금의 경기도, 충청도, 전라도 정도에서 존재했던 아주 조그만 나라였기 때문이었다. KBS 역사스페셜에서 소개하고 있는 22개 담로의 위치는 한반도 땅을 벗어나 지금의 일본 땅은 물론이고 중국 땅 바닷가를 따라서 동남아시아 지역까지 곳곳에 있었기 때문이었다.

　내가 중,고등학생 시기였던 1980년대에도 국사 선생님으로부터 2024년 지금의 중,고등학생들과 별반 다르지 않은 내용으로 22개 담로에 관하여 배웠던 것으로 기억한다. 또한 내가 교사가 되어 한국사 교과를 맡고 학생들에게 한국사를 소개하기 시작했던 2000년 초반부터 2024년 지금까지 20여 년 동안 한국사 교과서에는 담로(擔魯, 檐魯)에 관하여 무령왕 시기를 언급하면서 자녀 또는 친척(왕족)을 보내 다스리도록 한 22개의 지방 행정 구역이라는 방식으로 설명만을 마치 복사해서 붙여 놓듯 반복하고 있다. 반면 한국사 교과서 본문 중 마치 복사해서 붙여 놓듯 반복하고 있는 또 하나의 그림인 4세기 백제의 전성기, 5세기 고구려의 전성기, 6세기 신라의 전성기를 나타내는 한반도와 인근 중국, 일본 지역의 그림 지도에는 20여 년 전부터 2024년 지금까지 한 번도 구체적으로 22개 담로의 위치를 소개하여 학생들에게 가르치고 있는 바는 없다. 한반도, 한반도 중에서도 백제의 영토였던 충청도, 전라도 정도 지역에 있었던 지방 행정 구역인 것처럼 분명하지 않게 22개 담로를 소개하고 다른 교과 내용으로 넘어가고 있다.

　<u>한국사 교과서에서 담로를 언급할 때 무령왕 시기 22개 담로에 자녀나 왕족을 파견하여 지방 통제를 강화했다고 하면 22개 담로의 위치를 고구려와 신라의 전성기였다고 하는 5세기, 6세기 그림 지도에는 소개할 수도 있을텐데, 내가 기억하기로는 짧게는 20여 년, 길게는 40여 년 동안 한국사 교과서에서는 없었다.</u> 더하여 담로라는 단어는 한자화(音借)한 것인데 이것 역시 백제 왕조 시기 사람들이 담로라고 말을 한 것과 같이 초,중,고등학생이 인식할 수 밖에 없도록 가르치고 있다. <u>음차(音借)인 까닭에 擔魯, 檐魯와 같이 2개 이상의 한자로 나타내는 데도 학교에서는 담로라고만 가르치고 있다.</u>

　이와 같은 반복을 멈추기를 바란다. 나의 바람을 담아 아래에 책을 소개한다. 한국사 교과서에 반영할만한 자료라고 판단한다.

　<한국통사(이덕일 著, 다산호당 社)> 中 '백제의 초기 도읍지 - 삼국유사 마한 조의 최치원 소개 글 부문, 삼국사기 백제본기의 대륙백제와 반도백제 소개 글 부문(97쪽~98쪽), 분국설을 비판하는 남한 강단사학 - 양서의 백제 열전의 담로에 관한 소개 글 부문(119쪽~123쪽), 대륙백제의 요서 지역 장악 부문(154~159쪽), 일본 열도의 조선식 산성(188쪽~189쪽)'

다. 백제 왕조의 왕

9. 고구려 왕조 - 다. 고구려 왕조의 왕 부문에서 얘기한 바와 같다. 한국사 교과서에서는 조선 왕조를 제외한 다른 시기의 왕조는 상대적으로 적은 수의 왕들만을 소개하고 있는 까닭에 대학생 시절(89학번, 1997년 졸업)이었던 1990년대부터 오랫동안 아쉬움을 느껴왔다. 나의 불안정한 개인 측면의 삶 과정에서는 소리내는 것이 너무나도 버거워 아쉬움에 따른 조바심만 다독이며 본 책을 출판하기 위해 글을 쓰기 시작한 2023년까지 살아내야 했다.

백제 왕조 1대 온조왕부터 31대 의자왕까지 총31명의 왕이 있다. 물론 우리나라 모든 왕조의 역대 왕 숫자에 관하여 역사가에 따라 다를 수 있으나 대체로 백제 왕조는 31대까지이다. 한국사 교과서에서 백제 왕 31명 중에서 수십 년간 한국사 교과서에서 주로 소개하는 왕은 온조왕, 근초고왕, 무령왕, 성왕 4명이다. 침류왕, 비유왕, 개로왕, 문주왕, 동성왕, 무왕, 의자왕 이상 7명은 몇 글자 또는 몇 줄 정도의 문장으로 소개할 정도이다. 나머지 20명에 관하여는 내가 기억하는 바로는 없다. 20명이 왕으로 있었던 시기의 우리나라 역사는 우리 초,중,고등학생에게는 없는 것이다. <u>나머지 20명의 백제 왕을 모두 한국사 교과서 본문에 몇 글자 또는 몇 줄 정도의 문장만큼이라도 알차게 정리하여 소개하기를 바란다. 비유왕, 문주왕, 동성왕, 무왕, 의자왕 시기의 백제 역사를 지금 보다 알차게 한국사 교과서에 소개하기를 바란다. 근구수왕, 진사왕, 아신왕 시기의 백제 왕조 역사를 새롭게 우리 초,중,고등학생에게 소개하기를 바란다.</u> 이와 같은 바람으로 책을 소개한다. 한국사 교과서에 반영할 만한 자료라고 판단한다.

<한국통사(이덕일 著, 다산호당 社)> 中 '고구려의 남하와 개로왕의 전사 - 근구수왕, 진사왕 부문(143쪽~144쪽)', <신채호 조선상고사 - NEW 서울대 선정 인문고전 60선(김대현 글, 최정규 그림, 주니어김영사)> 中 '근구수왕 부문(165쪽~166쪽), 동성왕 부문(175쪽~176쪽)', <조선상고사(신채호 著, 동서문화사)> 中 '근구수왕, 침류왕, 진사왕, 아신왕 부문(203~217쪽), 문주왕, 동성왕 부문(222쪽~228쪽)'

라. 비류백제

<u>10대와 20대 때 절실하게 느꼈던 감정이 있었다. 감정을 단어로 표현하면 생명, 사람, 사랑, 가족, 자유, 정체성으로, 정체성은 자아 정체성과 겨레 정체성을 아우르는 개념이었다. 인성, 지혜, 지식 등 부문에서 나의 부족함으로 인해 생명, 사람, 사랑, 가족, 자유, 정체성에 관한 깨달음은 온전할 수 없었다. 생명, 사람, 사랑, 가족, 자유, 정체성에 관하여 어설프게라도 깨달았던 나에게 그 깨달음은 나에게 간절한 소중함이 되었고, 그 소중함은 집에서는 아버지로서 귀한생명내아들에게, 학교에서는 교사로서 귀한생명학생들에게 알리고자 애쓰는 실천함이 되었다.</u>

인주중학교(충청남도 아산시 인주면 영인산로 85(밀두리) 소재)에서 재직할 때였다. 1997년 이래 학교에서 교사로서 근무할 때는 대부분 기간제 교사였던 까닭에 2020학년도 1년 기간은 인주중학교에 합격하여 다시 한 번 밥 먹고 살 수 있는 삶을 1년 동안 연장할 수 있었던 감사한 시기였다. 인주중학교에서도 이전 중,고등학교 재직할 때와 마찬가지로 생명, 사람, 사랑, 가족, 자유, 정체성에 관하여 학생에게 알리고자 애썼다. 이와 같은 과정에서 나(키팅샘)는 감사하게도 책 '이덕일의 한국통사' 저자(著者) 이덕일 교수님을 인주중학교로 초빙(招聘)할 수 있었다. 인주중학교 학생들이 한국사 교과서를 통해 배우고 있는 교과 내용과 다른 다양한 주장이 있음을 인식할 수 있기를 바라는 마음으로, 인주중학교 학생들이 마땅(타당, 妥當)한 사료(史料)를 근거로 믿을(신뢰, 信賴) 수 있게 주장하는 역사학자 이덕일 교수님을 통해 직접 들을 수 있게 하고 싶었기 때문이었다. 나의 바람을 교장선생님께 건의하였고, 나의 바람을 수용해주셔서 이루어진 일이었다. 나는 특강 당일 인주중학교와 천안아산KTX역을 오고 가며 이덕일 교수님을 마중하고 배웅해 드렸다.

<u>학교와 KTX역을 오고 가는 나의 자동차 안에서 교수님과 얘기를 주고 받을 때 일이었다. 교수님은 아산시 인주면 밀두리에 관한 김성호라는 박사의 주장을 들려주었다. 백제 왕조를 건국한 온조의 형인 비류에 관한 것으로, 김성호 박사의 주장에 따르면 비류백제는 4세기까지 존재했으며 광개토대왕의 공격을 받아 지금의 일본 땅으로 건너가서 그 당시 야마토왜의 15대 왕이면</u>

서 동시에 첫 번째 일왕인 응신(應神, 오진 일왕)이 되었다는 얘기였다. 지금 인천광역시에 있는 미추홀에 관하여 실상(實狀)은 아산시 인주면 밀두리가 비류백제의 수도 미추홀이었다는 얘기였다. 특강 당일을 참으로 특별한 인연이라고 했다. 그러한 엄청난 주장이 있는 바로 그 지역에 있는 인주중학교에서 특강 요청을 해 왔기 때문이라고 했다.

<한국통사(이덕일 著, 다산호당 社)> 中 '비류백제의 수도 미추홀(98쪽)'을 소개한다. 한국사 교과서에 반영할만한 자료라고 판단한다.

12. 신라(新羅) 왕조

가. 거서간(居西干), 차차웅(次次雄), 이사금(尼師今), 마립간(麻立干)

오랫동안 궁금한 것이 있다. 중학교에서 한국사를 소개할 때 박혁거세 이후 신라 왕조의 왕들 이름을 유리왕, 탈해왕, 내물왕, 눌지왕, 소지왕, 지증왕으로 칠판에다 판서하기도 하고 말하기도 했다. 당연하다는 생각조차 하지 못하고 무심코 나의 수업을 들어주는 학생들에게 소개했다. 나 역시 학교에서 선생님이 수업 시간에 말씀하신 교과 내용과 교과서에서 소개하고 있는 내용은 정답으로 알면서 성장했고, 교사가 되었던 까닭이었다. 언제부터인지 기억을 할 수 없지만 교과서에 거서간, 차차웅, 이사금, 마립간에 관한 내용이 한국사 교과서에 조금씩 알아볼 수 있게 소개되면서부터 조금씩 무엇인가 불편한 마음이 들기 시작했다. 궁금한 마음이 들기 시작했다.

우리말 같은데 왜 거서간, 차차웅, 이사금, 마립간은 한자로 표현하고 있지? 거서간과 마립간은 왜 간으로 끝나지? 한국사 교과서에서 고구려 왕조, 백제 왕조의 왕들은 첫 번째 왕부터 마지막 왕까지 모두 왕으로 소개하는데, 신라 왕조만큼은 첫 번째 왕 혁거세부터 소지까지 왕이라고 부르지 않고 우리말 같은 거서간, 차차웅, 이사금이라고 불렸지? 고구려 왕조와 백제 왕조의 왕들도 어쩌면 왕이라고 부르지 않았던 것은 아닐까? 실제 그 당시에는 우리말로 부르지는 않았을까? 왕이 아니라 황제 또는 황제와 같은 의미인 다른 호칭, 즉 광개토태왕처럼 태왕이라고 부르지는 않았을까? 등 궁금증이 계속해서 이어졌다. 고구려 왕조, 백제 왕조의 왕족이 고씨, 부여씨이듯 신라 왕조의 왕족은 박씨, 석씨, 김씨인데, 이들 고씨, 부여씨, 박씨, 석씨, 김씨라는 성(姓)은 언제부터, 어떻게 지어지고, 으뜸 집권자(執權者)(= 왕)가 될 수 있었을까?
 거서간, 차차웅, 이사금, 마립간에 관하여 한자화(音借)하여 표현한 것이며, 본래 우리말임을 각각의 어원(語源)을 밝혀 명확하게 소개하기를 바란다. 거서간, 마립간에 관하여 <단군의 나라 카자흐스탄(김정민 著, 글로벌콘테츠社)> 책을 소개한다. '빌게카칸과 고구려 무사의 복장의 유사성, 흉노의 태동 부문(69쪽~75쪽)' 과 같은 이 책 본문 내용을 살펴 한국사 교과서에 반영하기를 바란다. 우리 초,중,고등학생이 우리 겨레를 바라보는 세상 크기와 넓이가 지금의 한반도를 넘어서 만주, 유럽, 중동, 아메리카까지 확장할 수 있는 기회를 제공할만 가치가 있는 책이라고 판단한다.
 한국사 교과서 본문에 거서간, 차차웅, 이사금, 마립간을 왕 이름 앞에 붙여 왕 이름 대신에 첫 번째 왕 혁거세거서간, 남해차차웅, 유리이사금, 내물마립간, 눌지마립간, 소지마립간, 지증마립간, 지증왕, 법흥왕 등으로 분명하게 표현하기를 바란다. 신라 왕조의 총56명의 왕들 중에서 박씨 성의 왕은 10명, 석씨 성의 왕은 8명, 김씨 성의 왕은 38명이며, 박씨, 석씨, 김씨 성의 왕들이 어떠한 과정을 통해 신라 왕조의 계보(系譜)를 이어갔는지를 한국사 교과서의 부록이 아닌 본문에 소개하기를 바란다. 아직 궁금증을 모두 풀지는 못하고 있으나 언젠가는 나(키팅샘)와 비교할 수 없을만큼 인품과 능력을 갖춘 공부하는 사람에 의하여 우리 초,중,고등학생에게 올바르게 가르칠 수 있는 날이 오기를 바란다.

 나. 신라 왕조의 왕
 9. 고구려 왕조 - 다. 고구려 왕조의 왕, 11. 백제 왕조 - 다. 백제 왕조의 왕 부문에서 얘기한 바와 같다. 신라 왕조 1대 혁거세거서간으로부터 56대 경순왕까지 총56명의 왕이 있다. 물론 우리나라 모든 왕조의 역대 왕 숫자에 관하여 역사가에 따라 다를 수 있으나 대체로 신라 왕조는 56대까지이다. 한국사 교과서에서 신라 왕 56명 중에서 수십 년간 한국사 교과서에서 주로 소개하는 왕은 혁거세거서간, 내물마립간, 눌지마립간, 지증마립간(지증왕), 법흥왕, 진흥왕, 무열왕, 신문왕, 경순왕 이상 9명이다. 유리이사금, 탈해이사금, 소지마립간, 진평왕, 선덕여왕, 문무왕, 성덕왕, 경덕왕, 혜공왕, 선덕왕, 원성

왕, 진성여왕 이상 12명은 몇 글자 또는 몇 줄 정도의 문장으로 소개할 정도이다. 장보고 인물을 소개하는 과정에서 흥덕왕, 희강왕, 민애왕, 신무왕, 문성왕 이상 5명은 이름과 관계 정도만 언급하는 정도이다. <u>나머지 30명에 관하여는 내가 기억하는 바로는 없다. 30명이 왕으로 있었던 시기의 우리나라 역사는 우리 초,중,고등학생에게는 없는 것이다. 나머지 30명의 신라 왕을 모두 한국사 교과서 본문에 몇 글자 또는 몇 줄 정도의 문장만큼이라도 알차게 정리하여 소개하기를 바란다.</u>

13. 가야(伽倻) 왕조

가야 왕조의 왕

<u>9. 고구려 왕조 - 다. 고구려 왕조의 왕, 11. 백제 왕조 - 다. 백제 왕조의 왕</u> 부문에서 얘기한 바와 같다. 가야 왕조의 왕은 언제부터인가 한국사 교과서 본문에 직접 소개하지 않고 있다. 본문 내용을 보충하는 형식으로 본문에 가야 왕조의 왕 이름을 소개하고 있을 뿐이다. 이러한 왕 소개조차 가야 왕조의 1대 왕 김수로왕과 금관가야의 마지막 왕 구형왕(= 구해왕)이 전부이다. 한국사 교과서에서는 김수로왕이 금관가야의 1대 왕이라는 소개를 찾기 드물어졌다. 한국사 교과서에서는 금관가야가 신라 법흥왕에 스스로 항복했고, 대가야는 신라 진흥왕에 복속했다 와 같이 금관가야와 대가야의 왕 이름을 소개하지 않고 나라가 스스로 항복하고 나라가 복속한 것처럼 분명하지 않게 소개하고 있다.

또한 한국사 교과서 부록 편에서 소개하고 있는 역대 왕조 계보 편에서는 대부분 6개 나라(고구려, 백제, 신라, 발해, 고려, 조선)만 나열하고 있다. <u>가야 왕조는 한국사 교과서 부록 편의 역대 왕조 계보(系譜)에 없다.</u> 사료(史料)가 없거나 부족하여 왕조별로 계보를 소개할 수 없는 것이 아니라면 <u>한국사 교과서에 소개하기를 바란다. 부록이 아닌 본문에 소개하기를 바란다. 가야 왕조에 관한 사료로써 고려 왕조 시기에 출간한 가락국기, 삼국사기, 삼국유사가 있음을 우리 초,중,고등학생에게 소개하기를 바란다.</u> 참고할 수 있는 책으로 <한국통사(이덕일 著, 다산호당 社)>의 '부록 1. 한국왕조계보도(548쪽)'을 소개한다. 한국사 교과서에 반영할만한 자료라고 판단한다.

14. 발해(渤海) 왕조

가. 남북국 시대 → 발해·신라 남북조 시기

한국사 교과서에서 수십 년간 초,중,고등학생에게 가르치고 있는 내용 중에 발해와 신라 왕조 시기를 남북국 시대라고 이름지어 부르는 것이 있다. 중국의 역사라고 하기에 타당하다고 할 수 없는 왕조 중에 위·진 남북조 시대라는 것이 있다. 중국의 역사에 관하여 남조(남쪽 왕조)와 북조(북쪽 왕조)라는 단어로 가치를 담고 남조와 북조를 대표할만한 나라로 진나라와 위나라를 선택하여 이름지어 부르고 있다. 반면 우리나라 역사에 관해서는 왕조나 민주공화국에 비교하여 가치 중립적인 의미를 가지고 있는 국가라는 단어를 선택하고 남조와 북조를 대표할만한 나라로 신라와 발해를 선택하여 소개할만한데도 나라 이름을 빼고 그냥 남북국 시대라고 표현하는 까닭에 관하여 고민하기를 바란다. 나라 이름을 제대로 넣고 가치를 담아 발해·신라 남북조 시기라고 표현하기를 바란다. 이 또한 내가 이름 지은 것보다 우리 초,중,고등학생에게 도움이 되는 훨씬 나은 이름을 지어준다면 더없이 감사할 일이다.

나. 고구려 부흥 운동 실패 → 고구려 복원 항쟁 성공

한국사 교과서에서 수십 년간 초,중,고등학생에게 가르치고 있는 내용 중에 고구려 부흥 운동 실패, 백제 부흥 운동 실패라는 것이 있다. 백제 부흥 운동 실패라는 것에 관해서는 일부 이해할 수 있었다. 지금까지의 한국사 교과서에 반복해왔던 지금의 경기도, 충청도, 전라도 지역을 백제 영토라고 주장을 반복하는 측면에서는 이해할 수 있었다는 것이다. 나(키팅샘)는 이와 같은 주장에도 동의하지 않는 바이지만 본 책에 나의 주장을 담지는 않고자 한다. 주장할 수 있을만큼 지식을 갖추고 있으면서 나의 주장을 담지 않는 것이 아니다. 주장할 수 있을만큼 지식이 없기 때문이다. 백제 부흥 운동과 관련해서 <한국통사(이덕일 著, 다산호당 社)> 中 '백제의 시련과 흥기(142쪽~159쪽)'를 읽어주기 바란다.

백제 부흥 운동 실패와 마찬가지로 오랫동안 학교에서 학생들에게 고구려 부흥 운동 실패에 관하여 소개할 때면 불편함과 미안함이 있었다. 기존 한국사 교과서에서 우리 초,중,고등학생들에게 가르치고 있는 내용을 근거로 해도 이해할 수 없는 제목(고구려 부흥 운동 실패)이었기 때문이었다. 기존 한국사 교과서에서는 발해 왕조에 관하여 아래와 같은 방식으로 소개하고 있다.

발해를 건국한 첫 번째 왕은 멸망한 고구려의 장군 대조영이라는 사람이다. 고구려 멸망 후 당은 고구려의 왕 등 지배층을 당의 여러 지역으로 흩어 놓았다. 대조영은 고구려 사람과 말갈 사람을 이끌고 당과 싸워가며 동모산 지역을 중심으로 발해를 건국했다. 발해는 고구려의 계승 의식을 가지고 있었으며, 그 근거로 구당서에서 대조영은 본래 고구려의 별종이다 라고 했으며, 발해 왕은 일본에 보낸 외교 문서에서 스스로 고려(= 고구려) 왕이라고 했다. 일본도 발해를 고려(= 고구려)라고 불렀다.

위와 같이 기존 한국사 교과서에서 발해와 고구려를 연관지어 우리 초,중,고등학생에게 가르치고 있는데도, 굳이 고구려의 부흥 운동을 실패라고 수십 년간 반복하여 우리 초,중,고등학생에게 가르치는 까닭을 이해할 수 없다.

고구려 복원 항쟁 성공이라고 우리 초,중,고등학생에게 가르치기를 바란다. 고구려의 부흥 운동 실패라고 가르치지 않기를 바란다. 왜냐하면 지금의 한국사 교과서 본문에서도 고구려 왕조의 영토였던 바로 그 영토를 대부분 복원하고 확장했음을 그림 지도까지 소개하며 가르치고 있으며, 한국사 교과서 본문과 부록에서 소개하고 있는 왕조 계보를 근거로 해도 발해가 왕조를 유지한 기간도 698년부터 926년으로 230여 년이나 지속했던 나라였기 때문이다.

이와 같은 바람으로 책을 소개한다. 한국사 교과서에 반영할만한 자료라고 판단한다.

<한국통사(이덕일 著, 다산호당 社)> 中 '북조 대진국(= 발해) – 대진 건국, 대당 전쟁과 진국의 발전, 진국의 쇠퇴와 멸망(189쪽~209쪽)'

다. 발해 왕조의 왕

9. 고구려 왕조 - 다. 고구려 왕조의 왕, 11. 백제 왕조 - 다. 백제 왕조의 왕 부문에서 애기한 바와 같다. 발해 왕조 1대 고왕(= 대조영)으로부터 왕 이름조차 알지 못하는 15대 대인선까지 총15명의 왕이 있다. 물론 우리나라 모든 왕조의 역대 왕 숫자에 관하여 역사가에 따라 다를 수 있으나 대체로 발해 왕조는 15대까지이다. 한국사 교과서에서 발해 왕 15명 중에서 수십 년간 한국사 교과서에서 주로 소개하는 왕은 고왕(= 대조영), 선왕으로 2명이다.

무왕, 문왕 이상 2명은 몇 글자 또는 몇 줄 정도의 문장으로 소개할 정도이다. 나머지 11명에 관하여는 내가 기억하는 바로는 없다. 본 책에 나머지 11명의 왕을 계보(系譜)에 따라 순서대로 소개하면 아래와 같다.

　4대 원의, 5대 성왕, 6대 강왕, 7대 정왕, 8대 희왕, 9대 간왕, 11대 이진, 12대 건황, 13대 현석, 14대 위해, 15대 인선.

　조선 왕조의 계보에 따른 총27대의 왕, 즉 27명의 왕 이름과 비교하여 발해 왕조의 위에서 언급한 나머지 11명의 왕 이름은 과연 얼마나 익숙한지 살피기를 바란다. 발해 왕조와 관련한 사료(史料)가 충분하지 않다면 오히려 우리나라는 더욱 발해 왕조에 관한 연구를 할 필요성이 있는 것이다. 지속하여 적극 연구하기를 바란다. 1대 고왕(= 대조영), 2대 무왕, 3대 문왕, 10대 선왕 시기의 역사를 제외하고 나머지 11명이 왕으로 있었던 시기의 우리나라 역사는 우리 초,중,고등학생에게는 없는 것이다. 나머지 11명의 발해 왕에 관하여 왕 이름이 없는 까닭은 무엇인지, 왕 이름이 없으면 계보(系譜) 취지에 맞게 발해 왕씨 성(姓)인 '대'를 붙여 4대 대원의, 11대 대이진, 12대 대건황, 13대 대현석, 14대 대위해와 같이 표현하는 등 연구와 고민을 통해 모두 한국사 교과서 본문에 몇 글자 또는 몇 줄 정도의 문장만큼이라도 알차게 정리하여 소개하기를 바란다.

　라. 발해 왕조 멸망
　한국사 교과서에서는 대체로 발해 왕조 멸망(926년)에 관하여 내분을 겪는 과정에서 거란족의 침략을 받아 멸망했다 고 소개하고 있다. 이와 같은 방식으로 소개하는 것에 대하여 개선하기를 바란다. 발해 왕조는 멸망 시기로부터 대략 100여 년 전 선왕(宣王) 시기에는 해동성국이라고 불릴만큼 강성한 나라였다. 이러한 발해 왕조를 거란족에게 의해 멸망했다고 소개하는 것보다는 요 왕조에 의해 멸망했다고 소개하기를 바란다. 거란족이 916년에 세운 왕조가 요 왕조로서, 발해 왕조와 대등하게 요 왕조라고 표현하는 것이 우리나라(발해 왕조)를 알게 모르게 인식하는 과정에서 초,중,고등학생이 정체성, 정통성, 자부심을 발견하는 데 보다 바람직하게 영향을 미칠 수 있다고 판단한다.

한편 발해 왕조의 멸망에 관하여 지금까지 수십 년간 한국사 교과서에서 반복하고 있는 이와 같은(발해 왕조 멸망(926년)에 관하여 내분을 겪는 과정에서 거란족의 침략을 받아 멸망했다) 교과 내용과 다른 주장이 있어 소개한다. 한국사 교과서에 반영할만한 자료라고 판단한다.

<우리 민족의 대이동 - 아메리카 인디언은 우리 민족이다 - 멕시코 편(손성태 著, 코리 社> 중 '부여, 고구려, 발해의 멸망과 그 원인(358쪽~385쪽)'

방금 소개한 이 책의 주장은 내가 중학생 때였는지 고등학생 때였는지, 누구로부터였는지 분명하게 기억하지 못하지만 아메리카 인디언에 관하여 들었던 얘기이면서 그 이후로 답을 찾아왔던 주장이기도 하다. 나는 어려서 미국 서부영화를 정말 재미나게 보았다. 서부영화는 황인(黃人) 인디언들을 무도하고 잔인하면서 미개하기까지 한 집단으로 묘사했고, 백인(白人) 사람들을 도덕적이고 정의로우면서 문명(文明)하기까지 한 집단으로 묘사했다. 이 두 집단을 서로 적대적 관계로 이야기를 구성하고 풀어 나갔으며, 백인 사람들을 지켜주는 영웅같은 존재로 백인 보안관이 등장하여 인디언들을 몰아내는 것으로 끝을 맺었다. 나는 백인 보안관 같은 사람이 되고 싶었고, 황인 인디언들을 혐오했었.

나는 중,고등학생 이후 아메리카 인디언에 관한 궁금증을 찾아가는 과정에서 미국 서부영화를 보는 것이 불편해졌었다.

어설프지만 어른이 되어 세월이 지나는 과정에서 아메리카 원주민이 황인 인디언이었음을 알면서, 백인들이 아메리카에 건너 가서 남아메리카와 북아메리카 원주민인 황인 인디언들에게 저질렀던 만행을 알면서, 그 당시 백인들이 믿었고 아메리카 원주민에게 처참한 방법으로 강요했던 종교가 내가 세례를 받았던 가톨릭이었음을 알면서, 2024년 지금 인디언보호구역이라는 곳에서 살아가고 있는 아메리카 원주민이었던 황인 인디언들의 삶의 실상을 알면서 텔레비전에서 재방송 형식으로 방영하는 미국 서부영화를 보지 않았다.

<우리 민족의 대이동 - 아메리카 인디언은 우리 민족이다 - 멕시코 편(손성태 著, 코리 社> 책은 위에서 소개한 358쪽~385쪽만 읽지 말고 모두 읽어주기 바란다. 더하여 <우리 민족의 태극 - 고대 아메리카에 나타난 손성태 著, 코리 社> 책을 소개한다. 한국사 교과서에 반영할만한 자료라고 판단한다.

15. 고려(高麗) 왕조, 조선(朝鮮) 왕조, 대한제국(大韓帝國)

고려 왕조, 조선 왕조, 대한제국에 관하여는 지금까지(2024년) 한국사 교과서에서 10여 년을 넘어서까지 답답함과 미안함을 느끼는 부문은 없었다. 여기에서 답답함과 미안함을 느끼는 부문은 없었다는 것이 내가 학교에서 학생을 대상으로 역사 수업 시간에 한국사를 소개하면서 스스로 알아차린 궁금증 측면에서 답답함과 미안한 느낌은 있었으나 10여 년을 넘어서까지 이르는 그러한 느낌 정도는 없었다는 의미이다.

<u>조선(= 고조선)부터 대한민국까지 우리나라들을 소개할 때 전체 구성에서, 어떠한 문장에서, 또는 문장과 문장 사이에 흐르는 느낌에서 타당하거나 정당하지 않게 우리 스스로 정체성, 정통성, 자부심을 낮춰지게 하는 경향은 고려 왕조, 조선 왕조, 대한제국 부문에서도 마찬가지이다.</u>

아마도 내가 우리나라 역사에 관한 지식이 부족한 바와 나 역시 어려서부터 지금 우리나라(대한민국)에서 학창 시절을 보내면서 알게 모르게 사회화가 되어 가는 과정에서 문제를 문제로 인식하지 못함에 따라 고려 왕조, 조선 왕조, 대한제국에 관한 한국사 교과서 내용에 대하여 10여 년을 넘어서까지 답답함과 미안함을 느끼지 못하는 것일 수도 있다.

역사(한국사를 포함한 인류 역사와 관련한 책 등을 읽으면서 알게된 내용들로 인한 답답함과 미안함은 10여 년을 넘어서까지 있어왔다. 내가 역사에 관하여 아는 지식의 부족함으로 어설프게 나의 주장을 소리내는 것은 본 책의 지면(紙面)을 낭비하는 꼴이 될 것이므로, 나보다 훌륭하게 공부하는 사람들이 세상에 내 놓은 참 좋은 책들을 추려서 본 책에 소개하려 한다. <u>훌륭하게 공부하는 사람들이 세상에 내 놓은 참 좋은 책들을 통해 우리 초,중,고등학생이 나, 너, 우리에 관한 정체성, 정통성을 이해하고 자부심을 느끼며, 나, 너, 우리가 살아가는 지금 이 순간들을 위한 지식, 지혜를 구해내고, 나, 너, 우리가 온 세상 사람들의 본보기가 되는 세계 시민으로서 역할을 실천할 수 있는 사람이 되어주기를 바란다.</u>

내가 바라는
한국사 교과서
韓國史敎科書　　Korean history textbook

■ 한국사를 공부하는 까닭인 아래 1~3을 실현할 수 있도록 한국사 교과서를 구성하여 우리 초,중,고등학생에게 소개하기 바란다.

1. 나, 너, 우리의 정체성, 정통성을 이해하고 자부심을 알아채기 위함
2. 지금 여기 일의 형편을 이해할 수 있는 지혜, 지식을 구하기 위함
3. 인류를 희망의 길로 이끌 수 있는 본보기가 되는 세계 시민 역할 위함

가. 틀 - 시간 : 우리 겨레를 바라보는 관점을 직선형 시간 중심에서 순환형 시간 중심으로 고쳐 구성하기 바란다.
나. 틀 - 공간 : 우리 겨레를 바라보는 관점을 한반도 중심에서 한반도, 만주, 중동, 유럽, 시베리아, 아메리카로 확장하여 구성하기 바란다.
다. 내용 - 영역 : 과거부터 현재까지 변천해 왔던 우리나라들마다 그 나라에 속해 살았던 사람들이 공유했던 철학, 행정, 도덕, 정치, 경제, 사회, 문화, 교육 측면으로 구성하여 학생에게 체계적으로 소개하기 바란다.
라. 천손(天孫), 홍익인간 : 우리 겨레의 정통성과 하늘을 열었던 큰 뜻
  - 첫 번째 수업에서 첫 번째 교과 내용으로 학생에게 소개하기 바란다.
마. 난, 운동으로 표현하던 것을 봉기, 항쟁, 혁명으로 고쳐 표현하기 바란다.
바. 난, 침략으로 표현하던 것을 전쟁으로 고쳐 표현하기 바란다.
사. 대한제국 시기 중 일제 강점기 전후 시기에 운동으로 표현하던 것을 봉기, 항쟁, 혁명, 전쟁으로 고쳐 표현하기 바란다.
아. 출처, 참고 문헌 제시 방법을 지금까지와 같이 부록 편에 구성하는 것으로부터 한국사 교과서 본문 해당 문장 바로 근처 여백에 구성하기 바란다.
자. 역사부도 내용도 한국사 교과서 본문 관련 문장 바로 근처 여백에 역사부도 해당 쪽 수를 제시하기 바란다. 학교 교실 수업 현장에서는 1년 동안 사회과 부도, 역사 부도를 한 번 펼쳐보는 것마저 드물다.
차. 한자화(音借)한 이름에는 다른 이름으로 불리는 것을 나란하게 적어 소개하기 바란다.

To. 인연을 지었고, 인연을 짓고 있는 학생 모두에게

키팅(Key★Think)샘 보냄 2023. 秋 ~ 2024. 冬

□ 대한민국 - 키팅샘이 바라는 대한민국을 바라보는 역사관

(歷史觀, 역사를 바라보는 눈길 중에 하나)

　대한민국(大韓民國)은 최초의 우리나라인 조선(= 고조선)으로부터 끊어지지 않고 가꿔가고 있는 지금의 우리나라이다. 으뜸 집권자(執權者)(= 왕)가 주권을 가졌던 왕조 나라에서 나와 너와 같은 우리 모두가 더하고 덜함이 없이 똑같은 무게감으로 주권을 가지고 있는 민주공화국을 실현하여 지속 성장하고 있는 지금의 우리나라가 대한민국이다.

　세계 인류의 과거 역사를 되돌아 볼 때, 자기가 속한 거대한 정치 공동체(= 나라)가 처음 공동체(조선 = 고조선)를 마련한 때부터 나만의 욕심이 아닌 한 사람 한 사람을 자기 자신과 함께 모두 살뜰하게 챙기는 우리라는 개념을 건국 이념(= 홍익인간)으로 삼은 나라, 자기 자신을 비롯하여 한 사람 한 사람을 둘러싼 환경까지 모두 살뜰하게 챙기는 우리라는 개념을 건국 이념(= 홍익인간)으로 삼은 나라였다는 것은 누구에게라도 자랑하고 싶은 자부심이고 아름다움이라는 것을 알아차리기 바란다.

　지금 지구상에 있는 수 많은 나라들의 실상을 볼 때, 자기가 속한 거대한 정치 공동체(나라, 국가)에서 주인 자격으로 살아가고 있는 지금(2024년) 우리나라(대한민국)는 참으로 고맙고 소중하여 쓸고 닦고 아끼듯 가꿔가야 하는 나, 너, 우리의 행복 자체인 보금자리라는 것을 알아차리기 바란다.

　조선이라는 나라 이름으로 우리 겨레의 하늘을 열었던 시작(개천절, 開天節)부터 천손(天孫 - 정체성)으로서 홍익인간(弘益人間 - 큰 뜻)을 실천했고, 지금(2024년)의 우리나라(대한민국) 사람 몸과 마음에도 천손으로서 홍익인간의 큰 뜻이 끊어지지 않고 알게 모르게 실천하고 있음을 알아차리기 바란다. 인연을 지었고, 인연을 짓고 있는 학생 모두 처음 조상(祖上)과 같은 천손(天孫)다운 몸가짐을 자신에게서 발견하고, 지금 대한민국의 주인으로서 홍익인간의 큰 뜻을 살피며 나, 너, 우리 대한민국을 가꿔가기 바란다.

1. 대한민국 헌법 전문(大韓民國 憲法 前文)

한국사 교과서 첫 부분에 우리가 살아가고 있는 지금(2024년)의 우리나라(대한민국) 역사부터 살펴 구성하기 바란다. 우리 조상과 우리 세대가 살아서 숨을 쉬고 있고, 우리 미래 세대가 태어나서 살아 숨을 쉬고 있는 지금 여기, 우리나라는 대한민국이기 때문이다.

대한민국 주인으로서 홍익인간의 큰 뜻으로 자신을 살피고 대한민국을 가꿔갈 수 있는 어른으로 성장하도록 전문(全文)을 학생에게 소개하기 바란다.

지금(2024년)의 우리 대한민국은 정치 형태 측면에서 국민 주권이라는 민주 정치 원리를 실현해 나가고 있는 국가라는 것을 학생에게 자부심을 느낄 수 있을만큼 소개하기 바란다.

지금(2024년)의 우리 대한민국은 생활 원리의 측면에서 사람을 신뢰하고 사람의 인격과 의견을 존중하면서 합의나 다수 의견에 따라 모든 생활 영역에서 의견을 결정하는 방식을 실현해 나가고 있는 국가라는 것을 학생에게 아름다움을 느낄 수 있을만큼 소개하기 바란다.

지금(2024년)의 우리 대한민국은 무도(無道, 사람됨을 저버리고 막돼먹음)한 어느 사람들, 어느 집단들이나 조직들에 의해서 잠시나마 함부로 훼손당할 수 있을지언정 정치와 일상 생활 측면에서 우리 민중(民衆)이 몰아내고 극복해낼 수 있는 힘(= 정체성)이 있음을 느낄 수 있을만큼 소개하기 바란다.

이와 같은 우리나라, 지금의 대한민국은 참으로 고맙고 소중하여 쓸고 닦고 아끼듯 가꿔가야 하는 나, 너, 우리의 행복 그 자체인 보금자리임을 학생 가슴에 채워주기를 바란다. 지금의 대한민국은 참으로 자랑스러워 어디에라도 누구에게라도 자랑하고 싶은 자부심과 아름다움으로 가슴을 벅차게 하는 나, 너, 우리의 행복 자체인 보금자리임을 학생 가슴에 채워주기를 바란다.

매년 1학기 초 역사 수업을 대한민국 역사로 시작할 때, 대한민국 헌법 전문(前文)에 담겨있는 의미를 학생에게 소개하기 바란다. 지금 살아 숨 쉬고 있는 나, 너, 우리 가족, 우리 사회, 우리 겨레가 누구인가(= 정체성(正體性), 정통성(正統性))를 이해하기 위한 기준의 하나로서 지금의 대한민국 헌법 전문은 아쉬움이 많지만 한 나라의 최고 법규라는 측면에서 충분한 가치가 있기 때문이다.

대한민국 헌법 전문 (大韓民國 憲法 前文)

 유구한 역사와 전통에 빛나   는 우리 대한국민은 3·1 운동으로 건립된 대한민국임시정부의 법통과 불의에 항거한 4·19 민주 이념을 계승하고, 조국의 민주개혁과 평화적 통일의 사명에 입각하여 정의·인도와 동포애로써 겨레의 단결을 공고히 하고, 모든 사회적 폐습과 불의를 타파하며, 자율과 조화를 바탕으로 자유민주적 기본질서를 더욱 확고히 하여 정치·경제·사회·문화의 모든 영역에 있어서 각인의 기회를 균등히 하고, 능력을 최고도로 발휘하게 하며, 자유와 권리에 따르는 책임과 의무를 완수하게 하여, 안으로는 국민생활의 균등한 향상을 기하고 밖으로는 항구적인 세계평화와 인류공영에 이바지함으로써 우리들과 우리들의 자손의 안전과 자유와 행복을 영원히 확보할 것을 다짐하면서 1948년 7월 12일에 제정되고 8차에 걸쳐 개정된 헌법을 이제 국회의 의결을 거쳐 국민투표에 의하여 개정한다. 1987년 10월 29일 (출처 : 법제처)

가-1. 대한민국 헌법 전문을 형식면에서 개선하기 바란다.
　1) 단 1개의 문장으로 구성하고 있다. 즉 마침표가 1개이다.
　2) 주어 부분이 1개이고, 주어도 1개, 아래 문장의 '대한국민'이다.
　　'유구한 역사와 전통에 빛나(키팅샘)는 우리 대한국민은(A)'
　3) 주어 부분에 대한 술어 부분이 크게 3개(또는 4개)이다.
　　가) 첫째 술어 부분은,
　　　(1) 대한민국임시정부의 법통과 ~ 계승하고,
　　　(2) 조국의 민주개혁과 ~ 공고히 하고,
　　　(3) 모든 사회적 ~ 타파하며,
　　　(4) 자율과 ~ 확고히 하여
　　나) 둘째 술어 부분은,
　　　(1) 정치·경제 ~ 균등히 하고,
　　　(2) 능력을 ~ 하며,
　　　(3) 자유와 권리에 ~ 완수하게 하여

다) 셋째 술어 부분은,
  (1) 안으로는 ~ 기하고,
  (2) 밖으로는 ~ 이바지함으로써,
  (3) 우리들과 우리들의 자손의 ~ 다짐하면서
라) 넷째 술어 부분은,
  (1) 1948년 ~ 제정되고,
  (2) 8차에 걸쳐 ~ 개정한다.

가-2. 대한민국 헌법 전문은 형식면에서 아쉬움이 있다.
 1) 주어 부분(A)이 단 1개인 반면에 술어 부분에 해당하는 것을 묶음(문단)으로 정리를 해 놓아도 3개 또는 4개(3개 또는 4개의 문단)이다. 묶음으로 정리를 해 놓지 않으면 술어 부분은 12개나 된다. 여기에서 술어 부분을 3개라고 할 때는 위 가), 나) 술어 부분을 1개 묶음(B)으로, 다)를 1개 묶음(C)으로, 라)를 1개 묶음(D)으로 구분할 경우이다.
 2) A, B, C, D를 간략하게 구분지어 나열하면,
  '대한국민은(A)'
  '대한민국임시정부의 법통과 ~ 자유와 권리에 따르는 책임과 의무를 완수하게 하여(B)'
  '안으로는 국민생활의 균등한 향상과 ~ 우리들과 우리들의 자손의 자유와 행복을 영원히 확보할 것을 다짐하면서(C)'
  '1948년 7월 12일에 제정되고 ~ 국민투표에 의하여 개정한다.(D)'
 3) A, B, C, D를 꾸며주는 문장이나 문단(B, C)을 제외한 후 정리하면,
  '대한국민은(A) 1948년 7월 12일에 제정되고 ~ 국민투표에 의하여 개정한다.(D)' 이다.

가-3. 만일 논술 시험에서 이와 같이 논술을 하였다면 어떤 점수를 받을 수 있을까를 생각해 보자.
 1) 위 가-2-3)항을 통해 알 수 있듯이 주어가 피동이 되었다가 사동이 되기도 하는 문장이다.
  <u>대한국민은 제정되고 개정한다.</u>

2) A, D만 놓고 보면, 대한국민은 제정이 된다 와 대한국민은 개정을 한다 로 나눌 수 있다. 여기에서 제정(制定)은 제도나 법률 따위를 만들어서 정한다는 의미이므로, 대한국민 즉 사람이 제정이 된다는 말은 올바른 의미 전달 표현이 아니다.
3) 1개의 주어 부분에 최소 3개, 최대 12개의 술어 부분으로 나열하여 1개의 문장으로 무리하여 글을 작성한 까닭에 아무리 반복하여 읽어도 어떤 말을 하려는지 알아듣기가 어렵다.

나-1. 대한민국 헌법 전문을 내용면에서 개선하기 바란다.
  1) 주어인 대한국민에 대하여 피동의 내용과 사동의 내용이 혼재하고 있다. 아래 4개 문장을 피동에서 사동의 내용으로 바꾸기를 바란다.
    가) '3·1운동으로 건립된 대한민국임시정부의~'
        '3·1운동으로 건립한 대한민국임시정부의~'
    나) '1948년 7월 12일에 제정되고 8차에 걸쳐 개정된 헌법을~'
        '1948년 7월 12일에 제정하고 8차에 걸쳐 개정한 헌법을~'
    다) '능력을 최고도로 발휘하게 하며'
        '능력을 최고도로 발휘하며'
    라) '책임과 의무를 완수하게 하여'
        '책임과 의무를 완수하여'
  2) 날짜를 기록할 때 표현하는 일반적인 방식을 반영하여 아래 2개를 바꾸기를 바란다. 까닭은 다음 3)항과 연관지어 얘기를 하겠다.
    가) 3·1운동 → 3. 1운동
    나) 4·19 민주 이념 → 4. 19 민주 이념
  3) 가운데 점(·)의 의미를 반영하여 아래 표현을 바꾸기 바란다.
        정의·인도와 동포애로써~ → 정의, 인도, 동포애로써~
    가) 지금의 전문(前文)에서 표현하고 있는 정의·인도와 동포애는 정의·인도, 동포애와 같이 2개로 구분짓고 2개를 서로 별개의 것으로 의미할 수도 있다. 한 편 정의, 인도를 가운데 점으로 병렬시켜서 어느 정도는 같은 수준의 가치와 어느 정도는 비슷한 공통점으로 묶을 수 있는 가치라고 의미할 수도 있다. 과연 정의와 인도를 이와 같은

의미로 해석할 수 있을만큼의 개념인지 고민할 필요가 있다. 넓은 의미로 해석할 경우에는 어느 정도 같은 수준의 가치와 어느 정도는 비슷한 공통점으로 묶을 수 있다고 할 수 있겠지만 뒤에 이어지는 동포애까지 연관지어 지금의 전문(前文) 문맥을 놓고 살피면 고민할 가치가 있다. 이와 같은 문제점을 해결하기 위해 가운데 점(·)과 접속어(와)를 나란하게 쓸 수 있는 쉼표(,)로 수정하여 지금의 전문(前文)인 <u>정의·인도와 동포애</u>를 <u>정의, 인도, 동포애</u>로 바꾸기를 바란다.

4) 불필요한 조사 반복을 삭제하기 바란다.
   가) '우리들과 우리들<u>의</u> 자손의 안전<u>과</u> 자유<u>와</u> 행복을 영원히 확보~'
   나) '우리들과 우리들 자손의 안전, 자유, 행복을 영원히 확보~'

5) 지금의 전문(前文)을 문장 흐름으로만 살펴 전문을 통해 전하고자 하는 의미를 정리하면,
   '유구한 역사와 전통에 빛나는 우리 대한국민은 우리들과 우리들의 자손의 안전과 자유와 행복을 영원히 확보할 것을 다짐한다.' 이다.
   가) 유구한 역사와 전통으로 빛나고 있는 우리 대한국민이 다짐할 수준이 우리들과 우리들의 자손의 안전과 자유와 행복을 영원히 확보하는 정도라는 것에 아쉬움이 크다. 우리 겨레의 건국 이념인 홍익인간의 측면에서 살피면 아쉬움은 더욱 크다. <u>우리가 우리의 안전과 자유와 행복을 영원하게 확보하자는 정도에 그치는 다짐이기 때문이다.</u>
   나) 안으로는 국민생활의 균등한 향상을 기하고 밖으로는 항구적인 세계평화와 인류공영에 이바지함으로써 우리들과 우리들의 자손의 안전과 자유와 행복을 영원히 확보할 것을 다짐한다 라는 내용으로 살필 경우 바로 위 가)항에서 얘기한 아쉬움을 하나 더 발견할 수 있다. <u>항구적인 세계평화와 인류공영에 이바지하는 것이 목적이 아닌 수단으로 쓰여지는 문장이기 때문이다.</u> 즉 지구상에 있는 모든 사람들의 평화와 공영을 뜻하는 항구적인 세계평화와 인류공영에 이바지하는 것이 지구상에 있는 사람들의 수 많은 무리들 중에 하나에 불과한 무리라고 할 수 있는 우리들과 우리들의 자손의 안전과 자유와 행복을 영원히 확보하는 데 수단으로 쓰여지는 문장이기 때문이다.

나-2. 대한민국 헌법 전문을 내용면에서 어느 정도는 기준으로 삼을만한 해설서를 마련하기 바란다. 학교 교사에게 교과서와 함께 지도서를 제공하는 것과 같다고 할 수 있다. 해설서가 필요없을만큼 전문(前文)에 충분하도록 내용을 아래와 같이 나-2-1)~5) 내용을 추가해도 좋다.
  1) <u>유구한 역사와 전통</u> 이라는 문장은 대한국민은 유구한 역사와 전통이 있는 나라 사람들이라는 의미인데, 구체적으로 언제를 시작으로 삼아 그 시작으로부터 유구한 역사와 유구한 전통이라는 것인지 명확하게 알릴 필요가 있다.
  2) <u>유구한 역사와 유구한 전통에 소개하고 담아내기를 바라는 것</u>은,
    가) <u>최초의 우리나라로서 조선(= 고조선)을 최초 시작으로 명확하게 알리기를 바란다.</u>
    나) <u>우리나라를 중심으로 서쪽으로</u>는 몽골과 파미르고원 주변의 신장웨이우얼자치구, 키르기스스탄, 우즈베키스탄, 투르크메니스탄, 카자흐스탄 그리고 터키, 헝가리, 핀란드까지, <u>북쪽으로</u>는 러시아 지역 중 바이칼 호 주변의 이르쿠츠크 주, 두만강 너머 연해주(블라디보스토크 도시), 하바롭스크 도시, 사할린 주, 캄차카 주, 축치반도의 마가단 주까지, <u>동쪽으로</u>는 북아메리카와 남아메리카의 원주민 등 까지 <u>아우르는 의미를 내포할 수 있기 바란다.</u>
    다) 개인으로서 나 자신과 상대 측면을 바라보는 관점과 함께 나라(국가)로서 우리나라와 바로 위 <u>나-2-2)-가), 나)에서 얘기한 지역의 나라 측면을 모두 아우르는 관점에서도 무리함이 없는 공통의 본 받고 계승할만한 정신, 상징 등을 찾아내기 바란다.</u>
    라) 이상의 나-2-2)-가), 나)항이 이루어지는 과정을 실천한다면 자연스럽게 <u>유구한 전통에</u> 라는 글 뒤에 이어지는 <u>빛나는</u> 과 <u>우리</u> 라는 의미를 찾을 수 있을 것이다.
  3) <u>대한국민을 대한국인으로 바꾸기를 바란다.</u> 대한국민은 의미가 모호하다. 꾸미는 글자인 <u>대</u>를 빼면 <u>한국민</u>이고 한국민은 <u>한국 국민</u>이라고 할 수 있다. 이와 같이 해석할 경우 한국민은 자칫 한반도와 한반도에 속한 크고 작은 수 많은 섬(=부속 도서, 附屬 島嶼)에 살고 있는 사람으로 제한하는 의미가 될 수 있다. 현재 실제 주권(主權)이 미치는 상태를 고려하면 한반도와 부속 도서라고 할 수도 없는 지경이다.

지구상에서 지역의 위치를 나타낼 때 수리적 위치, 지리적 위치, 관계적 위치로 구분하여 표현하기도 한다. 대한국민은 수리적 위치와 지리적 위치를 포함하는 의미를 가지고 있지만 관계적 위치를 포함하고 있다고 보기 어렵다. 위 나-2-2)-가), 나)에서 애기한 지역의 나라를 아우를 수 있고 꾸미는 글자인 대의 의미까지 살릴 수 있는 표현으로 대한국민이 아닌 대한국인이 옳다고 판단한다.

4) 3·1운동으로 건립된 대한민국임시정부의 법통과 불의에 항거한 4·19 민주 이념을 계승하고 에 관하여 아쉬움이 있다.

가) 3·1운동이라는 표현에 아쉬움이 있다. 학교에서 서양사, 동양사, 한국사를 학생에게 소개할 때 유독 서양사에서는 혁명이라는 단어를 무분별하게 사용하고 있다.

어느 중·고등학교 역사 교과서를 보더라도 세계 3대 시민혁명이라면서 영국의 명예혁명, 미국의 독립혁명, 프랑스의 혁명이라는 표현으로 정리하고 있다. 과연 세 나라의 혁명이 세계 3대 시민혁명이라는 가치를 부여할만한 것인지부터 의문이다.

어느 중·고등학교 역사 교과서를 보더라도 서양 제국주의에 저항했던 아시아, 아프리카 사람들의 활동을 대부분 혁명 또는 전쟁이 아닌 운동으로 표현하고 있다. 중국의 반제국주의 운동, 인도의 민족 운동, 동남아시아의 민족 운동, 아프리카의 민족 운동, 서아시아의 민족 운동 등으로 표현하고 있는 것이 사례이다.

어느 중·고등학교 역사 교과서를 보더라도 동학을 다루면서 동학농민운동이라고 표현하고 있다. 당시 동학 정신을 농민으로, 운동으로 제한하고 가치를 낮춰 표현하고 있는 것이다.

이와 같은 맥락에서 1919년 3월 1일에 겨레의 함성이 터져 나오기까지 과정을 담아내는 가치 표현으로 3·1운동은 정당하지 않다.

만일 교과서에 영국의 명예운동, 미국의 독립운동, 프랑스의 운동이라고 표현한다면 어떠할까? 언제까지 우리는 우리의 역사를 스스로 못난 것으로 취급할 것인지 답답한 마음이다. 무조건 우리의 역사를 추켜 세우라는 것이 아니다. 나의 것이나 남의 것이나 정당하고 타당하게 대우하라는 것이다.

나) 4·19에 가치 부여하는 표현이 없다는 것에 아쉬움이 있다. 단순하게 숫자로 표현하고 있기 때문이다. 4·19혁명이라고 표현해야 할 것이다. 4·19 민주 이념이라고 표현할 사안이 아니다.

다) 문장상으로만 보면 대한민국임시정부를 건립하기까지 과정을 3·1운동으로 제한하고 있다. 지금의 대한민국이 담고 있는 민주 이념을 4·19로 제한하고 있다. 일제강점기 전후에 일제에 맞섰던 수 많았던 독립전쟁 단체와 사람들을 대한민국임시정부로 제한하고 있다. 비록 군주제였던 대한제국과 지금의 민주공화국인 대한민국 사이에 대한민국임시정부가 가지고 있는 위상(位相)과 독립전쟁 과정에서 수 많았던 단체들이 대한민국임시정부로 통합하는 과정이 있었다고 하더라도 일제(日帝)의 불의에 항거했던 수 많은 단체와 사람들을 대한민국임시정부로 제한하고 있는 것은 개선을 위해 고찰할 필요가 있다.

전문(前文)에 쓰여 있는 문장과 문장 사이에 흐르고 있는 문맥을 고려하면 3·1운동, 대한민국임시정부, 4·19만으로 제한하고 있지 않다고도 할 수 있으나, 이러한 경우 누가 해석하느냐에 따라 논쟁거리가 될 수 있으므로 전문(前文)을 작성한 사람 또는 집단, 조직은 명확하게 작성한 의미를 설명해야 하는 의무가 있다. 대한민국 헌법 전문이라는 상징성을 가볍게 여길 수 없기 때문이다.

5) 대한민국 헌법 전문에 대한제국과 대한민국 사이에 끼어있는 일제 강점기를 어떤 근거를 통해 어떤 관점으로 규정하고 있는지를 명확하게 제시해야 한다. 나, 너, 우리 가족, 우리 사회, 우리 겨레가 누구인가(=정체성(正體性), 정통성(正統性))를 이해하기 위한 기준의 하나로서 지금(2024년)의 대한민국 헌법 전문은 한 나라의 최고 법규의 지위에 서 있기 때문이다.

가) 대한민국 헌법 전문에 일제 강점기라는 말 그대로 일본 제국주의에 의해 강제로 점령을 당하고 있었을 뿐, 대한제국은 국체(國體, 나라의 상태)는 지속하고 있었다 라고 명확하게 제시하기를 바란다. 즉 1897년 10월 12일부터 1919년 4월 11일까지 우리나라(대한제국)는 지속하고 있었다고 제시하기를 바란다. 우리 대한국인은 우리나라(대한제국)를 1919년 4월 11일부터 우리나라(대한민국임시정부)로 계승했음

을 제시하기 바란다. <u>우리 대한국인은 우리나라(대한민국임시정부)를 1919년 4월 11일부터 1948년 8월 15일까지 계승했음을 제시하기 바란다. 우리 대한국인은 우리나라(대한민국임시정부)를 1948년 8월 15일부터 지금의 우리나라(대한민국)가 오늘에 이르도록 계승하고 있음을 제시하기 바란다.</u>

나) <u>한일기본조약</u>(= 대한민국과 일본국간의 기본 관계에 관한 조약, 1965년 6월 22일 조인) 제2조에서는 <u>1910년 8월 22일 및 그 이전에 대한제국과 일본제국 간 체결된 모든 조약 및 협정이 이미 무효임을 확인한다</u> 라고 규정하고 있다. 조약은 중요한 국제법의 지위를 가지고 있다. 국회의 동의와 대통령의 비준까지 마친 조약은 국내법과 같은 법률 효력을 가진다. 한편 무효는 시점이 처음부터 당연하게 발생하지 않음을 의미하는 사법(私法 – 계약 관계)에서 사용하는 법률 용어로, 제2조 문장(조문, 條文)에서도 무효라는 말을 처음부터 당연하게 발생하지 않음이라는 의미로 사용했다고 이해할 수 있다.

한일기본조약 제2조 문장에 있는 <u>1910년 8월 22일</u>이라는 날짜는 <u>한일병합조약(나라 빼앗김을 당했던 경술국치(庚戌國恥, 1910년 8월 29일)에 관한 조약)</u>이라는 것을 명확하게 의미하고 있다. 또한 <u>그 이전에 대한제국과 일본제국 간 체결된 모든 조약 및 협정이 이미 무효임을 확인한다</u> 라는 말은 당연하게 발생하지 않은 것을 의미한다고 해석할 수 있는 문장이다. <u>이와 같은 제2조 문장에 따르면 비록 당시 우리나라였던 대한제국이 일본제국주의에 의해 강제로 나라를 빼앗겼으나 한일병합조약이 무효이므로 대한제국은 존재하고 있었다는 것을 의미한다. 1919년 정치형태로 민주공화제를 선택한 대한민국임시정부와 연계할 경우 대한제국은 1897년부터 1919년까지 지속하여 존재하고 있었으며, 1919년에 대한제국으로부터 대한민국임시정부로 우리나라는 계승했음을 의미한다.</u>

이상의 한일기본조약은 1965년에 지금의 우리나라인 대한민국과 일본에서 비준을 마친 조약이므로 양국에서 국내법으로서 법률 효력을 가지고 있다.

다) 대한민국임시헌장(大韓民國臨時憲章, 대한민국임시정부의 첫 헌법, 1919년 4월 11일 제정)의 선포문, 헌장, 선서문, 정강 중 어디에서도 당시 대한제국과 일제 강점기를 바라보는 관점을 명확하게 제시하고 있는 것은 없다. 대한민국임시헌장 총10조 중 제7조에서 <u>대한민국</u>(여기에서는 1948년에 정부를 수립한 지금의 대한민국이 아니고 당시 대한민국임시정부를 의미한다.)<u>은 건국</u>이라고 표현하고 있으며, 제8조에서 <u>구황실을 우대한다</u>는 표현으로 대한제국의 상태를 표현하고 있다. 밑줄 친 <u>건국, 구황실을 우대한다</u>라는 표현에서 <u>대한민국임시정부 구성원들은 대한제국과 단절한 상태로 인식했음을 알 수 있다.</u> 구황실을 우대한다와 대한민국임시헌법 제3조에 <u>대한민국(= 대한민국임시정부)의 영토는 구한국(대한제국)의 판도로 한다</u> 라고 제시하고 있는 것을 근거로 대한민국이 대한제국을 계승한 것으로 해석하는 경우도 있으나 <u>건국</u>과 <u>구한국</u>에서 <u>구(舊)</u>라는 단어의 의미를 통해 알 수 있듯이 대한제국과 단절한 상태로 인식했다고 해석하는 것도 무리가 아님을 알 수 있다.

라) 대한민국임시정부 성립 축하문에서는 <u>10년의 노예 생활을 벗어나 오늘에 다시 독립대한의 국민이 되었도다, 우리 국민은 다시 異民族의 노예가 아니요 또한 다시 부패한 전제정부의 노예도 아니요 독립한 민주국의 자유민이다</u> 와 같이 표현하고 있다. 밑줄 친 문장 중에서 <u>다시 독립대한의 국민이 되었도다</u> 라는 표현에서 독립대한의 국민이라는 의미는 대한제국의 국민이라는 것은 아니다. 왜냐하면 이어지는 문장에서 <u>우리 국민은 다시 부패한 전제정부의 노예도 아니요 독립한 민주국의 자유민</u>이라고 표현하고 있기 때문이다. 다시라는 단어의 의미와 대한제국의 국민이 아니라는 의미의 문장을 통해 <u>대한민국임시정부 구성원은 대한제국과 단절한 상태로 인식했음을 알 수 있다.</u>

마) 다만 공약삼장(公約三章) 아래 조선건국사천이백오십이년삼월 일 조선민족대표(朝鮮建國四千二百五十二年三月 日 朝鮮民族代表)를 통해 3.1 독립선언서를 발표했던 조선민족대표라고 자칭하던 사람들은 1910년 8월 22일 한일병합조약을 인정하지 않았음을 알 수 있다.

<u>4252년</u>이라는 것은 삼국유사 등에 따른 조선(= 고조선)의 건국

시점인 기원전 2333년과 3.1 독립선언서를 발표한 1919년을 더한 값이다. 조선민족대표는 비록 대한제국은 일본 제국주의에 의한 강점 상태이지만 국체(國體)는 유지하고 있다고 판단했음을 알 수 있다.

(3.1 독립선언서를 읽을 때면 문학 작품을 접하는 것 같다. 목숨을 걸고 외치는 절박함을 느끼지 못한다. 이만큼의 독립선언서를 발표할 수 있는 용기도 지혜도 부족한, 깜냥이 되지 않는 나(키팅샘)라는 것을 알고 있기에 이와 같이 비판함이 1919년 3월 1일 태화관에 모이셨던 민족 대표 33인(이후 친일로 변절했던 사람들이 있지만 1919년 3월 1일 기준으로)께는 죄송한 마음이다. 하지만 이 글을 쓰고 있는 사람으로서 나(키팅샘)는 감히 비판을 하고 있음을 양해 바란다.)

바) <u>한일병합조약(1910년 8월 22일)은 불법이며 무효이다.</u> 조약은 지금 우리나라의 경우 대통령이 비준을 하는 것으로 조약으로서 법률 효력을 가지듯이, 당시 우리나라(대한제국)의 경우 1910년 당시 황제였던 융희황제(순종)가 비준에 해당하는 승인과 서명을 하는 것으로 조약으로서 법률 효력을 가질 수 있었는데 융희황제는 한일병합조약의 비준 절차인 서명하는 것을 강력하게 거부했기 때문이다. 서명을 거부함으로써 승인을 하지 않은 것이다. 즉 한일병합조약은 조약으로서 성립할 수 없는 것으로, 강압에 이루어진 한일병합늑약으로서 불법이며 무효이다.

사) <u>을사조약(1905년 11월 17일)은 불법이며 무효이다.</u> 당시 우리나라(대한제국)의 경우 황제였던 광무황제는 을사조약에 대하여 승인과 서명을 하지 않았기 때문이다. 더하여 광무황제는 을사조약이 치러진 날로부터 수 일이 지나지 않아 헐버트(우리나라를 위한 독립운동가)를 통해 미국 정부와 세계 각국에 을사조약이 강압에 의해 이루어진 불법이며 무효인 조약이라는 것을 알렸다. 또한 광무황제가 황제 자리를 일본제국주의에 의해 박탈 당하게 되는 원인이 되었던 헤이그 특사 파견(1907년 네덜란드의 도시 중에 하나인 헤이그에서 열렸던 만국평화회의에 광무황제는 특사를 파견했다. 헐버트를 통해 세계 각국에 을사조약에 대하여 알리고자 했던 까닭과 같다.) 사례를 통해 알 수 있듯이 <u>을사조약은 을사늑약으로서 불법이며 무효이다.</u>

아) <u>일본제국주의는 을사늑약을 근거로</u> 대한제국의 관제(官制, 국가의 행정 조직 및 권한 관련 법규)에 속하지 않는 외부 조직으로서 <u>통감부를 설치하여 통감정치를 시행하였다.</u> 일본제국주의는 스스로 을사늑약에서조차 통감부는 외교업무만을 관리하는 것으로 제한을 해 놓고서는 실제로는 그 약속을 버리고 대한제국의 모든 분야에 걸칠 것이 없이 간섭하고 감독하는 기관으로 통감부를 활용하였다.

통감부는 1906년 2월 1일부터 1910년 8월 29일 우리나라 대한제국이 일본 제국주의에 강탈당하는 시점까지 대한제국의 외교권을 박탈하고 대한제국 대신 외교권을 행사했다. <u>대한제국 광무황제 강제퇴위</u>(1907년 6월), 제3차 한·일협약(한·일 신협약, 1907년 7월, 융희 1년)을 통한 <u>차관(次官) 정치</u>, <u>대한제국 융희황제 강제 즉위</u>(1907년 8월), 대한제국의 <u>군대 해산</u>(1907년 8월), 기유각서(대한제국의 <u>사법권 박탈</u>, 1909년 7월), 대한제국의 <u>경찰권 박탈</u>(1910년 6월), <u>한일병합늑약</u>(1910년 8월 22일)을 통한 대한제국에 대한 <u>일본제국주의의 강점 시작</u>(1910년 8월 29일)이 <u>일본제국주의가 통감부를 활용하여 당시 우리나라(대한제국)에게 저질렀던 만행(蠻行, 야만스러운 행동)들이었다.</u>

자) 을사늑약이 무효이므로, 을사늑약을 근거로 일본제국주의가 통감부를 통해 당시 우리나라(대한제국)에 대해 저질렀던 위 나-2-5)-사), 아)에서 열거한 대한제국의 외교권 박탈부터 한일병합늑약(1910년 8월 22일)을 통한 일제 강점기 시작까지 모든 만행들은 도덕 측면은 물론이거니와 법적으로 모두 무효이다. 즉 법률 효과가 없음이 되는 것이다.

한일기본조약(1965년 6월 22일) 제2조, 1910년 8월 22일 및 그 이전에 대한제국과 일본제국 간 체결된 모든 조약 및 협정이 이미 무효임을 확인한다 를 통해 우리나라(대한민국)는 나-2-5)-바), 사), 아)에서 열거한 사건(조약 및 협정)들과 미처 나-2-5)-바), 사), 아)에서 열거하지 못한 일본제국주의와 관련한 모든 사건(조약 및 협정)들 모두 무효임을 확인하였다.

나-3. 대한민국 헌법 전문을 내용면에서 나-1, 2에서 얘기했던 것 이외의 내용들(조국의 민주개혁과 평화적 통일의 사명 ~ 국회의 의결을 거쳐 국민투표에 의하여 개정한다. 1987년 10월 29일)은 열거한 각각의 단어, 문장, 문장과 문장 간 품고 있는 의미 등에 관하여 본 지면(紙面)에 담을 만큼 문제 삼을 것은 없다.

2. 지금 우리 민주제(民主制) ~ 첫 번째 우리 민주제

중, 고등학교 교과서, 문제집 등에서 제1공화국 또는 김영삼 정부와 같이 우리나라(대한민국) 역사를 표현하고, 수업 시간에 학생에게 가르치고, 시험 문항에 반영하는 것에 대해 아래와 같이 고쳐서 소개하기 바란다.

<u>첫째</u> '1 → 2 → 3 ~' 과 같은 <u>숫자로 순서를 셈하는 것은 순환형 시간 개념으로 역사를 바라보기를 원하는 나(키팅샘)로서는 마땅하지 않다.</u>

공화국(共和國)은 국민이 주권을 가지고 있는 나라라는 뜻으로 해석을 하지만, 공화(共和)는 사람들이 조화로운 관계로 생활하는 것 정도로 이해할 수 있는 단어인 까닭에 <u>공화국이라고 말을 하면 나, 너, 우리가 이 나라의 주인이라는 감정을 일으키기에는 부족하다.</u>

이승만 정부, 장면 정부, 박정희 정부, 전두환 정부, 노태우 정부, 김영삼 정부, 김대중 정부, 노무현 정부, 이명박 정부, 박근혜 정부, 문재인 정부 등과 같이 그 때 그 때의 대통령 이름을 정부 앞에 내세워서 표현하고 있는 것에 대해서 나(키팅샘)는 문제가 있다고 여기고 있다. 우선 대한민국은 나, 너, 우리가 주인인 민주공화국이기 때문이다. 사람들이 살아가는 실제 세상에서는 언제나 권력(權力, 강제로 복종시키는 힘)과 재력(財力, 돈의 힘으로 복종시키는 힘)을 잔뜩 가지고 있는 한 명, 또는 소수의 사람들(집단 및 조직들)이 존재했고, 존재하고 있고, 존재할 것이지만 <u>민주공화국을 실현해가고자 하는 나라에서 학생에게 가르치는 교과서만큼이라도 대통령도 대한민국 국적으로 살아가고 있는 한 명의 사람 이름으로서 나, 너, 우리의 이름과 더하고 덜함이 없이 똑같은 무게감으로 표현하기를 바란다.</u> 무심코 표현하는 말과 글의 힘이 미치는 영향은 참으로 크다는 것을 사무치게 경험한 사람이라면, 그리고 학생들로부터 선생님이라고 불리는 사람이라면 정말이지 반성하고 반성하며 실천해야 할 사안이다.

둘째 국민과 헌법을 유린(蹂躪, 상대를 짓밟는 못된 행태, 나(키팅샘)는 국민(사람)에 대해서는 존엄성을 파괴하고 생명을 빼앗는 살인 행위까지 의미한다고 생각하며, 헌법(모든 법과 제도)에 대해서는 헌법의 가치와 구조를 망가뜨리는 행위라고 생각한다.)하고 농락(籠絡, 상대를 지배하여 제 멋대로 다루고 이용하는 못된 행태, 나(키팅샘)는 이른바 판새, 기레기, 정치꾼, 법꾸라지, 기회주의자 등의 욕심(慾心)을 가진 사람들이 권력, 재력, 집단, 조직의 힘을 가지면 나쁜 꾀를 내어 자기에게 유리하게 언론 및 방송, 법(헌법, 법률, 명령, 규칙, 조례 등), 제도(인사, 군사 등)를 거머쥐고 사람 세상에 저지르는 못된 행태라고 생각한다.)했던 대통령과 그 대통령과 함께 했던 집단, 조직의 이름을 언제까지 그 때 그 때의 정부라고 염치없이 표현하게 할 것인가에 대한 답답함이 있다. 중, 고등학교 교과서에서 표현하고 있는 용어를 그대로 열거해도 김구, 여운형 등에 대한 암살 의혹, 2024년인 지금까지도 사건으로 불리는 제주 4.3사건과 여순사건(1948년~)과 발췌 개헌(1952년), 사사오입 개헌(1954년), 3.15 부정선거(1960년), 4.19 혁명(1960년), 5.16 군사정변(1961년), 유신헌법(1972년), 12.12 군사반란(1979년), 5.18 민주화운동(1980년), 6월 민주항쟁(1987년)의 당사자 또는 대상자가 되었던 그 때 그 때의 대통령들은 국민과 헌법을 유린하고 농락한 사람들이기 때문이다. 또한 국민과 헌법을 유린하고 농락한 대통령들 중에는 대한민국이 그들의 죄(罪)를 물어 전직 대통령 예우에 관한 법률에 따라 대통령직을 수행했던 사람에 대한 예우를 박탈한 4명의 사람들(탄핵, 금고 이상의 형을 확정 받았던 사람들)이 있음도 대충 넘어가며 볼 일이 아니다.

셋째 대한민국 정부 수립 이후 2024년 지금에 와서는 정부를 뒤섞어 부르고 있다. 김영삼 정부 이전까지는 제1공화국, 제2공화국, 제3공화국, 제4공화국, 제5공화국, 제6공화국으로 불렀다. 김영삼 대통령 때부터는 지금까지 모두 제6공화국에 포함시킨 상태에서 김영삼 정부, 김대중 정부, 노무현 정부 등으로 부르고 있다. 한편 문민정부(김영삼 정부), 국민의 정부(김대중 정부), 참여정부(노무현 정부)로 부르기도 한다.

이와 같은 까닭으로 나(키팅샘)는 순환형 시간 개념과 대한민국의 국민으로서 나, 너, 우리가 주인이라는 의미를 담고, 뒤섞어 부르는 것을 정리하여 첫 번째 우리 민주제, 두 번째 우리 민주제와 같은 이름으로 표현하기를 바란다.

번거롭게 길게 느껴질 수도 있다. 내가 찾은 호칭(呼稱, 이름을 부름)보다 보다 나은 호칭으로 불릴 수 있는 것을 찾을 수 있다면 그 또한 좋다. 첫 번째, 두 번째와 같이 구분하는 기준은 지금의 5년 단임제와 같이 우리(국민)가 선택하는 대통령과 그 대통령이 새롭게 정부(행정부)를 구성하도록 정한 시기를 지속하여 유지해도 무방하다. 8년 중임제 등으로 개헌하는 경우에는 그 시기를 따르는 것도 무방하다.

<u>구체적으로 대한민국 정부 수립 이후부터 지금까지 내가 얘기한 표현 방식으로 나열하면 아래와 같다.</u>

1. 첫 번째 우리 민주제(1948. 8. 15.~1960. 6. 14. 대통령제)
   - 대통령 : 이승만 / 1960년 4.19 혁명 기간 포함
2. 두 번째 우리 민주제(1960. 6. 15.~1961. 5. 15. 의원 내각제)
   - 대통령 : 윤보선 / 총리 : 장면
3. 세 번째 우리 민주제(1961. 5. 16.~1972. 10. 16. 대통령제)
   - 대통령 : 박정희 / 1961년 5.16. 군사 정변에 의한 군정 기간 포함
4. 네 번째 우리 민주제(1972. 10. 17.~1980. 5. 17. 대통령제)
   - 대통령 : 박정희, 최규하 / 1972년 10. 17. 비상 계엄 이후 유신 체제 기간, 1979년 12.12. 군사 정변 기간 포함
5. 다섯 번째 우리 민주제(1980. 5. 17.~1988. 2. 24. 대통령제)
   - 대통령 : 전두환 / 1980년 5. 17. 비상 계엄, 5.18 광주 민주화 항쟁 기간 포함
6. 여섯 번째 우리 민주제(1988. 2. 24.~1993. 2. 25. 대통령제)
   - 대통령 : 노태우
7. 일곱 번째 우리 민주제(1993. 2. 25.~1998. 2. 25. 대통령제)
   - 대통령 : 김영삼
8. 여덟 번째 우리 민주제(1998. 2. 25.~2003. 2. 24. 대통령제)
   - 대통령 : 김대중
9. 아홉 번째 우리 민주제(2003. 2. 24.~2008. 2. 25. 대통령제)
   - 대통령 : 노무현
10. 열 번째 우리 민주제(2008. 2. 25.~2013. 2. 24. 대통령제)
    - 대통령 : 이명박

11. 열한 번째 우리 민주제(2013. 2. 25.~2017. 3. 10. 대통령제)
    - 대통령 : 박근혜
12. 열두 번째 우리 민주제(2017. 5. 10.~2022. 5. 9. 대통령제)
    - 대통령 : 문재인

지금은 열세 번째 우리 민주제 기간으로, 대통령 이름은 말할 가치가 없다.

3. 태극기(太極旗) - 우리나라 국기(國旗)

한국사 교과서에 태극기를 소개하고 우리 초,중,고등학생에게 소개하기를 바란다. 우리나라 역사를 소개하는 한국사 교과서에 우리나라를 상징하는 태극기를 구체적으로 소개하지 않고 있는 지금(2024년)까지 한국사 교과서 구성에 관하여 아쉬움이 크다.

내가 알고 있는 지식의 한계로는 아래와 같다.

가. 태극 - 빨강과 파랑이 맞닿아 있으면서 물결치는 듯한 동그라미 모양
   태극은 이 세상 삼라만상(森羅萬象, 우주에 있는 모든 것들 및 모든 것들끼리 영향을 주고 받으며 나타나는 것들)을 존재하게 하는 커다란 이치(理致, 신뢰할만하고 타당할만한 까닭), 즉 나타남과 사라짐(삶과 죽음)의 무궁성(無窮性, 끝이 없는 영원함)과 연속성(連續性, 겉으로 드러나는 생김새를 달리할 뿐 속으로 보이지 않게 흐르고 있는 생김새는 끊임없이 이어짐, 즉 나, 너, 우리는 나타나고 사라지지만(태어나 삶을 살다가 죽지만) 나, 너, 우리의 후손으로 끊임없이 이어짐))을 상징한다.

나. 4괘(四卦) - 태극 주변의 실선과 점선으로 구성하는 세 개의 선 모양
   건괘(乾卦, 태극을 바라볼 때 왼쪽 위 실선 3개, 하늘을 상징),

곤괘(坤卦, 태극을 바라볼 때 오른쪽 아래 점선 3개, 땅을 상징),
감괘(坎卦, 태극을 바라볼 때 오른쪽 위 실선 1개·점선 2개, 물을 상징),
리괘(離掛, 태극을 바라볼 때 왼쪽 아래 실선 2개·점선 1개, 불을 상징)

　4괘는 태극이라는 커다란 이치(理致) 안에서 존재하는 것 중에 대표성이 있는 것들 중 하늘, 땅, 물, 불을 선택하여 태극을 중심으로 알맞다고 생각하는 위치에 배치해 놓은 것이다. 하늘, 땅, 물, 불이 순리(順理, 이치(理致)를 따름)로부터 벗어남이 없이 늘 그러함으로 존재하는 것, 보다 사람의 말(인위(人爲)적인 의미의 말)로 표현하면 하늘, 땅, 물, 불이 성실하게 자신의 역할을 하면서 서로 영향을 주고 받는 것을 상징한다.
　4괘 또한 무궁성과 연속성을 상징하는 것은 태극과 같다. 즉 커다란 이치인 태극과 태극에 대하여 상대적으로 작은 이치인 4괘 모두 무궁성과 연속성은 같다.

　나와 비교할 수 없을만큼 훌륭하게 공부하는 사람들이 말씀하신 훨씬 나은 태극기에 관한 내용이 있다면 바로 그 내용을 한국사 교과서에 반영하여 우리 초,중,고등학생이 배울 수 있는 기회를 마련하기 바란다.

　한편 태극기 가운데 있는 태극(太極)과 관련하여 지금(2024년)까지 세계에 흩어져 있는 우리 겨레와 연관지어 주장을 하고 있는 책이 있어 소개한다. 한국사 교과서에 태극기에 관하여 함께 반영할만한 자료라고 판단한다.
　<우리 민족의 태극 - 고대 아메리카에 나타난(손성태 著, 코리 社)>

4. 애국가(愛國歌) - 우리나라 국가(國歌)

　한국사 교과서에 지금(2024년) 우리나라 국가인 애국가를 소개하고 우리 초,중,고등학생이 노래할 수 있는 활동을 할 수 있도록 교과 편성을 하기 바란다. 지금(2024년)까지 우리나라 역사를 소개하는 한국사 교과서에 우리 겨레 사람과 우리 겨레 땅과 우리 겨레 바다와 우리 겨레 하늘을 노래하는 애국가를 구체적으로 소개하지 않고 있는 교과서 구성에 관하여 아쉬움이 크다.
　1800년대 말부터 1900년대 초 불렸던 여러 가지 애국가를 한국사 교과서에 반영하기 바란다.

한국사 교과서에 지금(2024년) 우리나라 국가인 애국가를 소개하여 우리 초,중,고등학생이 배울 수 있는 기회를 마련하기 바란다. 노랫말을 쓴 사람이 누구인지 분명하게 알 수 없다는 이유로 가볍게 넘어갈 일은 아니다.

나(키팅샘)는 우리나라 애국가 1절부터 4절 모두 한결같이 우리나라 국가(國歌)인 태극기(太極旗), 우리나라 국화(國花)인 무궁화(無窮花)와 마찬가지로 무궁성(無窮性)과 연속성(連續性)을 담고 있다고 판단한다.

이와 함께 애국가 노랫말(가사, 歌詞) 중에 하느님이라는 세 글자에도 큰 의미를 담고 있다고 판단한다. 1800년대 말부터 1900년대 초 불렸던 여러 가지 애국가와 당시 우리 겨레의 보편적인 심정(心情, 마음 속 감정)을 비추어 볼 때 우리나라 애국가 1절에 있는 하느님을 크리스트교(= 기독교)의 하느님 또는 하나님이라고 볼 수 없다는 판단이다. 당시(1800년대 말부터 1900년대 초) 애국가 중에 크리스쳔(Christian, 크리스트교를 믿는 사람)들이 노래 부른 애국가도 있으므로 크리스트교의 하느님이라고 주장할 수 있으나, 조선(= 고조선) 이전부터 살았던 우리 겨레에 비추어 볼 때 크리스트교의 하느님을 조선(= 고조선)으로부터 1900년대 초까지만 살펴도 4000년을 훌쩍 넘는 시·공간 세월 속 우리 겨레의 보편적인 심정(心情)이라고 할 수는 없다.

나(키팅샘)는 우리나라 애국가 1절에 있는 하느님은 1898년 광무황제 代 세운 무관학교(武官學校) 학생들이 노래 부른 애국가의 노랫말(가사)과 같이 상제, 단군을 의미하며, 이와 같은 노랫말이 우리 겨레의 보편적인 심정을 고스란히 담아냈다고 판단한다.

인연을 지었고, 인연을 짓고 있는 학생 모두에게

키팅(Key★Think)샘 보냄 2023. 秋 ~ 2024. 冬

☐ 조선 왕조, 대한제국

- 키팅샘이 바라는 조선 왕조와 대한제국을 바라보는 역사관
(歷史觀, 역사를 바라보는 눈길 중에 하나)

나(키팅샘)는 조선 왕조가 건국하는 과정에 관하여 한국사 교과서에 분명하게 소개하기를 바란다. 조선 왕조를 건국(建國, 나라를 바로 세움)으로 보는 사관(史觀, 역사를 바라보는 관점)과 고려 왕조 찬탈(簒奪, 정당하지 않은 방법으로 빼앗음)이라고 보는 사관을 모두 우리 초,중,고등학생에게 소개하기를 바란다. 우리 초,중,고등학생이 스스로 건국과 찬탈이라는 사관에 관하여 판단할 수 있는 기회를 한국사 교과서에 마련하기 바란다.

1979년 12.12 군사 반란과 1980년 5.18 광주 민주화 항쟁을 학살(虐殺, 참혹하게 죽임)하는 방식으로 유린(蹂躪, 짓밟음)하며 부정(不正, 바르지 않음, 옳지 않음)하게 성립했던 전두환, 노태우 정권조차 반면교사(反面敎師, 바르지 못하고 옳지 못한 대상으로부터 지식, 지혜를 배움)로써 우리 겨레의 역사로 보듬어 안고 있는 기성세대(이미 어른으로 성장하여 살아가고 있는 사람들)의 역량(力量, 일을 해 낼 수 있는 힘)을 우리 초,중,고등학생이 본받아 배우고 익히기를 바란다. 조선 왕조 성립을 건국이든 찬탈이든 무엇으로 보더라도 보듬어 안을 수 있는 역량을 갖출 수 있는 기회를 한국사 교과서에 마련하기 바란다.

나(키팅샘)는 황제왕국다웠던 고려 왕조까지의 우리나라가 가지고 있었던 정체성, 정통성, 자부심이 미치는 영향(하나의 나라, 하나의 겨레에서부터 하나의 마을, 하나의 가정, 한 사람의 생각, 감정, 행동에 이르기까지)을 우리 초,중,고등학생이 스스로 판단할 수 있는 기회를 한국사 교과서에 마련하기를 바란다. 이와 함께 황제왕국다움의 자질과 능력이 있으면서도 스스로 버리고 명 왕조라는 황제왕국 아래에 속하는 제후왕국으로서 조선 왕조라는 자리를 찾아 안주(安住, 자신의 처지에 만족함)하며 성립하는 과정과 이후 대한제국이 국권을 일본 제국주의에 빼앗기는 과정에 이르기까지 500여 년의 사대(事

大, 정체성을 잃어 강한 대상(사람, 나라)를 섬김)가 우리의 정체성, 정통성, 자부심에 미쳤던 폐해(弊害, 이롭지 못하고 해로운 일)에 관하여 우리 초,중, 고등학생이 스스로 판단할 수 있는 기회를 한국사 교과서에 마련하기를 바란다. 조선 왕조 건국 후 1910년까지 이어졌던 500여 년의 사대가 일제 강점기를 지나 2024년 지금, 큰 넓이와 깊이로는 우리나라, 우리 겨레로부터 작은 넓이와 깊이로는 우리 마을, 우리 가정, 나와 너의 생각, 감정, 행동에 이르기까지 우리의 정체성, 정통성, 자부심에 미치고 있는 폐해에 관하여 우리 초,중,고등학생이 스스로 판단할 수 있는 기회를 한국사 교과서에 마련하기를 바란다. 내가 앞에서 얘기했던 한국사를 공부하는 까닭인 정체성, 정통성, 자부심, 지혜, 지식, 세계 시민이라는 개념을 온전하게 바로 세우기 위함이다.

내가 알고 있는 지식의 한계 안에서 조선 왕조, 대한제국과 상대적으로 견주어 판단하는 바에 따르면 고려 왕조까지는 황제왕국으로서 스스로 생각과 행동을 실천했다. 주변 왕조들에 대하여 비굴하거나 건방지지 않게 생각과 행동을 황제왕국답게 실천했다. 상대 나라로부터 어쩔 도리 없이 전쟁을 할 수밖에 없는 상황에 이르면 전쟁에 임할 때 황제왕국답게 실천했다.

온전하게 고려 왕조가 황제왕국답게 실천했다고 얘기하는 것이 아니다. 또한 황제왕국이 왕국 등 보다 더 낫다, 왕국 등은 황제왕국보다 못나다 와 같이 얘기하는 것도 아니다. 정치, 경제, 사회 측면에서 권력을 가진 사람이 사람으로서 기본조차 갖추지 못한 사람이 있을 수 있고, 권력을 가지고 있지 못한 사람이 사람으로서 갖춰야 하는 기본을 뛰어 넘어 성자(聖者)의 수준까지 이를 수 있는 것과 같다.

비유(比喩)하면 세상 사람들은 자신의 나라들에 관하여 자질(資質 = 정치, 경제, 사회, 문화 등)을 기준 삼아 선진국, 중진국(개발 도상국), 후진국으로 분류하면서 선진국임을 자랑스러워하거나 선진국이 되기 위해 애쓰고 있다. 그 까닭은 사람이 구분짓고 있는 선진국, 중진국, 후진국 자체의 의미가 아니라 선진국이라는 의미가 상징하는 나라로서 자질과 품격을 이미 갖추고 있어서 자랑스러워하거나, 선진국다운 자질과 품격을 갖추기 위해 애쓰고 있음을 의미하는 것이다. 내가 고려 왕조를 황제왕국답게 실천했다고 하는 얘기 또한 사람이 구분짓고 있는 황제왕국, 왕국, 민주공화국, 사회주의국가 자체의 의미가 아니라 황제라는 의미가 상징하는 나라다운 자질과 품격을 고려 왕조는 갖추고 있었다는 것이다. 즉 우리 겨레를 계승하고 보듬어 안고 있었던 고려 왕조는 고려 왕조다웠다는 것이다. 이와 같은 나의 얘기는 중,고등학교 한국사 교과서에서 고려 왕조의 정치 측면을 소개하는 것만으로도 어느 정도 발견할 수 있다. 팔관회를 통한 고려 왕조가 주변 왕조와 사람들을 대하는 외교 측면의 생각과 행동, 요 왕조, 금 왕조, 원 왕조를 상대로 임하는 전쟁 측면의 생각과 행동에서 발견할 수 있다. 한국사 교과서에서 소개하고 있는 고려 왕조의 경제, 사회, 문화 측면 등에서도 마찬가지이다.

나(키팅샘)는 조선 왕조와 대한제국에 대하여 이른바 애증(愛憎, 아끼는 마음과 속상한 마음)의 마음이다. 내가 알고 있는 지식의 한계 안에서 고려 왕조까지 우리나라들과 상대적으로 견주어 판단하는 바에 따르면 온전하게 조선 왕조와 대한제국이 황제왕국다움을 던져 버렸다고 얘기하는 것은 아니지만, 조선 왕조와 대한제국은 우리 겨레의 나라로서 황제라는 의미가 상징하는 나라다운 자질과 품격을 갖출 수 있었고 유지할 수 있었으면서도 스스로 던져 버렸다.

상대 나라가 너무나도 막강하여 어쩔 도리없이 사대(事大, 정체성을 잃어 강한 대상(사람, 나라)을 섬김)를 할 수 밖에 없는 경우와 그러한 상황도 아닌데 스스로 상대(사람, 나라)에게 사대를 하는 것은 다르다. 사대에 따른 엄청난 물질적 폐해(弊害)는 사대로부터 벗어나는 순간부터 어느 정도 또는 완전하게 극복할 수도 있지만 정신적 폐해는 회복하는 것이 영원히 불가능할 수 있다. 한 명의 사람, 하나의 가정이 사대를 할 경우에도 참담한 사태(事態, 일(사건, 상황 등)이 벌어지는 형편)일 것인데, 나라의 지도자 또는 지도자 무리가 사대를 결정해 버릴 경우 그 나라가 품고, 그 나라를 품고 살아가는 수 백, 수 천만 명이 겪어야 하는 말로 표현할 수 없는 물질적 폐해와 함께 영원하게 회복 불가능할 수 있는 정신적 폐해 또한 참담한 사태일 것은 분명하다.

상대 나라가 너무나도 막강하여 어쩔 도리없이 사대(事大)를 할 수 밖에 없는 경우에는 자신이 누구인지 정체성이라는 정신이 끊어지지 않고 이어지며 살아 있다. 하지만 스스로 상대(사람, 나라)에게 사대를 하는 경우에는 자신이 누구인지 정체성이라는 정신이 끊어진다. 살아 있어도 죽어 있는 것이다.

이와 같이 사대(事大)로 인한 폐해(弊害, 이롭지 못하고 해로운 일)는 조선왕조 시작 시점부터 대한제국(일제 강점기 포함) 시기를 지나 600여 년 후인 지금(2024년)까지 겪어내고 있는 현실에서 참담한 영향력을 알 수 있다.

위화도 회군부터 그러하다. 기존 중,고등학교 한국사 교과서는 수십 년간 고려의 우왕과 최영 장군은 요동 정벌을 추진하였다. 이성계 장군은 요동 정벌을 반대하여 압록강의 위화도에서 회군을 해서 우왕과 최영 장군을 몰아내고 정권을 잡았다 와 같은 방식으로 소개하고 있다. 우선 바로 잡고 싶은 것은 요동 정벌이라는 표현이다. 우리 겨레의 다물(多勿, 고구려 말을 한자화(音借)한 단어로 옛 땅을 되찾음을 의미함) 정신을 반영하기를 바란다. 요동 정벌 대신 요동 되찾음이라고 고쳐 우리 초,중,고등학생에게 가르치기를 바란다.

조선 왕조 건국 즉 고려 왕조 멸망의 결정적 계기를 위화도 회군이라고 한다면, 조선 왕조 건국은 시작부터 황제왕국다움을 스스로 던져 버린 사건이었다. 고려 왕조를 찬탈(簒奪, 정당하지 않은 방법으로 빼앗음)한 사태라고 할 수 있는 정도의 사건이었다. 위화도 회군의 명분 중에 첫 번째로 큰 나라를 작은 나라가 쳐들어가는 것은 안된다는 것이 있다. 명 왕조에 대한 사대(事大)의 시작이었다. 조선 왕조가 스스로 황제왕국다움을 버리고 황제왕국을 섬기는 제후왕국의 자리를 찾은 시작이었다.

조선 왕조는 건국으로부터 200여 년이 지나 임진왜란이 이 땅에서 벌어지기까지 명 왕조를 섬기는 제후왕국으로서 사대 외교(事大 外交)를 지속했다. 조선 왕조에게 일본의 도요토미 히데요시가 정명가도(征明假道, 명을 치는 데 길을 내어라)를 요구하는 기가 막힌 지경까지 이른 것도 우리 스스로 제후왕국으로서 생각과 행동이 굳어져 있었음에 따른 영향을 가볍게 볼 수 없다.

임진왜란을 극복해 내는 과정에서 40여 년 지나 병자호란이 이 땅에서 벌어지는 주요 원인 또한 명 왕조를 섬겨야 한다는 제후왕국으로서 사대였다.

명 왕조가 청 왕조에게 멸망한 후 조선 왕조는 스스로 소중화(小中華, 명 왕조가 상징하는 바(中華, 세계 문명의 중심))를 계승함)임을 자랑스러워하며 왕 숙종 대 부터는 궁궐(창덕궁)에 대보단(大報壇)이라는 사당(祠堂)을 설치하고 지방(지금 충청북도 괴산군)에 만동묘(萬東廟)라는 사당을 설치하여 멸망한 명 왕조의 왕 신종(神宗, 임진왜란 때 조선 왕조에 명 왕조의 군대를 보내 지원한 왕)과 의종(毅宗, 명 왕조의 마지막 왕)을 모시고 제사를 지내게 한 것도 사대였다. 만동묘의 경우는 일본 제국주의에 국권(國權, 주권과 통치권)을 빼앗긴 일제 강점기에도 일부 유생(儒生, 유학을 공부하는 선비)들은 만동묘에 찾아가 명 왕조의 왕을 모시는 제사를 지낼 정도였다. 사대를 수 백 년간 지속하면서 자신도 모르게 당연히 옳은 것이 되어버린 폐해 사례이다.

청 왕조와 제국주의 국가들(일본, 러시아, 영국, 미국 등)로부터 조선 왕조와 대한제국이 중심을 세우지 못하고 휘둘리며 안정을 찾지 못하고 무너져 갔던 과정과 대한제국이 일본 제국주의를 상대로 어느 정도만큼이라도 전쟁 한 번 치르지 않고 허망(虛妄, 믿을 수 없을만큼 어이없고 허무함)하게 국권을 빼앗긴 후 결국 35년 간 일본 제국주의에게 우리 겨레 사람과 우리 겨레 땅과 우리 겨레 바다와 우리 겨레 하늘이 유린(蹂躪, 짓밟음) 당하게 한 것도 사대(事大)가 미쳤을 영향이었다. 조선 왕조가 건국한 때로부터 500여 년 동안 지속했던 사대가 미쳤을 영향을 가볍게 볼 수 없다.

민주공화국으로서 대한민국 정부가 수립한 이후 지금까지 존재하고 있는 사람들과 집단 또는 조직의 행태에서도 조선 왕조의 건국으로부터 이어졌던 사대의 폐해를 발견할 수 있다. 이른바 친일파(親日派)라고 불리는 사람들의 말과 행동, 친일의 정도를 넘어서 극우(極右)라고 불리는 일본 사람들과 같이 말과 행동을 하는 사람, 집단, 조직들, 태극기 부대라고 불리는 집회에 참여하는 사람, 집단, 조직들의 말과 행동이 그러하다. <u>지금(2024년)까지 우리 겨레가 겪어내고 있는 사대로 인한 극단적인 폐해 사례는 2024년 8월 독립기념관에서 벌어진 독립기념관 관장(官長) 취임(就任)이다.</u>

애기한 사대(事大)의 말과 행동을 하는 사람, 집단, 조직들 또한 우리 겨레 사람들이고 우리 겨레 사람들의 집단, 조직이다. 내가 바라는 것은 언제쯤일지 알 수 없으나 우리 겨레 사람, 집단, 조직들이 서로 보듬어 안을 수 있는 넉넉한 마음을 되찾고 화목할 수 있는 날이 오기를 바랄 따름이다.

위와 같이 조선 왕조와 대한제국에 관하여 내가 심할 정도로 사대(事大)라는 의미로 한정지어 부정적으로 얘기하고 있다고 할 수 있겠으나, 나의 심정(心情)은 이와 같다.

1. 대한제국(大韓帝國)

2022학년도부터는 경기도 양평군에 있는 중학교에서 위(Wee) 클래스 상담실 전문상담교사(기간제 교사)로 근무하고 있다. 운 좋게도 2024학년까지 3년 간 같은 학교에서 근무할 수 있어 평생 처음 직장인으로서 안정감을 조금이라도 경험할 수 있는 기간이다. 짧게는 1개월에서 길게는 2년을 같은 학교에서 근무를 해 보았지만, 1학년 신입생이 3학년 졸업반이 되어 졸업하기까지 성장하는 모습을 같은 시간과 공간인 곁에서 바라 볼 수 있는 과정은 내게는 커다란 기쁨(환희, 歡喜)이고 학교에 대한 나의 마음은 커다란 고마움(감사, 感謝)이다. 2024학년도를 마치고 그만둬야 한다는 소식을 지난 달(2024년 11월 중순 경)에 교감선생님으로부터 전해 들었을 때부터 지금 이 순간(2024년 12월 21일 토요일 저녁 11시 14분)까지 나(키팅샘)의 마음에 서글픔으로, 서글픔이 언뜻 작은 불안함이 되어 떨림을 일으키지만 기간제 교사라는 삶이 그러한 것이니 그저 내 마음 속 작은 떨림을 물끄러미 바라보며 미소 지을 따름이다. 미소가 쓸쓸해서 그렇지 내게는 미소(微笑)이다.

어제(2024년 12월 20일 금요일) 일이다. 학생을 상담하는 과정에서 학생에게 우리나라 역사에 관하여 1분 남짓 소개하는 상황이 있었다. 대한제국 황제의 후손(後孫, 대한제국 황제로부터 이어지고 있는 황제의 자녀들)이 살아있고, 나(키팅샘)는 짧은 기간이었지만 그 후손 중 한 분과 함께 시민단체를 마련하고 활동을 했었다는 얘기였다. <u>학생은 황손(皇孫, 황제의 후손)이 어떤 의미인지를 내게 물었고, 황손의 의미를 알리자 아직도 황손이 살아있느냐며 5초 정도 잠시 궁금해하고는 그 뿐이었다. 학생과 나는 이내 학생이 아쉬어하고 고민하고 있는 주제로 넘어갔다. 지난 주에 끝난 기말고사(2학기 지필평가) 시험 성적에 대한 아쉬움과 올 해 1학기에 사귀었던 학생에 대한 고민이었다.</u>

대한제국에 관하여 한국사 교과서에 아래와 같이 반영하기를 바란다.

한국사 교과서 부록편의 역대 왕조 계보에 대한제국을 반드시 포함하기를 바란다. 우리 초,중,고등학생이 자기 자신을 비롯하여 우리 겨레에 이르기까지 정체성, 정통성, 자부심을 가질 수 있는 것에 관하여 스스로 판단할 수 있는 기회를 한국사 교과서에 마련하기를 바라기 때문이다.

가. 한국사 교과서 부록편에는 어느 출판사의 책(교과서)이든지 역대 왕조 계보를 소개하고 있다. 역대 왕조 계보는 고구려, 백제, 신라로 시작해서 조선에서 끝난다. (기존 한국사 교과서 표현 방식으로) 삼국시대 이전(조선(= 고조선), 부여 등)은 없다. 조선 이후(대한제국)는 없다.

나. 황제왕국다웠던 고려 왕조까지의 우리나라가 가지고 있었던 정체성, 정통성, 자부심이 미치는 영향이 조선 왕조 건국 후 대한제국을 선포하기 전까지 500여 년 동안 지속했던 사대(事大)로 인하여 무너졌지만 미력(微力, 작은 힘)이나마 남아 끊어지지 않고 이어져 결국 500여 년 동안 지속했던 사대(事大)를 내던지고 대한제국이라는 황제왕국으로 되살아났다는 사관(史觀)을 한국사 교과서에 반영하기를 바란다.

다. 되살아 난 황제왕국으로서 대한제국은 500여 년 동안의 사대의 영향으로 너무나도 미력하여 허망(虛妄, 믿을 수 없을만큼 어이없고 허무함)하게 국권(國權, 주권과 통치권)을 빼앗긴 후 결국 35년 간 일본 제국주의에게 우리 겨레 사람과 우리 겨레 땅과 우리 겨레 바다와 우리 겨레 하늘이 유린(蹂躙, 짓밟음) 당하였으나 국체(國體, 나라가 존재하고 있는 상태, 나라가 살아있는 상태)는 끊어지지 않고 이어가고 있었음을 반드시 한국사 교과서에 반영하기를 바란다.

라. 2024년 지금 이 순간에도 대한제국 황손이 살아있음을 민주공화국인 대한민국의 현실을 반영하여 있는 그대로 살펴 한국사 교과서에 반영하기를 바란다. 2024년 지금 적용하고 있는 대한민국 헌법은 제1조 1항. 대한민국은 민주공화국이다. 와 제1조 2항. 대한민국의 주권은 국민에게 있고, 모든 권력은 국민으로부터 나온다. 로 규정하고 있다. 1948년 5.10 총선거를 통해 꾸려진 제헌국회에서 1948년 7월 12일에 의결하고 7월 17일에 공포했던 제헌헌법 역시 제1조 대한민국은 민주공화국이다

와 제2조 대한민국의 주권은 국민에게 있고 모든 권력은 국민으로부터 나온다. 로 규정하고 있는 바와 같이 대한제국 황손 역시 1948년 7월 17일 제헌헌법 공포 이후부터는 황손으로서 위격(位格, 지위와 품격)이 있는 별도의 신분이 아닌 신분 차별이 없어진 민주공화국 대한민국의 국민임을 분명하게 규정하기를 바란다. 반면 <u>우리 겨레 스스로 의지와 노력만으로 왕조 나라에서 민주공화 나라로 변화를 이끌어낸 것이 아니고 일본 제국주의에 의한 일제 강점기를 지나면서 일본 제국주의와 적극 친일을 한 사람들로 인해 황실 역사를 왜곡한 바를 가볍게 볼 수는 없으므로, 대한제국 황손의 계보 또한 분명하게 밝혀 한국사 교과서에 반영하기를 바란다.</u> 광무황제와 융희황제의 책임을 분명하게 밝힘과 함께 일제 강점기 일본으로 인질과 같은 신분으로 살아야 했던 사람들로서, 미국 등 해외로 흩어져 살아야 했고 살아가고 있는 사람들로서, 해방 후 대한민국 국민으로서 살아가고 있는 대한제국 황손의 계보를 밝혀 우리 초, 중, 고등학생에게 소개하기를 바란다. <u>우리 초, 중, 고등학생이 자기 자신을 비롯하여 우리 겨레에 이르기까지 정체성, 정통성, 자부심을 가질 수 있는 것에 관하여 스스로 판단할 수 있는 기회를 한국사 교과서에 마련하기를 바라기 때문이다.</u> 다만 대한제국의 광무황제 후손 중 지금 살아계시는 모든 황손과 이미 돌아가신 황손께 <u>피해</u>(被害 – 생명, 신체, 재산, 명예 등에 끼칠 수 있는 손해) <u>없도록</u> 살피는 과정은 반드시 필요하다.

마. <u>나(키팅샘)는 이와 같은 판단으로 방금까지 황실 가계도를 바로 여기 쪽(page)에 작성하다 지우기를 몇 번이고 반복하면서 결국 작성하지 않기로 결정했다.</u> 2002년 12월에 황손님과 함께 시민단체를 단 두 사람으로 시작하여 2003년 1년 간 활동하면서 그 분(황손)으로부터 황실 가계도(皇室 家系圖)와 그 분(황손)의 아버님이신 의왕 가계도(義王 家系圖)를 들을 수 있는 기회가 있었다. 그 때(2003년) 작성한 황실 가계도(皇室 家系圖)와 의왕 가계도(義王 家系圖)를 바로 여기 쪽(page)에 담으려 했으나 의왕 후손과 내가 모셨던 그 분(이하 어르신)과 어르신의 자손께 혹여 <u>누</u>(累 – 정신적, 물질적 피해)<u>가 될까</u> 염려하는 마음에 담지 않기로 했다.

바. 1996년 처음 어르신과 서울 방배동에서 뵙고 면담(인터뷰)을 통해 들은 말씀을 기반으로 학사 논문을 발표했던 과정, 2002년 경기도 수지읍, 시골길을 한참 들어가면 덩그러니 서 있었던 집 한 채 하나. 다른 사람 소유의 그 집에 잠시 머물러 살고 계시던 어르신의 부름으로 다시 한번 뵙고 그 후 수개월간 출퇴근 길에 어르신을 살필 수 있었던 과정, 2002년 12월에 어르신과 나(키팅샘) 단 두 사람으로 서울을 중심으로 전국과 세계를 대상으로 활동하는 시민단체를 시작했던 과정, 2003년 12월까지 우리나라 국내와 해외 여러 나라에 살고 계시는 우리 겨레 많은 사람들로 구성한 1,800명 가까운 시민단체 회원님들을 모시고 역사 바로 세우기 활동했던 과정, 전라북도 전주 한옥마을에 있는 승광재(承光齋)에 머물고 계셨던 어르신의 부름으로 2003년 12월 이후 10여 년의 세월을 지나 2013년에 다시 한번 어르신을 모시고 승광재에서 수개월간 활동했던 과정 또한 바로 여기 쪽(page)에 작성하고자 했으나 결국 작성하지 않기로 결정했다. 바로 위 마항과 같은 마음이다.

사. 나(키팅샘)와 비교할 수 없을만큼 훌륭하게 공부하는 사람들과 이미 언론 등을 통해 황실 가계도 등은 충분하게 밝혀져 있을 것이므로 관련 자료는 관심있게 찾으면 충분하게 찾을 수 있을 것이라고 판단한다.

2. 조선(朝鮮) 왕조

가. 천상열차분야지도(天象列次分野之圖)

지금 사용하고 있는 <u>일만원을 상징하고 일만원의 가치로 통용하는 지폐</u>(이하 만 원 지폐) 뒷 면에 흐릿하게 그려져 있는 <u>천상열차분야지도(天象列次分野之圖)는 석각천문도(石刻天文圖, 돌에 글씨 등을 새겨 하늘(≒ 우주)에서 일어나는 모습들을 표현한 그림)로서</u>, 천상열차분야지도 <u>석판(石板, 돌로 만든 널빤지)에</u> 새겨져 있는 글씨를 근거로 하면 고구려 왕조 시기 우리 겨레가 바라봤던 하늘(≒ 우주)이다.

지금(2024년) 한국사 교과서에도 천상열차분야지도 관련 내용을 조선 왕조 건국의 정당성 측면에서 비록 간단하지만 천상열차분야지도를 나타낸 그림과 함께 소개하고 있다.

나(키팅샘)는 한국사 교과서에 우리 겨레가 바라봤고 바라보고 있는 천문(天文, 하늘(≒ 우주)에서 일어나는 모습들)을 충분한 사료와 사료에 관한 설명으로 우리 초,중,고등학생이 배울 수 있는 기회를 마련하기 바란다.

<u>천상열차분야지도에 새겨진 별의 위치 등을 살필 경우 그 별들을 관측(觀測, 관찰하고 측정함)했던 시간(해, 달, 날, 때)과 장소(위도와 경도로써 표현할 수 있는 곳)를 추정(推定, 미루어 어림잡아서 헤아림)할 수 있다. 이를 통해 지금(2024년)까지 한국사 교과서를 통해 수십 년간 초,중,고등학생이 배웠던 우리나라들(조선(=고조선)부터 지금 대한민국까지)의 영역(땅, 바다, 하늘 = 영토, 영해, 영공)만이 정답은 아닐 수 있다는 판단과 우리나라들의 영역에 관하여 새로운 주장이 충분한 사료(史料) 근거에 따른 타당성이 있다면 정답일 수 있다는 가능성에 관하여 지금(2024년) 우리 초,중,고등학생이 스스로 열린 마음을 가질 수 있도록 기회를 한국사 교과서에 마련하기 바란다.</u>

만 원 지폐를 바라보면 한글로 <u>세종대왕의 얼굴과 한국은행 만 원이라고 쓰여있는 면(面)</u>(이하 만 원 지폐 앞 면)과 혼천의와 영어로 <u>Bank of Korea 라고 쓰여있는 면(面)</u>(이하 만 원 지폐 뒷 면)을 볼 수 있다. 우연인지 만 원 지폐를 도안(圖案, 디자인)한 사람이 역사 측면에 통찰(洞察)로 의도한 것인지 알 수 없으나 1,000원 지폐, 5,000원 지폐, 50,000원 지폐와 분명하게 구별할 수 있는 특징이 있다. <u>만 원 지폐는 우리 조상부터 지금의 우리까지 하늘(≒ 우주)을 바라봤던 철학과 천문(天文, 하늘(≒ 우주)에서 일어나는 모습들)을 우리 삶의 전부 또는 일부로 읽어냈던 변화 과정을 담아내고 있다.</u>

천손(天孫), 황손(皇孫), 황제왕국, 민주제나라라는 용어를 분별하고 구분짓는 것에 매달릴 것 없이 천손다움, 황손다움, 황제왕국다움, 민주제나라다움이라는 것을 모두 꿰뚫고 있는 상징과 의미인 우리 겨레다운 자질(資質)과 품격(品格)이라는 관점에서 우리 초,중,고등학생이 이해하고 알아채기를 바란다. 이러한 자질과 품격을 우리 스스로 알아채고 가꾸고 지켜내며 살아냈던 우리 겨레 시간과 공간의 삶이 있었고, 우리 스스로 던져 버리고 우리 스스로 사대(事大)의 길을 걸어갔던 우리 겨레 시간과 공간의 삶이 있었다. 이와 같은 우리 겨레 삶의 과정 속에서 우리 겨레가 바라봤고 바라보고 있는 하늘(≒ 우주)에 관한 철학과 천문을 지금의 만 원 지폐는 그림으로 담아내고 있다.

아쉬움이 있다면 만 원 지폐에 우리 하늘(≒ 우주)에 관한 철학과 천문을 담아내는 데 고인돌까지 그림으로 나타냈다면 좋았겠다 하는 마음이다. 언젠가 텔레비전 프로그램을 통해서 북두칠성 별자리를 그대로 고인돌 바위에 새겨 놓은 것을 봤던 기억이 있다. 고인돌을 부르는 또 하나의 이름이 칠성바위라고 했던 기억이 있다. 북두칠성 별자리가 돌에 직접 새겨져 있거나 돌들을 열(列)지어 표현하고 있어 칠성바위라고도 불리는 고인돌은 우리 겨레가 바라봤던 하늘(≒ 우주)에 관한 철학과 천문이었다.

만 원 지폐 앞 면에 흐릿하게 쓰여 있는 글은 세종대왕께서 중심으로 창제(創制)한 훈민정음(訓民正音, 한글)으로 쓴 서사시(敍事詩)인 용비어천가(龍飛御天歌)이다. 세종대왕께서 훈민정음(한글)을 '·(하늘, 天), ㅡ(땅, 地), l(사람, 人(백성(百姓), 겨레)'에 바탕을 두어 창제하심은 우리 겨레가 바라봤던 하늘(≒ 우주)에 관한 철학과 천문이었다.

만 원 지폐 앞 면에 흐릿하게 그려져 있는 일월오봉도(日月五峰圖)는 조선 왕조 시기 우리 겨레가 바라봤던 하늘(≒ 우주)에 관한 철학과 천문이었다.

만 원 지폐 뒷 면에 흐릿하게 그려져 있는 천상열차분야지도(天象列次分野之圖)는 앞에서도 얘기했듯이 천상열차분야지도 석판(石板, 돌로 만든 널빤지)에 새겨져 있는 글씨를 근거로 하면 고구려 왕조 시기 우리 겨레가 바라봤던 하늘(≒ 우주)에 관한 철학과 천문이었다. 동시에 사대(事大)를 하던 조선 왕조 시기에도 건국 이후 조금씩 사그라져 갔지만 미력(微力, 작은 힘)이나마 남아 끊어지지 않고 이어지고 있던 우리 겨레다운 자질과 품격으로 바라봤던 하늘(≒ 우주)에 관한 철학과 천문이었다. 태조(왕), 세종(왕), 숙종(왕) 시기를 포함하여 조선 왕조 전체를 아우르는 시기에 우리 겨레가 바라봤던 하늘(≒ 우주)에 관한 철학과 천문이었다.

만 원 지폐 뒷면에 그려져 있는 혼천의(渾天儀, 별들의 위치를 관측하는 기구이면서 천문 시계)는 우리 겨레가 하늘을 바라봤던 도구였다.

만 원 지폐 뒷면에 그려져 있는 광학망원경(光學望遠鏡)은 1996년 경상북도 영천시 화북면에 있는 보현산(普賢山)에 세워진 보현산천문대가 보유하고 있는 지름 1.8m 크기의 광학망원경으로, 지금 우리 겨레가 바라보며 우리 역사를 써 내려가고 있는 하늘(≒ 우주)에 관한 철학과 천문이다.

나(키팅샘)는 천상열차분야지도에 관하여 한국사 교과서에 우리 겨레의 정체성, 정통성, 자부심 측면에서 교과 내용을 구성하여 우리 초,중,고등학생이 배울 수 있는 기회를 마련하기 바란다.

천상열차분야지도와 함께 조선(= 고조선) 왕조의 고인돌, 고구려 왕조, 백제 왕조, 고려 왕조에 세웠거나 세웠을 것으로 추정(推定, 미루어 어림잡아 헤아림)하고 있는 첨성대(瞻星臺), 지금 경상북도 경주시에 있는 신라 왕조 대(代) 세웠던 첨성대(瞻星臺), 서운관(書雲觀, 고려 왕조 대 설치했던 천문 관측 등을 맡았던 관청), 관상감(觀象監, 조선 왕조 대 설치했던 천문 관측 등을 맡았던 관청), 한국천문연구원(지금 우리나라(대한민국)가 1974년에 설치하여 지금까지 지속하여 천문(天文, 하늘(≒ 우주)에서 일어나는 모습들) 관측 등의 역할을 수행하고 있는 정부출연 연구기관)에 관하여 한국사 교과서에 우리 겨레의 정체성, 정통성, 자부심 측면에서 교과 내용을 구성하여 우리 초,중,고등학생이 배울 수 있는 기회를 마련하기 바란다.

조선 왕조 세종대왕 대(代) 창제(創制)했던 칠정산(七政算)의 의미와 일제강점기를 극복하고 민주공화국으로 정부를 수립한 대한민국이 1974년에 설치한 한국천문연구원에서 1976년부터 매년 책으로 내고 있는 책력(冊曆, 1년 동안의 천문 현상과 천문 현상에 따른 24절기(節氣) 등을 정리한 책)이 가지고 있는 의미를 한국사 교과서에 우리 겨레의 정체성, 정통성, 자부심 측면에서 교과 내용을 구성하여 우리 초,중,고등학생이 배울 수 있는 기회를 마련하기 바란다.

AI 시대를 체험하고 있는 지금(2024년) 우리나라 사람들의 삶에도 우리 겨레의 칠성 신앙이 살아 숨 쉬고 있음을 우리 초,중,고등학생이 칠성판(七星板, 사람이 죽으면 모시는 관(棺) 바닥 면에 북두칠성을 상징하는 일곱 개의 구멍을 뚫어 놓은 널빤지)과 같은 장례 풍습에 사용하는 널빤지 등을 통해 배울 수 있는 기회를 한국사 교과서에 마련하기 바란다.

본 책에 천상열차분야지도에 관한 나의 바람을 글로 써 내려가는 과정에서 나(키팅샘)는 꼭 얘기하고 싶은 바가 있다. 우리 겨레다운 자질과 품격으로 살아 갔던 우리 겨레의 삶은 좋았고 옳았던 반면에 우리 겨레다운 자질과 품격을 던져 버리고 사대(事大)로서 살아갔던 우리 겨레의 삶은 나쁘고 틀렸다고 분별하고 구분지으며 바라보지 않기를 바라는 마음이다. 우리 조상(祖上)께서 그 때 그 때마다 살아갔던 나, 너, 우리의 삶을 함부로 분별하고 구분지을 수 있는 것이 아님을 살필 수 있는 마음을 우리 초,중,고등학생이 가져 주기를 바라는 마음이다. 그 때 그 때마다 살았던 나, 너, 우리 역시 지금의 나, 너, 우리와 마찬가지로 한 순간 한 순간 숨을 들이쉬고 내쉬며 그 때 그 때의 자신과 상대방과 환경과 세상에 관하여 성실하게도 게으르게도, 여유롭게도 바쁘게도, 바르게도 바르지 않게도, 대단하게도 대단하지 않게도, 착하게도 나쁘게도, 영웅스럽게도 비겁하게도 살아갔음을 살필 수 있는 마음을 우리 초,중,고등학생이 가져 주기 바란다. 자질과 품격으로 살아 갔던 우리 겨레의 삶과 자질과 품격을 던져 버리고 사대(事大)로서 살아갔던 우리 겨레의 삶이 모두 얽히고 섞히며 맺혀진 열매가 지금의 나, 너, 우리임을 우리 초,중,고등학생이 알아채기 바란다. 먼 훗날 초,중,고등학생이 선사시대부터 지금(2024년)의 나, 너, 우리까지 얽히고설키는 과정을 통해 맺혀있는 지금의 열매를 어떻게 바라볼 것인가를 지금의 우리 초,중,고등학생이 알아채기 바란다.

이와 같은 관점에서 <한국 7대 불가사의(이종호 著, 역사의아침社)> 中 '고인돌 별자리(기원전 3000년경의 고인돌 별자리, 고인돌의 나라, 천상열차분야지도, 고구려 고분 벽화 속의 천문도, 일본에 존재하는 고구려 천문도, 새로운 역사가 기다린다, 15쪽~63쪽)'는 한국사 교과서에 반영할만한 자료라고 판단한다.

나. 훈민정음(訓民正音, 한글)

내가 사람으로서 살았던 경험에서 판단하면 사람이 말과 글을 만들고, 사람은 그 말과 글 속에 갇힌다. 이것은 사람이 스스로 알지 못한 채 자신이 속한 사람들이 사용하는 말과 글 속에 갇힘에 따라 익숙해짐을 경계해야 함을 얘기하는 것이다. 이미 앞에서 얘기한 바(19쪽, 틀 - 공간 / 32쪽, 9. 한자 / 43쪽, 2. 고인돌 - 거석문화 / 45쪽, 4. 조선(= 고조선), 단군 왕조)와 같다.

우리 겨레 사람에는 우리의 소리(= 말)를 본디 그대로 글(= 글자, 문자, 文字)로 표현할 수 있게 하여 우리 겨레가 순간 순간의 삶에 우리 겨레의 정체성을 체험하며 살아갈 수 있게 하신 사람이 계신다. 우리 겨레의 정체성을 체험하며 살아갈 수 있게 하심으로써 우리 겨레의 정통성을 지속할 수 있게 하신 사람이 계신다. 우리 겨레의 정체성과 정통성을 간직할 수 있게 하심으로써 우리 겨레에게 자부심을 가질 수 있게 하신 분이 계신다. <u>우리 겨레에게 정체성, 정통성, 자부심을 가질 수 있게 하심으로써 우리 겨레가 우리 겨레답게 살아갈 수 있는 자유를 선물하신 분이 계신다. 그 분은 훈민정음을 창제(創製)하신 조선 왕조의 세종대왕이다.</u>

사대(事大)를 처음부터 겉으로 드러내놓고 시작한 조선 왕조 첫머리 시기에 사대(事大)로 인한 폐혜(弊害)로부터 <u>우리 겨레가 우리 겨레다움을 완전하게 잊혀지지 않고 잃어버리지 않고 끊어지지 않게 하는 실마리(단초, 端初)를 마련해주신 사람이 조선 왕조 4대 왕 세종대왕이다.</u>

훈민정음(= 한글)의 가치를 알아차린 <u>유네스코</u>(UNESCO, 국제연합 소속 전문기구, 인류의 교육, 과학, 문화를 살피며, 인류가 지키고 지속하여 가꿔가야 할 가치로운 자연과 문화를 지정하여 보호하는 기관)<u>는</u> 1990년에 '<u>유네스코 세종대왕상</u>(= 유네스코 세종대왕 문해상, UNESCO King Sejong Literacy Prize)'을 제정하여 <u>문맹퇴치사업</u>(文盲退治事業, 글자를 읽지도 쓰지도 못하는 상황을 완전하게 없애버리는 일)<u>에</u> 크게 이바지한 사람이나 단체를 뽑아 매 해마다 상을 주고 있다. 훈민정음(= 한글)이라는 글자가 우리 겨레와 함께 인류의 말(= 소리)을 담아내어 그들마다 대대로 이어갈 수 있는 지식과 지혜의 바탕이 되는 수단으로서 충분한 가치를 세계가 인정하고 있음을 의미한다. <u>우리 겨레가 지금의 절망적인 인류 역사 흐름에서 인류에게 희망의 길로 이끌 수 있는 세계시민(世界市民, cosmopolitan)의 역할을 할 수 있게 하는 수단으로서 충분한 가치를 세계가 인정하고 있음을 의미한다.</u>

한자(漢字)를 우리나라에서 우리 나라 사람들이 사용하기 시작한 때를 아무리 짧게 잡아도 고구려 왕조, 백제 왕조, 신라 왕조, 가야 왕조 시기라고 한다면 조선 왕조가 시작하는 시기까지 1000년을 훌쩍 넘는다. 1000년 동안 시기별로 왕조별로 한자(漢字)라는 글자의 권력을 손에 쥐면서 백성을 지배하는 수단으로 사용했던 지배 계층의 헤게모니(hegemonie, 사람(집단, 조직)이 다른 사람(집단, 조직)을 지배할 수 있는 힘)가 백성에게 미쳤던 폐해(弊害, 백성이 지배 계층으로부터 겪어야 했던 정당하지 않은 피해)와 우리 글자가 없어서 한자(漢字)라는 글자를 빌려 우리 말을 기록했던 이두(吏讀) 사용의 불편함을 해결하기 위한 방편(方便, 수단과 방법)으로 세종대왕께서는 훈민정음(訓民正音, 한글)을 창제(創製)하셨다. 이와 같은 사실은 1940년에 간송 전형필님께서 만고(萬苦)의 노력 끝에 찾아내어 획득하시고 보관하시고 광복 후 조선어학회 사람들을 통해 세상에 공개하신 훈민정음 해례본(訓民正音 解例本)을 통해서 알 수 있다.

세종대왕께서 훈민정음을 창제하시는 과정에서 당시 양반과 같은 글자의 권력을 손에 쥔 사람들은 훈민정음 창제를 강력하게 반대했다. 반대했던 까닭은 백성들이 자신의 말(= 소리)을 글자로 표현할 수 있게 되면 자연스럽게 지식과 지혜로움이 높아질 것이며, 이렇게 되면 당시 양반들이 백성을 지배하는 것이 어려워지거나 불가능해질 것을 알았기 때문이었다.

한편 나(키팅샘)는 이와 같이 반대했던 까닭과 함께 당시 양반과 같은 글자의 권력을 손에 쥔 사람들은 1000년을 훌쩍 넘는 동안 한자(漢字)를 사용함에 따라 한자라는 글자에 갇혀 있음에 대한 문제 의식을 가질 수 없을만큼 익숙해져 있었던 까닭에 훈민정음의 가치를 알아차릴 수 없었다고 판단한다. 당시 양반은 자신이 무엇을 주장하는 것인지 알지 못함을 알아채지 못하면서 자신의 주장을 옳다고 믿었다고 판단한다.

나(키팅샘)는 우리 초,중,고등학생이 수업 후 쉬는 시간, 점심 시간 교실과 복도에서, 방과 후 운동장에 있는 농구장, 축구장 등에서 놀이 활동을 하는 모습을 볼 때면 젊은이들의 살아있음을 느낄 수 있어 참 행복하다. 반면 학교 안팎에서 그들의 입으로부터 때로는 서로 웃으면서 때로는 서로 화를 내면서 쏟아내는 욕설(辱說), 비속어(卑俗語), 알아듣지도 못하는 은어(隱語)로 채운 줄임말로 가득찬 소리(= 말)가 내 귀에 들리고 내 눈에 보일 때면 참담하다.

그들을 불러 세워 욕설과 비속어와 줄임말을 사용하는 까닭을 물으면 서로 친한 사이임을 표현하는 방식이라고 한다. 서로 화가 난 상황임을 표현하는 방식이라고 한다. (본딧말을 지금 시대에는 맞지 않는 표현 방식이라면서 본딧말을) 짧게 줄여 말하는 것이 시간을 줄일 수 있는 효율적인 표현 방식이라고 한다. 자기들끼리 알아들을 수 있는 말로 하는 것이 재미있는 표현 방식이라고 한다. <u>우리 초,중,고등학생 대부분은 너무나도 익숙해져 서로에게 말을 할 때 욕설, 비속어, 은어로 채운 줄임말을 사용하지 않으면 말을 주고 받을 수 없을 지경까지 이르렀음을 알아채지 못하고 있다.</u>

우리 초,중,고등학생이 이른바 SNS(social networking service)를 통해 여러 업체의 휴대폰 문자 메시지 기능이나 음성 녹음 기능을 통해 주고 받는 글자(= 문자) 또한 마찬가지이다.

참담함이다.

<u>그들은 어른들이 만들어낸 바람직하지 않은 말과 글, 자신들이 만들어낸 바람직하지 않은 말과 글에 갇혀 있음을 알아채지 못하고 있다. 어른의 나이로 살아가고 있는 나는 우리 초,중,고등학생에게 부끄러울 따름이다. 우리 초,중,고등학생이 안타까울 따름이다. 우리 겨레의 미래를 불안함으로 바라 볼 따름이다.</u>

영화, 드라마, 예능 프로그램 등에서 욕설, 비속어, 은어로 채운 줄임말들이 넘쳐나는 것을 보고 들으면서 하루를 살아가고 있다. 듣지도 보지도 못했던 소리(= 말)가 매일같이 새로 만들어져 넘쳐나는 하루를 살아가고 있다.

나(키팅샘)는 한글을 우리 겨레의 소리인 말을 글자로 표현하는 수단으로만 바라보지 않는다. 한글은 우리 겨레의 소리(= 말) 그 자체, 우리 겨레의 정체성, 정통성, 자부심 그 자체라고 여기고 있다.

나(키팅샘)에게는 우리 초,중,고등학생의 입에서 쏟아지는 소리(= 말)에서 찢겨지고 난도질을 겪고 있는 나, 너, 우리 겨레의 소리(= 말)인 한글의 신음 소리가 들린다.

이와 같은 관점에서 <한국 7대 불가사의(이종호 著, 역사의아침社)> 中 '훈민정음(한글에 매료된 외국 학자들, 브랜드 코리아의 창시자 세종대왕, 훈민정음의 과학성과 독창성, 훈민정음의 기원에 관한 미스터리, 일본의 신대문자, 정보화 시대를 주도하는 한글, 훈민정음 창제의 의의, 297쪽~332쪽)'은 한국사 교과서에 반영할만한 자료라고 판단한다.

To. 인연을 지었고, 인연을 짓고 있는 학생 모두에게

키팅(Key★Think)샘 보냄 2023. 秋 ~ 2024. 冬

□ 중국(中國) 왕조

　나(키팅샘)는 중국과 중국 사람을 폄훼하려는 마음은 없다. 그들도 우리와 마찬가지로 마땅하게 존중받아야 할 나라이고 사람이기 때문이다.
　나(키팅샘)는 우리 겨레와 관련한 민족들(친연관계(親緣關係)가 있는 민족들)이 지금의 중국 영역에서 세웠던 나라들을 살피고자 할 따름으로 중국 역사에서 한족(漢族)이 세운 나라와 한족(漢族)이 아닌 다른 민족이 세운 나라를 구분하고자 함이다. 나와 비교할 수 없을만큼 훌륭하게 공부하는 사람들이 밝혀주길 바랄 따름이다. 이와 같은 관점을 통해 중국이라는 말과 글이 만들어지고, 만들어진 중국이라는 말과 글로 인해 갇혀 버릴 수 있는 가능성을 경계해야 하는 가치를 우리 초,중,고등학생이 배울 수 있는 기회를 한국사 교과서가 마련하기를 바랄 따름이다.

　지금(2024년) 우리 초,중,고등학생이 역사 교과서를 통해서 배우고 있는 지금(1949년부터 2024년) 중국까지 과거 중국 왕조의 흐름은 대체로 다음과 같다.

　하(夏) 왕조 - 은(殷) 왕조(= 상(商) 왕조) - 주(周) 왕조 - 춘추전국(春秋戰國)시기 - 진(秦) 왕조 - 한(漢) 왕조(前漢 왕조 - 신(新) 왕조 - 後漢 왕조) - 삼국시대(위(魏) 왕조, 촉(蜀) 왕조, 오(吳) 왕조 - 진(晉) 왕조(西晉 왕조, 東晉 왕조)) - 위진남북조(魏晉南北朝) 시기(西晉 왕조로부터 5호16국(五胡十六國) 시기에 이어 북조(北朝) 시기, 東晉 왕조로부터 남조(南北朝) 시기) - 수(隋) 왕조 - 당(唐) 왕조 - 5대 10국(五代十國) 시기 - 송(宋) 왕조, 요(遼) 왕조, 금(金) 왕조 - 원(元) 왕조 - 명(明) 왕조 - 청(淸) 왕조 - 중국인민공화국(중국)

나(키팅샘)는 역사 교과서 내용 구성에 지금(1949년부터 2024년) 중국 영역에서 세웠고 멸망했던 나라들을 한족(漢族)이 세웠던 나라와 한족(漢族)이 아닌 다른 민족이 세웠던 나라로 지금보다는 학생이 쉽게 알아볼 수 있도록 우리 초,중,고등학생에게 소개하기를 바란다. 우리 겨레와 관련한 민족들이 지금의 중국 영역에서 세웠던 나라들을 지금보다는 학생이 쉽게 알아볼 수 있도록 초,중,고등학생에게 소개하기를 바란다. 지금(1949년부터 2024년) 중국이 주장하고 있는 역사관을 존중함을 기초로 하는 것은 당연하다.

내가 알고 있는 충분하지 못한 지식으로는 한족이 세웠던 나라를 주 왕조, 한 왕조, 송 왕조, 명 왕조로 판단하고 있다. 흥망성쇠한 수 많았던 나라들 중에 4개 왕조 이외 훨씬 많을 수 있겠으나, 지금 역사 교과서에서 소개하고 있는 대표적인 나라들을 기반으로 정리할 경우 4개 왕조라고 하는 것이다.

중국 왕조에 관하여 한국사 교과서에 반영할만한 자료를 아래에 소개한다.

<한국통사(이덕일 著, 다산호당 社)> 中 '1장 - 3. 요하문명과 홍산문화'에서는 동이족의 한 갈래가 은(殷)나라를 세웠다.(36쪽) 라고 주장한다. 이와 함께 한국통사에서는 황제의 아들 소호가 동이족이라는 점에서 황제 역시 동이족일 개연성이 높다.(37쪽, 41쪽~45쪽) 라고 주장하고 있으며, 홍산문화 요하문명은 동이족의 문명임을 출토하고 있는 유물들을 통해 알 수 있다.(37쪽) 라고 주장한다.

<한국통사(이덕일 著, 다산호당 社)> 中 '3장 - 3. 고구려의 성장'에서 선비족은 거란과 몽골의 선조이다.(125쪽), 선비족은 북중국을 통일하는 북위(위진남북조 시기 서진 왕조로부터 5호 16국을 통일한 북위를 일컬음) 등을 세운 동호(東胡) 계열의 기마민족이다.(127쪽) 라고 주장한다.

<한국통사(이덕일 著, 다산호당 社)> 中 '3장 - 6. 동아시아 대전'에서 수(隋)나라는 선비족이 세운 나라였다.(170쪽), 당(唐)나라는 선비족이 세운 나라였다(178쪽~179쪽) 라고 주장한다.

<한국통사(이덕일 著, 다산호당 社)> 中 '5장 - 2. 중화 사대주의 세력의 득세'에서 금(金)나라의 시조는 고려 사람이며 본래 신라인이다.(250쪽~251쪽) 라고 주장한다.

<단군의 나라 카자흐스탄(김정민 著, 글로벌콘테츠 社)> 中 '제2장 북방민족과 한민족의 동일한 기원 - 6. 흉노의 태동'에서 중국의 역사에서 한족(漢族)이 아닌 다른 민족이 세웠던 나라들로서, 하, 은, 주, 춘추전국시대, 5호 16국, 북위, 수, 당, 요, 금, 원, 청(73쪽) 이라고 주장한다.

<단군의 나라 카자흐스탄(김정민 著, 글로벌콘테츠 社)> 中 '제2장 - 6. 흉노의 태동'에서 하(夏)나라를 동이족 계열의 나라이고, 동이족과 흉노족은 같은 민족, 중원은 오래전부터 알타이-투르크 민족의 영토였다.(75쪽) 라고 주장한다.

<단군의 나라 카자흐스탄(김정민 著, 글로벌콘테츠 社)> 中 '제1장 - 3. 파미르 고원에 남아 있는 환국, 고조선의 흔적 - 8) 한성(韓城)과 캉글족의 수도 칸 카라스'에서 은(殷)나라를 동이족 계열의 나라(34쪽) 라고 주장한다.

<단군의 나라 카자흐스탄(김정민 著, 글로벌콘테츠 社)> 中 '제5장 - 1. 활은 동이족의 상징'에서 은(殷)나라를 구이족이 세운 나라, 알타이-투르크계 민족이 세운 나라(144쪽~145쪽), 동이족이 세운 나라(152쪽) 라고 주장한다.

<단군의 나라 카자흐스탄(김정민 著, 글로벌콘테츠 社)> 中 '제4장 - 2. 스키타이의 골품제도 : 아크 수이에크(흰뼈)'와 '제5장 - 1. 활은 동이족의 상징'에서 진(秦, 진시황)나라를 스키타이계 민족이 세운 나라(135쪽, 144쪽), 당(唐)나라를 스키타이계인 위구르족이 세운 나라(154쪽) 라고 주장한다.

<단군의 나라 카자흐스탄(김정민 著, 글로벌콘테츠 社)> 中 '제1장 - 5. 위슨족의 건국 신화'에서 금(金)나라는 우리와 같은 민족인 여진족이 세운 나라(55쪽) 라고 주장한다.

　<단군의 나라 카자흐스탄(김정민 著, 글로벌콘테츠 社)> 中 '제1장 - 3. 파미르 고원에 남아 있는 환국, 고조선의 흔적 - 9) 타클라마칸, 마르키트, 투르판, 돈황, 허티엔, 시안'에서 고구려 발해 민족 구성원이었던 말갈족은 고구려인, 발해인과 같은 민족이었다.(36쪽) 라고 주장한다.

　<단군의 나라 카자흐스탄(김정민 著, 글로벌콘테츠 社)> 中 '제2장 - 1. 훈족과 한민족은 같은 민족'에서 위슨족, 훈족, 부여족은 같은 민족(58쪽~60쪽) 이라고 주장한다.

　<단군의 나라 카자흐스탄(김정민 著, 글로벌콘테츠 社)> 中 '제2장 - 3. 조선(부여)과 흉노는 같은 국가이다'에서 훈족, 한(韓)족은 어원이 같으며 천손민족(天孫民族)이다.(63쪽~66쪽) 라고 주장한다.

　<단군의 나라 카자흐스탄(김정민 著, 글로벌콘테츠 社)> 中 '제2장 - 5. 빌게카칸과 고구려 무사 복장의 유사성'에서 스키타이계 민족의 후손이 투르크 민족이다. 당나라는 한(漢)족이 세운 나라가 아닌 투르크계 민족이 세운 나라이다.(71쪽) 라고 주장한다.

　참고로 여진(女眞)족(族)은 숙신(肅愼)족, 읍루(挹婁)족, 물길(勿吉)족, 말갈(靺鞨)족, 만주(滿洲)족으로 불렸던 민족이다.

　이와 같이 소개한 자료를 한국사 교과서 내용으로 구성하여 우리 초,중,고등학생이 배울 수 있는 기회를 마련하기 바란다. 위에서 애기한 두 권의 책은 한국사 교과서에 반영할만한 자료라고 판단한다.

To. 인연을 지었고, 인연을 짓고 있는 학생 모두에게

키팅(Key★Think)샘 보냄 2023. 秋 ~ 2024. 冬

□ 책, 노래, 드라마, 영화, 유튜브 영상 자료 등

 나(키팅샘)는 한국사 교과서에 나, 너, 가족, 사회, 우리 겨레의 정체성, 정통성, 자부심, 지혜, 지식, 세계시민이라는 개념에 관한 다양한 자료(책, 노래, 드라마, 영화, 유튜브 영상 자료 등)를 한국사 교과서 본문 중 하나의 단원으로 구성하여 학교 수업 시간에 우리 초,중,고등학생이 배우고 익힌 후 한국사 선생님과 학생 간, 학생과 학생 간 토론을 할 수 있는 기회를 마련하기 바란다.

 매 학년도 2학기 지필평가(= 2회고사, 기말고사) 과정을 마친 후 또는 수능시험(= 대학수학능력시험) 과정을 마친 후 학교 교실마다 교과 과정을 진행하는 교사의 난감함, 관리자(교장선생님, 교감선생님)와 교사 간 교실 내 교과 수업에 관한 불편한 관계 반복을 고려할 때 대안으로 활용할 수 있을 것으로 판단한다. 해당 시기부터 겨울방학 시작 전까지 학교에 등교하여 수업을 듣는 학생들의 심신 상태를 고려할 때 대안으로 활용할 수 있을 것으로 판단한다. 반영하기를 바란다.

 나(키팅샘)와 인연이 닿았던 책, 노래, 드라마, 영화, 유튜브 영상 자료 中 본 책을 내는 나의 바람과 관련한 자료를 아래와 같이 소개한다.

― 책(冊)

★ 난중일기 - 한글 세대를 위한 우리 옛글
　이순신 著, 허경진 譯, 한양출판, 1997년

★ 징비록 - 지옥의 전쟁 그리고 반성의 기록
　유성룡 著, 김홍식 譯, 서해문집, 2003년, 2007년

★ 이순신 승리의 리더십
　임원빈 著, 한국경제신문, 2008년, 2010년

★ 이도 세종대왕 - 조선의 크리에이터
  이상각 著, 추수밭, 2008년

★ 성자들의 시대 1권, 2권, 3권
  류인학 著, 자유문화사, 1997년
        - 우리 겨레의 현묘지도(玄妙之道)에 관한 실마리, 갈래

★ 국선도 강해
  허경무 著, 세계국선도연맹, 2000년, 2004년
        - 우리 겨레의 현묘지도(玄妙之道)에 관한 실마리, 갈래

★ 단전 - 수련의 길잡이
  유인학 著, 초록배매직스, 2000년
        - 우리 겨레의 현묘지도(玄妙之道)에 관한 실마리, 갈래

★ 국선도 1, 2, 3
  청산선사 著, 도서출판 국선도, 1974년, 1993년
        - 우리 겨레의 현묘지도(玄妙之道)에 관한 실마리, 갈래

★ 백두산족에게 告함
  권태훈 著, 정신세계사, 1998년

★ 일월오악도 1 - 대한황실 역사 연구
  안천 著, 교육과학사, 1998년

★ 일월오악도 2 - 대한황실 독립전쟁사 연구
  안천 著, 교육과학사, 1999년

★ CEO 칭기스칸 - 유목민에게 배우는 21세기 경영전략
  김종래 著, 삼성경제연구소, 2002년, 2006년

★ 해상왕 장보고 - 천 년 전의 글로벌 CEO
   한창수 著, 삼성경제연구소, 2004년, 2005년

★ 규원사화 - 우리 상고사에 대한 새로운 인식과 이해를 돕는 역사서
   북애자 著, 민영순 譯, 도서출판 다운샘, 2008년
     - 지금(2024년)까지 한국사 교과서에 없었던 역대 왕조 계보로서,
       신시(神市) 역대 왕(1대 환웅부터 18대 환웅까지)과
       단군조선 역대 왕(1대 단군부터 47대 단군까지)을 발견할 수 있다.

★ 환단고기
   계연수 編著, 안경전 譯, 상생출판, 2015년

★ 고깔모자를 쓴 단군 - 부여족의 기원과 이동
   정형진 著, 백산자료원, 2003년

★ 요하문명론 - 동북공정 너머
   우실하 著, 소나무, 2007년, 2010년

★ 하늘을 잊은 하늘의 자손 - 블랙홀 박사의 천문학 에세이
   박석재 著, 과학동아북스, 2008년, 2009년

★ 한국 7대 불가사의
   이종호 著, 역사의아침, 2007년, 2012년

★ 향가와 고려가요 - 초등학생이 꼭 알아야 할
   권영상 글, 황인옥 그림, 살림어린이, 2008년, 2009년

★ 신채호 조선상고사 - NEW 서울대 선정 인문고전 60선
   김대현 글, 최정규 그림, 주니어김영사, 2019년

★ 조선상고사, 한국통사
　신채호, 박은식 著, 윤재영 譯, 동서문화사, 1987년, 2012년, 2022년

★ 단군의 나라 카자흐스탄
　김정민 著, 글로벌콘텐츠, 2016년, 2020년

★ 이덕일의 한국통사
　이덕일 著, 다산호당, 2019년, 2020년

★ 우리 민족의 태극 - 고대 아메리카에 나타난
　손성태 著, 코리, 2017년

★ 우리민족의 대이동 - 아메리카 인디언은 우리 민족이다, 멕시코 편
　손성태 著, 코리, 2019년

★ 삼십오년 - 3. 1 혁명과 대한민국임시정부
　박시백 著, 박시백 畵, 비아북(ViaBook), 2018년, 2019년

★ 항일 음악 330곡집
　노동은 編著, 민족문제연구소, 2017년

★ 동경대전 1 - 나는 코리안이다
　김용옥 著, 통나무, 2021년

★ 동경대전 2 - 우리가 하느님이다
　김용옥 著, 통나무, 2021년

★ 용담유사 - 수운이 지은 하느님 노래
　김용옥 著, 통나무, 2022년

★ 내 노동으로 - 신동문 全集 - 詩
　신동문 著, 솔출판사, 2004년

★ 진달래꽃 김소월 시집

　김소월 著, RHK(알에이치코리아), 2020년, 2022년

★ 한정동, 윤극영 동시 선집

　한정동, 윤극영 著, 장정희, 전병호 編著, 지식을만드는지식, 2015년

★ 하늘과 바람과 별과 詩

　윤동주 著, 윤동주100년포럼 編著, 스타북스, 2022년

★ 시집 정지용(詩集 鄭芝溶)

　정지용 著, 시문학사(詩文學社), 2016년

- 노래

★ 노래 이름　：아름다운 나라 - 우리나라 하늘 아래 강산, 사람 관련
　소리꾼　　：신문희
　글쓴이　　：채정은
　가락 쓴 이 : 한태수
　찾아가기　：(유튜브) https://www.youtube.com/watch?v=2U8STbV8XK8

★ 노래 이름　：내 나라 내 겨레 - 우리나라 하늘 아래 강산, 사람 관련
　소리꾼　　：송창식
　글쓴이　　：김민기
　가락 쓴 이 : 송창식
　찾아가기　：(유튜브) https://www.youtube.com/watch?v=bR11gYZ44P4

★ 노래 이름　：솔아 솔아 푸르른 솔아 - 6. 10 민주 항쟁(1987년) 관련
　소리꾼　　：안치환
　글쓴이　　：박영근, 안치환
　가락 쓴 이 : 안치환
　찾아가기 : (유튜브) https://www.youtube.com/watch?v=nQobWOGxAIc

★ 노래 이름 : <u>광야에서</u> - 민주화 항쟁, 우리 겨레의 기상(氣像)
　소리꾼　　 : 김광석 / 노찾사(= 노래를 찾는 사람들)
　글쓴이　　 : 문대현
　가락 쓴 이 : 문대현
　찾아가기　 : (유튜브) https://www.youtube.com/watch?v=3PVFSkg4cXc
　　　　　　　　　　　https://www.youtube.com/watch?v=bXIzrDVj9pQ

★ 노래 이름 : <u>임을 위한 행진곡</u> - 5. 18 광주 민주화 항쟁(1980년) 관련
　소리꾼　　 : 노찾사(노래를 찾는 사람들)
　글쓴이　　 : 백기완
　엮은이　　 : 황석영
　가락 쓴 이 : 김종률
　찾아가기　 : (유튜브) https://www.youtube.com/watch?v=qe4vcP0yMfk

★ 노래 이름 : <u>진달래</u> - 4. 19 혁명 관련
　소리꾼　　 : 안치환
　글쓴이　　 : 이영도
　가락 쓴 이 : 한태근
　찾아가기 : (유튜브) https://www.youtube.com/watch?v=VeTbu9an4mo

★ 노래 이름 : <u>빛이 되소서</u> - 제주 4. 3 항쟁 관련
　글쓴이　　 : 이화인
　가락 쓴 이 : 한수란
　찾아가기　 : (유튜브) https://www.youtube.com/watch?v=K-sst56Zmmc

★ 노래 이름 : <u>잠들지 않는 남도</u> - 제주 4. 3 항쟁 관련
　소리꾼　　 : 안치환
　글쓴이　　 : 안치환
　가락 쓴 이 : 안치환
　찾아가기　 : (유튜브) https://www.youtube.com/watch?v=uYW7El4t3Uo

★ 노래 이름　　：광복절(光復節) 노래
　글쓴이　　　：정인보
　가락 쓴 이　：윤용하
　찾아가기　　：(유튜브) https://www.youtube.com/watch?v=vIbhZOVWmdo

★ 노래 이름　　：독립군가(獨立軍歌)
　찾아가기　　：(유튜브) https://www.youtube.com/watch?v=3g8Pnsky1e8

★ 노래 이름　　：사계(四季) - 노동자, 젊은이 전태일의 삶을 공감
　소리꾼　　　：노찾사(= 노래를 찾는 사람들) / 거북이
　글쓴이　　　：문승현
　가락 쓴 이　：문승현
　찾아가기　　：(유튜브) https://www.youtube.com/watch?v=8mTefWWXR1M
　　　　　　　　　　　　https://www.youtube.com/watch?v=K3a1u8-nCs4

★ 노래 이름　　：거치른 들판에 푸르른 솔잎처럼(= 상록수)
　　　　　　　　　　　- 고운 우리말, 노동자, 서민의 삶을 공감
　소리꾼　　　：김민기 / 양희은
　글쓴이　　　：김민기
　가락 쓴 이　：김민기
　찾아가기　　：(유튜브) https://www.youtube.com/watch?v=KsaNs_hLpSk
　　　　　　　　　　　　https://www.youtube.com/watch?v=dXKw26jA0no

★ 노래 이름　　：늙은 군인의 노래
　소리꾼　　　：김민기 / 양희은
　글쓴이　　　：김민기
　가락 쓴 이　：김민기
　찾아가기　　：(유튜브) https://www.youtube.com/watch?v=xahy5ZApOnc
　　　　　　　　　　　　https://www.youtube.com/watch?v=86Xr8I7iru0

★ 노래 이름 : <u>아 잊으랴 어찌 우리 이날을</u>
　글쓴이　　　 : 박두진
　가락 쓴 이 : 김동진
　찾아가기　　 : (유튜브) https://www.youtube.com/watch?v=MXFylNMIqR4

★ 노래 이름 : <u>전우야 잘 자라</u>
　글쓴이　　　 : 유호
　가락 쓴 이 : 박시춘
　찾아가기　　 : (유튜브) https://www.youtube.com/watch?v=TLrrSZXoVHY

★ 노래 이름 : <u>향수(鄕愁)</u> - 고운 우리말, 고운 우리 정서(情緖)
　소리꾼　　　 : 이동원, 박인수
　글쓴이　　　 : 정지용
　가락 쓴 이 : 김희갑
　찾아가기　　 : (유튜브) https://www.youtube.com/watch?v=h8V3bm8ioGM

★ 노래 이름 : <u>세상 모르고 살았노라</u> - 고운 우리말, 고운 우리 정서(情緖)
　소리꾼　　　 : 송골매 / 김완선
　글쓴이　　　 : 김소월, 이응수
　가락 쓴 이 : 나원주
　찾아가기　　 : (유튜브) https://www.youtube.com/watch?v=nb8DYvf-o0s
　　　　　　　　　　　 https://www.youtube.com/watch?v=5kDFFZGq2a0

★ 노래 이름 : <u>나들이</u> - 고운 우리말, 고운 우리 정서(情緖)
　소리꾼　　　 : 이광조
　글쓴이　　　 : 이정선
　가락 쓴 이 : 이정선
　찾아가기　　 : (유튜브) https://www.youtube.com/watch?v=CCcfooq5XXw

★ 노래 이름 : 92년 장마, 종로에서
　소리꾼　　 : 정태춘, 박은옥
　글쓴이　　 : 정태춘
　가락 쓴 이 : 정태춘
　찾아가기　 : (유튜브) https://www.youtube.com/watch?v=AJfvq8fVRX4

★ 노래 이름 : 아, 대한민국
　소리꾼　　 : 정태춘
　글쓴이　　 : 정태춘
　가락 쓴 이 : 정태춘
　찾아가기　 : (유튜브) https://www.youtube.com/watch?v=enlUWWxJ404

★ 노래 이름 : 친구 - 세월호 참사(2014년 4월 16일 오전 8시 50분 경)
　소리꾼　　 : 김민기
　글쓴이　　 : 김민기
　가락 쓴 이 : 김민기
　찾아가기　 : (유튜브) https://www.youtube.com/watch?v=pcO205NX4pc

★ 노래 이름 : 아침이슬 - 이한열 학생 장례식에 울렸던 노래
　소리꾼　　 : 김민기, 양희은
　글쓴이　　 : 김민기
　가락 쓴 이 : 김민기
　찾아가기　 : (유튜브) https://www.youtube.com/watch?v=NK1bX3fUrWE
　　　　　　　　　　　https://www.youtube.com/watch?v=gRRGT8cn0Z0
　　　　　　　　　　　https://www.youtube.com/watch?v=fb9f-7Nd0Ck

- 드라마

★ 드라마 이름 : 미스터 션샤인　연출 이응복, 극본 김은숙, 2018년

- 영화

★ 영화 이름 : <u>서울의 봄</u>   감독 김성수 / 주연 황정민, 정우성 외   2023년
★ 영화 이름 : <u>말모이</u>   감독 엄유나 / 주연 유해진 외   2019년
★ 영화 이름 : <u>천문</u>   감독 허진호 / 주연 최민식, 한석규 외   2019년
★ 영화 이름 : <u>택시운전사</u>   감독 장훈 / 주연 송강호, 유해진 외   2017년
★ 영화 이름 : <u>국제시장</u>   감독 윤제균 / 주연 황정민, 김윤진 외   2014년
★ 영화 이름 : <u>변호인</u>   감독 양우석 / 주연 송강호, 오달수 외   2013년
★ 영화 이름 : <u>광해</u>   감독 추창민 / 주연 이병헌, 류승룡 외   2012년

- 유튜브 영상 자료

★ 동아시아 30년 전쟁과 광주 민주 항쟁(광주 MBC 도올 특강, 도올 김용옥)
   - 찾아가기 : https://www.youtube.com/watch?v=COnFOmC4Rn0

★ 호남가(湖南歌, 광주 MBC 도올 특강, 도올 김용옥)
   - 찾아가기 : https://www.youtube.com/watch?v=8irTDuq0lRQ

★ 직지(直指)와 고려(高麗) 1부 ~ 4부 (충북 MBC, 도올 김용옥)
   - 1부 찾아가기 : https://www.youtube.com/watch?v=1DzKYa-dv-w
   - 2부 찾아가기 : https://www.youtube.com/watch?v=ol1K7HVadMA
   - 3부 찾아가기 : https://www.youtube.com/watch?v=l_ej5WoIY40
   - 4부 찾아가기 : https://www.youtube.com/watch?v=dBhsua7e63M

★ 한국천문연구원 - 창립 50주년 뮤직비디오, 제목 : Shine Like a Star
   - 찾아가기 : https://www.youtube.com/watch?v=tA6sPmpbx-w

★ 한국천문연구원 - 창립 50주년 홍보 영상
   (KASI, Korea Astronomy and Space Science Institute)
   - 찾아가기 : https://www.youtube.com/watch?v=YhH1Z21vOKI

역사 관련
젊은이 키팅샘의 실천

歷史 history
young human　　　Key★Think 선생님　　　實踐 practice

■ 20대 때 나(키팅샘)는 우리나라(대한민국)의 정치 형태를 민주공화제에서 입헌군주제로 바꾸기를 바랐다.
50대인 지금(2024년)의 나는 우리나라(대한민국)의 정치 형태를 지금 이대로 민주공화제이기를 바란다.

입헌군주제이든 민주공화제이든 나에게는 두 가지 모두 수단일 뿐이다.

20대 때 나는 <u>나, 너, 우리</u>의 모습에 관하여 <u>나, 너</u>가 참 자신을 알아챌 수 있기를 바랐다. <u>우리</u>가 참 우리를 알아챌 수 있기를 바랐다.

20대 때 나의 바람에 비추어 당시(30여 년 전) 우리나라 사람들의 시민 의식 수준을 살필 때, 입헌군주제가 낫다고 판단했다. 해방(1945년) 후 당시(1990년대)까지 우리나라의 민주공화제의 질곡 많았던 과정을 극복하기 위한 수단, 우리나라가 반드시 이뤄내야 하는 통일을 이루어 내기 수단, 우리나라와 우리나라 주변 및 세계 모든 나라를 아울러 판단할 때 멋드러진 독립국가로서, 존경받을만한 모범국가로서 바로서기 위한 수단으로서 입헌군주제가 낫다고 판단했다.

대대손손 이어왔던 왕조로서 우리들의 힘으로 민주공화제를 이뤄낸 것이 아니고 당시 우리의 못남(왕조의 무능함 등)과 스스로 바른 나라로서 바로 설 수 있는 자질과 품격을 갖추지 못했던 일본의 잘남(일본의 무도하고 강력했던 힘)에 의해 처참하게 망가져 갔던 우리의 왕조를 당시(1990년대) 민주주의에 걸맞게 다시 바로 세울 수 있는 수단으로서 입헌군주제가 낫다고 판단했다.

50대인 지금(2024년)의 나는 20대 때 나의 바람에 비추어 지금(2024년) 우리나라(대한민국)의 시민 의식 수준을 살필 때 과거(내가 20대 때 판단했던) 우리를 이끌어 줄 어른으로서 군주가 필요했던 입헌군주제가 아닌 현재(내가 50대인 지금 판단할 때) 우리(대한민국 민중(民衆))는 대한민국의 주인으로서 우리 자신의 역량(力量, 이뤄낼 수 있는 힘)으로 우리나라를 보듬어 안고 살아갈 수 있는 민주공화제의 주역으로서 이미 성장해 있다는 판단이다.

인연을 지었고, 인연을 짓고 있는 학생 모두에게

키팅(Key★Think)샘 보냄   2023. 秋 ~ 2024. 冬

□ 학사 학위 논문(學士 學位 論文, 1996년)

　1996년 나(키팅샘)는 4학년 졸업반으로서 학사 논문을 준비하고 있었다. 당시 학사 논문에 대한 우리나라 사회 의식 정도는 박사 또는 석사 논문도 아닌 학사 논문 주제에 라고 하면서 논문으로서 가치를 부여할 수 없는 수준 낮은 것 정도로 취급을 했었다. 그러한 까닭에 학사 논문 작성은 논문 주제와 관련한 책 등을 도서관에서 빌려 짜깁기 방식으로 제출하는 것에 관하여 문제의식이 크지 않았던 사회 분위기였다.

　당시 우리나라 사회 의식 정도가 그러했던 것 같다. 이와 같은 판단이 나(키팅샘)만의 착각이라면 오히려 다행일 것이며, 당시 우리나라 사회 의식 정도를 얕잡아 보거나 비난함에 따른 판단은 아니다. 사람 세상은 본래 그러한 것이라고 여기기 때문이다. 사람 세상에 관하여 본래 그냥 그러하다는 것이다.

　<u>나만이라도</u> 하는 마음으로 살아가는 사람들이 있고, <u>남들 다 하는데</u> 하는 마음으로 살아가는 사람들이 있고, <u>별다른 생각없이 이로움을 쫓아 상황에 맞춰</u> 살아가는 사람들이 있는 것이 사람 세상이라는 것이다. <u>이렇게 저렇게 모두 섞여 살아가는 것이 사람 세상이라는 것이다.</u>

　<u>그러한 사람 세상 속에서 나(키팅샘)는 나만이라도 하는 마음으로 살아가는 것을 선택했을 따름이다.</u> 나만이라도 하는 마음으로 살아가다 문득 나를 살핌에 게으름이 자리하거나 주변 상황에 흔들려서 <u>나 또한 남들 다 하는데 하는 마음을 선택할 때면 남들 다 하는데 하는 마음으로 살아가는 사람들을 사람으로서 이해할 수 있는 내 마음의 넓이와 깊이가 커지고 깊어짐에 감사함으로 살아갈 따름이다.</u>

나(키팅샘) 자신에 대해서는 너무 책망(責望, 잘못을 혼내거나 마땅하지 않게 여김)하지 않으면서도 성찰(省察, 반성하고 깨달음)하며 책임 의식을 가지고 훈습(熏習, 자신의 몸과 마음(생각, 감정, 행동)에 습관으로 다져지는 과정)하지 않도록 나 자신을 살피며 살아갈 따름이다.

공부하는 사람으로서 갖춰야 할 도덕(道德 - 글쓴이를 존중하는 마음(저작권(著作權) 관련) 등) 측면 역량 함양 등에 있어서 보다 바람직한 방향으로 어제보다는 오늘, 오늘보다는 내일이면 조금이라도 성장하기를 바라는 마음으로 살아갈 따름이다.

50대인 지금(2024년)의 내가 20대(1996년) 때의 내가 정성으로 준비하고 제출했던 학사 학위 논문을 30여 년 만에 꺼내 읽으면서 논문 형식과 내용 측면에서 논문이라고 할 수 없을만큼 엉터리임을 알아채면서 부끄러웠다. 부끄러움에 한바탕 웃었다.

1996년 당시 나만이라도 하는 마음으로 학사 학위 논문을 준비하기 위해 낯설기만 했던 서울이라는 도시를 헤매면서 찾았던 서울교육대학교와 서울 방배동 길. 교수님을 뵙고, 황손(皇孫)님을 뵙고 면담(인터뷰)했던 지난 30여 년이라는 세월에 그만 나(키팅샘)는 한바탕 가슴을 쓸어내렸다.

학사 학위 논문(1996년 졸업 논문)
제목 : 행정 개혁으로서 '입헌군주제로의 행정 구조 개편' 고찰

제 1 장 서 론

제 1 절 연구 목적

본 연구의 목적은 행정 구조를 '입헌군주제(入憲君主制)'로 개편하자는 것으로서, 과거의 전제군주제가 아닌 현재 민주주의의 모국이라고 하는 영국과 같은 민주적 입헌군주제를 시행하자는 것이다.

행정학과 신입생일 당시 행정학 원론을 펼쳐보았을 때 의문점을 갖았던 것이 있다. 그것은 전반적인 행정학 분야가 미국의 행정학에서 그 출발점을 갖고 있으며 연구되어 왔다는 것이었다. 즉 역사가 일만년이라고도 하는 우리 한민족(韓民族)에게 있어서 200년 남짓한 미국의 행정학이 어떻게 출발점이 될 수 있느냐와 소위 원강(元講)이라고 불리는 강의 과목이 어떻게 한글이 아닌 영어이어야만 하는가였다.
이러한 의문점을 갖고 해결점을 찾고자 노력해 보았고, '입헌군주제'가 그것의 해답일 수 있겠다는 결론에 도달하게 된 것이다.

「어느 마을이 있는데, 그 곳에는 멀리에서도 보이는 높고 넓은 고목나무가 한 그루 서 있다. 바라보기만 하여도 당당함으로부터 풍겨나오는 안락함이 느껴졌을 이 나무에는 이야기가 있다.
대략 100여 년 전쯤에 이 나무에는 커다란 불이 났었는데, 화마(火魔)가 거의 삼키려던 순간에 다행히 많은 비가 내려주어서 살아날 수 있었다는 것이다.
그 후에 불로 인한 상흔 부위를 메꾸고 건강 주사를 놓아주었다고 한다. 그런데 화마로 인해 생긴 커다란 구멍을 메꾼다는 것이 그 나무에게는 아무래도 어울리지 않는 것으로 메꾸었는지 자꾸만 덧이 났고, 건강 주사라고 놓은 것은 오히려 부작용을 낳았으며 이러한 문제점은 제대로 해결되지 못한 상태로 나무는 100여 년의 시간을 보내야만 했다는 것이다.
다행히도 워낙 나무 자체의 뿌리가 깊고 건실하여 현재 싱싱한 나뭇잎을 갖고 있지만 열매는 알차지 못했고, 약간의 환경 변화에도 많은 영향을 받는다는 것이다.」

지금 이 나무에게는 무엇이 필요할까?

그것은 이 나무의 상흔에는 체질에 맞는 것으로 다시 메꾸어 개선하고, 진정한 건강 주사를 놓아준 뒤 지속적인 보호를 해주어야 할 것이다. 그렇게 되면 이 나무는 무엇으로도 중지시킬 수 없는 생명력으로 반드시 진정한 열매를 맺을 수 있을 것이다.

위에 제시한 이야기는 행정구조를 '입헌군주제'로 개편하자고 하는 이유라고 할 수 있다. 즉 본 연구의 논제(論題)는 오늘날 우리나라가 갖고 있는 소위 총체적인 부실 현상(不實 現狀)의 원인을 정통성 부재(正統性 不在)에서 살펴보면서,「우리 행정(行政)」부재(不在) 원인 또한 우리나라의 정통성을 100여 년 전까지 계승해 왔던 '대한제국의 황실'을 찾는 것으로부터 출발하는 것이다.

이와 같이 본 연구는 우리 한민족(韓民族)의 정통성을「과거 우리 황실(皇室)」에서 살펴보고 일제 강점기 이후부터 해방 직후의 잘못된 격동기 과정을 통하여 상실된 정통성 즉 구심점을 찾고자 한 것이며, 다행스럽게도 그로부터 우리나라의 정통성이 될 수 있는 '우리 황실'이 그 명맥을 유지하고 있기에「현재 우리 황실」을 복원하는 방향으로 '민주적 입헌군주제로의 행정 개혁'을 함으로써「우리 행정」을 찾을 수 있다고 본 것이다.

이렇게 볼 때 우리나라를 진실로 바로 세우기 위해서는 일제강점기 이전 상황을 고찰해 보고, 그것을 현실에 맞게 개선하여 과거와 현재를 연결시켜 우리의 미래를 준비해야 한다고 보며, 그것을 위한 하나의 대안(代案)으로 개인적으로는 분명한 대안이라고 보는 '입헌군주제'를 제시하는 것이다.

제 2 절 연구 범위와 연구 방법

1. 연구 범위

그리스 신화를 읽은 사람이면 '쌍둥이 별자리'에 관하여 알고 있을 것이다. 이 쌍둥이의 주인공은 트로이 전쟁의 원인이 된 헬레네와는 남매 관계의 사람으로서 이름은 형이 카르트로, 동생이 플룩스이다. 이 쌍둥이는 함께 있어야만이 살 수 있는 깊은 우애를 갖고 있다고 전해지며 그러한 이유로 형제애를 칭송할 때 인용되곤 한다.

개인적으로는 정치와 행정은 이와 같은 쌍둥이라고 본다. 다만 형이 정치(政治)이고 동생이 행정(行政)이 된다고 본다. 아무래도 행정은 정치의 영향력 아래에 있다고 보기 때문이다.

이와 같은 관점에서 연구의 범위를 정리하면 아래와 같다.

1) 행정학 분야 : 행정 개혁을 중심으로 리더십(Leadership)에 촛점을 맞추었다. 그리고 이것에는 조직 설계, 주민 참여, 정보의 흐름 부문을 살펴봄으로써 입헌군주제로써 행정 개혁에 대한 타당성을 살펴보았다.

2) 행정과 관련된 정치 분야를 아래와 같은 위치에서 간략하게 정리하였다.
   (1) 한반도 측면 문제 : 통일 문제와 대한민국 대학생이 갖고 있는 문제
   (2) 국제 관계 측면 문제 : 일본, 중국과 미해결 상태인 역사적 현황인 영토·영해 문제와 러시아 등에 흩어져 있는 한민족 교민 보호 문제

2. 연구 방법

입헌군주제를 실질적으로 주장하고 있는 교수님을 뵙기 위해 서울로 찾아가 방문 면담(인터뷰)과 관련 문헌 연구 및 현황 분석을 연구 방법으로 삼았다.

제 2 장   현황과 문제점

제 1 절 『우리 행정』의 부재화(不在化) 현황 [1]

우리 행성의 부재화 현황은 역사적 측면에서 살펴볼 수 있겠다.
우리 역사의 정통성은 일본의 강점 시기를 기점으로 상당 부분 왜곡된 상태로 현재까지 이르렀다고 본다. 구체적으로 보면 다음과 같다.

1) 일본 강점기 : 대한제국 황실의 붕괴 기도, 민족 의식 말살을 위한 일환으로써 창씨 개명, 신사 참배 등을 볼 때 너무나 악질적으로 우리 민족을 괴롭혔다.
2) 민족 해방 : 독립 운동은 존재하였으나 결과적으로 볼 때 상당 부분 세계 흐름에 의한 어부지리격인 불완전한 독립이었다.
3) 민족 분단과 민족 간 전쟁 : 상당 부분 타 세력에 의한 불완전한 독립이었기에 그 세력과 그 세력에 영합한 두 사람(이승만·김일성)을 기화(奇禍)로 민족은 분단되고 그것의 비극이 바로 동족 간 전쟁으로 나타났고, 그것은 현재까지 잠재적인 전쟁을 하고 있다.
4) 대한민국(남한)에 있어서 해방 후 상황
  (1) 이승만 정부 : 정통성 부재(우리 민족 전통적인 정통성은 황실에 있었기 때문이다.)와 불완전한 지지 기반 세력이라는 약점을 극복하고자 자신의 우상화(偶像化)와 실질 정통성을 갖고 있는 황실에 대한 무자비한 억압과 그것에 대한 국민 교육의 악이용, 서구 양식인 대통령제와 기타 이데올로기를 급진적으로 받아들임으로써 현재까지 국가 전반에서 문제를 양상시키게 되는 원인을 제공하였다. 물론 친일세력을 제거하지 않은 이유 또한 자신의 정권 야욕이었다고 할 수 있다.
  (2) 이승만 정부 이후 : 일본이 강점기를 통해서 우리 민족 말살 정책을 실시한 것을 이승만 정부는 자신의 정치 야욕을 위해서 우리 민족 정신 말살을 실천하여 일본의 못다 이룬 일을 마무리 지었다고 볼 수 있다.

---

[1] 安 天 . "皇室은 살아있다." (인간사랑 社 : 1994. 8.)

그리하여 그 후 정통성이 없는 정치의 세계가 무질서와 혼돈의 상태로 빠지게 되었고 그에 따라 행정 역시 근본 뿌리가 없는 상태에서 불안과 혼돈에 빠져 왔고, 폐쇄와 경직 또는 독선으로 줄달음쳐왔던 것이다.

제 2 절 『우리 행정』의 부재화에 따른 문제점

『우리 행정』의 부재화에 따른 문제점은 '위에서부터 아래'에 이르기까지 사회 전체에 가득 채워져가고 있다고 볼 수 있다. 시사성(時事性)을 갖고 문제점을 간략하게 정리하면 다음과 같다.

1. 행정부 수반으로서 대통령이 갖고 있는 문제점

대한민국 주인인 국민의 한 사람으로서 1996년 1월 김영삼 대통령의 국정기조 연설을 열심히 들었던 기억이 있다. 하지만 그 연설을 들으면서 심각한 모순을 느끼게 되었고, 잘못되어 있다는 것을 알게 되었다.

김영삼 대통령은 정치 자금 유용설에 대해서 "불법적으로 정치 자금을 받은 것은 사실이나 개인을 위한 정치 자금 유용은 없었으며 모두 정치 활동을 위해서 사용하였다." 고 연설하였다. 이 연설을 들으면서 심각한 모순을 발견하게 되었는데, '불법적인 정치 자금 수수도 정치 활동에만 쓰여지면 불법이 아니라는 것인가? ' 라는 것이었다.
즉 행정부 수반은 법을 가장 준수해야 할 모범이 되어야 하는 직책인데, 대통령부터 준법정신 즉 '법치주의'를 무시하거나 잘못 알고 있다고 볼 수 밖에 없었던 것이다.
개인적으로는 1996년 현재의 대통령이 정치 생활을 한 시기가 바로 정통성(正統性)을 잃은 우리나라 안에서 기득권층이 주도하여 임의적으로 헌법(憲法)을 마치 종이 오려 붙이기 방식으로 다루었던 시기였기 때문일 것이라고 여겨진다.

2. 그 외 나타난 문제점

(이하(以下) 내용은 다분히 행정 분야에는 다소 거리감이 있지만 이 논문의 논제와 관련한다고 보기 때문에 간략하게나마 정리하였다.)

1) 행정·정치 부문 :
  (1) 통일 문제에 있어서 불완전한 행정 정책과 그에 따른 대학생들의 시위
    (예 : 1996년 8월 연세대학교에서의 한총련 시위)
  (2) 공무원들의 잇따른 비리 파문
2) 국방 부문 : 미국 의존적 국방 정책으로 인한 것으로 육군 중심의 불균형적이고 불완전하며 강하지 못한 국방력
3) 경제 부문 : 경제인들의 불법인 정치 로비 제공에 의한 사법부의 실형(實刑) 선고
4) 교육 부문 : 정치 논리에 의한 교육 행정의 『우리 교육』 부재화 현상
5) 사회 부문 : 지존파, 막가파와 같은 조직 범죄 집단에 의한 엽기적인 살인 사건 발생
6) 문화 부문 : 우리 문화를 중시하는 것은 마치 시대 착오적인 입장으로 보는 현재 청소년들의 시각
7) 국제 관계 부문 : 국제 관계에 있어서 간도나 독도와 같은 영토 문제와 영해 문제 그리고 한민족 교민 보호 문제

이상으로 열거한 문제점들이 드러난 대표적인 현상으로 상식적으로는 도저히 이해할 수 없는 인재(人災)가 있다. 그것은 성수대교 붕괴, 삼풍백화점 붕괴에 의한 생명 잃음이 바로 그것이며, 더욱 심각한 문제점인 것은 이러한 사고가 앞으로도 계속해서 나타날 가능성이 상존하고 있다는 것이다.

제 3 장   행정 개혁의 필요성

(본 논문 주제인 '입헌군주제로의 행정개혁에 관한 주장'에 대해 이해를 돕기 위해 백완기(白完基)씨의 '행정학' (1995. 1.)에서 <u>행정 개혁</u> 부문을 정리하였다.)

제 1 절   행정 개혁 2)

1. 행정 개혁의 의미

행정 개혁은 조직 내외(內外)에서 일어나는 거시적이고 정치적이며 전면적인 현상으로 행정 고위층의 정치적 결단을 내포하고 있는 개념이라고 할 수 있다. 여기서 행정 개혁은 행정 내부의 관리 개선, 절차, 기법들의 변화와 구별하는 것으로 행정 개혁을 Frederick C. Mosher의 의견에 따라 변화되는 주위 환경에 효율적으로 적응하고 대처하기 위해서 행정부가 '의식적으로 추구하는 기획된 변화'라고 할 수 있다.

2. 행정 개혁의 발생 계기

어느 조직체나 자연적·사회적·문화적 환경 속에서 생성·발전·소멸하는 생태적 실체로서 운명을 지니고 있다. 행정 체제(行政 體制)도 예외는 아니다. 행정 체제가 내외 환경적 변화에 조화되지 못할 때 기능상의 역기능, 구조상의 모순, 조직과 개인과의 모순, 조직과 환경과의 모순 등을 노정(露呈)시킨다.
 이러한 모순 관계를 야기시키는 요인들이 행정 개혁의 계기가 된다. 발생의 계기를 구체적으로 설명하면 다음과 같다.

1) 새로운 철학의 추구
 국가나 정부가 새로운 철학을 추구할 때에 이것을 뒷받침하기 위한 수단으로 행정 개혁은 필히 나타나게 된다. 이 때 기존의 행정 구조를 재편할 수도 있고, 새로운 행정 기관을 창설할 수도 있다.

---

2) 白完基, "行政學"(博英社, 1995. 1.), pp. 446 ~ 457.

2) 새로운 과학·기술의 등장

　새로운 과학·기술이 행정 운영에 도입·원용될 때에 이것은 행정 개혁의 직접적인 씨앗이 된다. 컴퓨터의 등장이 행정 운영 및 조직의 변화에 얼마나 많은 영향을 끼쳤는가를 보면 가히 짐작할 수 있다.

3) 불필요한 기능의 중복

　대부분의 행정 개혁은 불필요한 기능 중복으로 인한 비능률의 제거에 주목적이 있었다.

4) 전쟁이나 혁명 등의 정치적 사태

5) 인구 및 원객(願客) 구조의 변화

　단순한 인구의 증가도 행정 개혁의 원인이 되지만, 인구 구조의 변화는 행정 개혁의 직접적인 원인이 된다.

6) 공공 영역의 축소에 대한 요망

　정부의 규제나 간섭의 범위가 줄어들 때에 공공 영역은 축소된다. 규제 및 간섭의 범위가 확대될 때에도 행정 개혁의 원인이 된다는 것은 말할 것도 없다.

3. 행정 개혁의 접근 방법

1) 구조적 접근 방법

　구조적 접근 방법은 조직의 구조적 설계를 재조정함으로써 행정 개혁의 목적을 달성하려는 접근 방법이다.

　구조적 접근 방법에서 노리는 것은 집권화와 분권화의 확대, 또는 전통적 원리에 따라서 행정 조직을 재편성하는 것이었다. 전통적 원리란 명령 통일의 원리, 통솔의 원리, 부서 편성의 원리 등이다.

2) 과정적 접근 방법

　과정적 접근 방법은 조직내의 운영 과정 또는 일의 흐름을 개선하려는 방법이다. 과정론자들이 주로 생각하는 방법은 OR(operational research)이나 EDPS(electronic data processing system)등이다.

3) 행태적(인간 관계적) 접근 방법

　행태적(行態的) 접근 방법은 개혁의 초점을 인간에게 둔다. 즉 인간의 능력을 개발함으로써 행정 개혁의 실효를 거두려는 입장이다. 이 기법은 사회 심리학이나 행태 과학에서 개발한 실험실 훈련, 팀 개발, 과정 상담 등이다.
　즉 인간의 태도와 가치관을 변화시키고, 인간의 능력을 개발시킬 때에 행정 개혁이 이루어진다는 것이다.
　행태적 접근 방법이라고 해서 조직 문제를 다루지 않는 것은 아니다. 즉 분권화·수평 조직·직무 확장 등은 이들이 원하는 조직 형태이다.

이상에서 설명한 접근 방법들은 행정의 일면만을 강조한 접근 방법이다. 이들 접근 방법들은 상호 보완 관계에 있는 것으로, 행정 개혁은 행정의 총괄적 개혁이기 때문에 구조·과정·인간을 다 같이 개혁의 대상으로 생각해야 한다.

이와 같이 행정 개혁에 관하여 정리하였는데, 「제2장. 현황과 문제점」에서 언급한 것을 숙지하고, 이것과 연관지어 살펴보면 입헌군주제로의 행정개혁은 타당하다고 볼 수 있다.
　무엇보다 근본이 없는 『우리 행정』에 있어서 이러한 정부 형태로의 행정개혁은 필요하다고 본다.

제 4 장   대안에 관한 검토

제 1 절 행정 개혁으로서 '입헌군주제'로의 행정 구조 개편 3)

1. 정당성

1) 전제군주제 정부 형태 :

　우리 민족의 전통 행정 정부 형태로서 대한제국 이후에는 황제로 승격한 황실이 존재하였고 그 당시 우리 민족에게 대해서 정통성을 갖고 있었다.
　또한 황실의 붕괴는 우리 민족 스스로의 변화에 의한 것이 아니고 일본의 강점기를 통한 일본의 너무도 악랄한 목적과 방법에 의한 것이었다.
　한 편 일본의 강점기에 국가 안위에 가장 충성한 존재가 바로 황실이었음을 간과할 수는 없다.

2) 1945년 민족 해방 이후의 정부 형태 :

　정통성을 왜곡한 이승만 정부로부터 출발하였기에 이후의 정치는 무질서와 혼란에 빠지게 되었고 행정부 역시 정당성과 안정성 그리고 중립성을 잃고 폐쇄와 경직 또는 독선으로 줄달음쳐왔음은 앞에서 논거한 「제2장. 현황과 문제점」에서 언급하였다.
　이러한 이유로 1996년의 김영삼 정부 역시 상당한 정도의 정당성을 갖고 있다고 할 수 있지만 1948년의 왜곡된 정부로부터의 출발이었기에 한계를 갖고 있다.

3) 외국에서의 실례(實例)

　민주주의가 발달한 영국, 일본, 네덜란드, 스페인과 같은 국가는 입헌군주제를 착실히 실천하고 있는 국가이다.

---

3) 安 天, "皇室은 살아있다." (인간사랑 社 : 1994. 8.)
　　　"단군할머니論 - 잊혀진 皇后 쥬리아" (민족문화社 : 1995. 10.)
　　　"首善社會 제 7 집 (별책) - 초기 皇室복원운동에 관한 연구"
　　　(서울교육대학교 사회과교육과 : 1995. 8.)

그런데 이상에서 반드시 원칙으로 정리해야 할 것이 있다. 그것은 이 논문의 주제인 입헌군주제는 과거 전제군주제로의 회귀를 의미하는 것이 아니라는 것이다.

입헌군주제의 군주는 상징적인 존재로서 대내적으로는 국가의 구심점이 되며, 대외적으로는 국가의 대표가 되는 것이며 실질적 국가 운영은 총리가 실행하는 정치 제도이어야 한다.

그 이유는 인류 역사상 아직까지는 민주주의 이상의 이데올로기가 존재하지 않으며, 현재의 우리나라는 자유민주주의를 추구하는 국가이기 때문이다.

2. 타당성

1) 리더십(Leadership)에 관련하여 볼 때 우리나라에는 정통성을 갖고 있는 입헌군주제가 바람직하다.

여기에서의 리더십이란 상징적인 지배라고 해야 하며 이렇게 볼 때 군주로서는 아직 생존해 있는 황실 자손이 되어야 함은 마땅하다.

이 주장에 대해 이해를 돕기 위해 백완기씨의 '행정학'(1995. 1.)과 이창원·최창현씨의 '새 조직론'(1996. 3.)에서 「리더십」부문을 정리하면 다음과 같다.

(1) 리더십(Leadership)의 개념 [4]

전쟁의 승패로부터 운동 경기의 승패에 이르기까지 리더십의 중요성은 강조된다. 즉 승패의 결정 요인이 리더십이라는 것이다. 그러면 리더십이란 무엇인가?

그것은 목표 성취를 위한 힘의 동원 능력(動員 能力)이라는 것이다. 그런데 여기서 힘의 동원(動員)이란 강제성에 의한 것이 아니라 자발적인 것으로 유도된 것이다.

리더십의 핵심은 특정의 인간이 다른 사람들을 자기가 바라는 방향으로 유도하는 능력이라고 할 수 있다. 여기서 리더십은 끌려 다니고 인도되는 것이 아니라 행동하게끔 유도되는 것이다.

---

[4] 白完基, "行政學"(博英社, 1995. 1.), pp. 285 ~ 286.

(2) 리더십의 중요성 5)

조직이 추구하는 목표를 효과적으로 달성하기 위해서는 조직 구성원인 개인과 그들 개인으로 이루어진 집단의 협조가 필요한데, 이러한 협조를 유도하고 조정하며, 이를 조직의 성과에 연결시키는 필수적 조직체 요인이 리더십이기 때문이다.

(3) 리더십의 구성요소 - Cecil A. Gibb의 주장 - 6)

① 지도자

지도자란 지도 역할을 하는 사람을 말한다. 지도 역할에는 공식적인 것과 비공식적인 것이 다 같이 포함된다. 여기서 계층 구조의 고위직을 점한 자만이 지도자라는 논리는 성립하지 않는다.

② 집단

집단이란 공동의 목표를 성취하기 위해서 서로 상호 작용하는 두 사람 이상의 모임을 말한다. 여기서 리더십은 어디까지나 집단 역할을 수행하는 것을 말한다.

③ 추종자

추종자의 추종 행위 없는 리더십은 있을 수 없다. 여기서 지도와 추종은 서로 상대방을 전제로 해서 성립하며, 양자는 동업자의 관계이지 배타적 관계는 아니다. 또한 추종자라고 해서 반드시 소극적인 추종 행위만 하는 것이 아니라 적극적인 역할도 한다.

④ 상황

상황이란 개인이나 집단들이 활동 과정에서 의존하고 다루어야 할 일련(一連)의 가치 및 태도 체계라고 할 수 있다.

---

5) 이창원.최창현, "새 조직론"(대영문화社 : 1996. 3.), pp. 253 ~ 254.
6) 白完基, "行政學"(博英社, 1995. 1.), pp. 286 ~ 288.

상황적 요소로는 ⓐ 조직원 간 관계 구조 ⓑ 집단의 성격 ⓒ 문화의 성격 ⓓ 물리적 조건 ⓔ 요소들에 대한 개념 작용을 들 수 있다.
　상황적 요소가 변화 가능성이 많고 유동적이라는 것은 말할 것도 없다.

⑤ 과업(課業)
　과업은 집단 구성원들이 목표 성취에 종사하는 모든 프로그램 및 활동의 총체(總體)라고 할 수 있다.

2) 조직 설계(組織 設計)
　행정학의 관리적 성격과 관련하여 보았을 때 입헌군주제가 바람직하다. 조직의 설계란 조직의 목표, 분업의 유형, 조직 단위 간 조정 및 구성원 간의 동질화 조화를 가져 오게 하는 것을 의미한다. 따라서 전략적 선택이라고 할 수 있다.

　여기서 전략적 선택이란 다음과 같다. [7]

(1) 목표의 선택 : 활동 영역의 선택과 구체적인 목표의 설정이 포함된다.
　이 때 조직을 국가라고 보았을 때, 우리 민족에게는 전통적으로 세계적인 시각에서 '홍익인간(弘益人間)'을 추구해 왔으며 현재에 와서는 경제 측면에 치중한 1970년대 이후의 '잘 살아보세'로 활동 영역이 상당히 축소되었다고 볼 수 있다.
　그러나 정통성이 부재하여 근본이 흔들리고 있는 상황에서는 '잘 살아보세'의 신화는 한계가 있을 수 밖에 없다. 이것이 입헌군주제가 바람직하다고 하는 이유이다.

(2) 조직 단위 간 조정 :
　현재 남북한으로 대치하고 있는 하나이면서 두 개인 국가를 조직이라는 측면에서 보았을 때 두 조직을 합쳐 통일을 이루는 것에 있어서도 입헌군주제가 하나의 대안이 될 수 있다.

---

[7] 上揭書, pp. 274 ~ 276.

(3) 구성원 간 동질화 :

　　현재 남북한 구성원 간 심각한 이질감을 회복하기 위해서라도 두 국가가 갖고 있는 공통점을 찾아 함께 해결할 필요성이 있으며 이 때 입헌군주제가 하나의 대안이 될 수 있다.

3. 입헌군주제를 실시함에 따른 기대 효과 [8]

　행정학을 전공한 필자에게 있어서는 무엇보다 『우리 행정』 부재화(不在化)를 극복할 수 있는 것을 기대 효과로 제시하고자 하며, 다음에 정리한 기대 효과는 다분히 『우리 행정』과 관련된다고 보기 때문에 아래와 같이 제시하였다.

1) 민족 통일의 정당성을 확립하게 된다. 남북한 정권 모두에게 군주에게 귀속되어야 할 필요성을 수반하게 된다. 이것을 구체적으로 살펴보면 다음과 같다.

　　민족 통일의 구심점으로 군주를 세우고 남북한에게는 통일의 중간 단계로 국가 연합 단계를 결성하여 군주로 하여금 국제 연합의 매개 혹은 완충장치가 되도록 해야 함을 의미한다.

　　또한 개인적으로는 현재 대한민국(남한)의 일부 대학생들의 통일에 관한 주장에 있어서 하나의 대안으로서 이러한 의식 전환은 충분한 가치가 있다고 본다.

2) 유구한 민족사에 바탕을 둔 정치·행정적 전통성과 정통성을 정립하게 되고, 해방 이후 일천(日淺)한 역사를 가진 신생국이란 착각을 떨칠 수 있다.

3) 국가의 위상을 높이고 정치·행정적 안정성을 회복하며, 대외적 권위를 높일 수 있다.

4) 국민 전체에게 정치적 신선감을 불어 넣으며, 국민을 단결시킬 수 있다.

---

[8] 安 天, "皇室은 살아있다." (인간사랑 社 : 1994. 8.)

제 5 장 요약 및 결론

이상에서 "입헌군주제로의 행정 개혁"에 관하여 논(論)하였다.

이것은 정통성 즉 구심점이 상실된 상태로 시간을 보낸 해방 이후 1996년 현재까지 역사적 고찰을 통해서 행정학 분야에서 '행정 개혁' 부문을 중심으로 오늘날 우리나라 전반에 걸쳐서 발생하는 일련(一連)의 사건들에 관한 해결 방안으로서 이 논제(論題)를 제시한 것이다.
즉 『우리 행정』의 부재(不在)를 정통성 부재에 의한 것으로 인식하고, 그러한 정통성을 일본 강점기와 민족 해방 직후 격동기 과정을 거치면서도 1996년 현재까지 명맥을 유지하고 있는 「우리 황실」에서 찾은 것이다.

구체적으로 요약하면 위와 같은 시각(視覺)에서 「우리 행정」의 부재에 따른 현황과 파생되어 나타나는 문제 제시를 통해서 행정 개혁의 필요성을 논(論)하고 해결 방안으로 '입헌군주제로의 행정 구조 개편'을 제시하면서, 행정 구조 개편에 대한 정당성, 타당성, 기대 효과를 정리하였다.

물론 여기에서 제시하는 '입헌군주제'는 과거 우리나라에서 실시되었던 '전제 군주제'로의 회귀를 의미하는 것은 아니다.
입헌군주제의 군주는 상징적인 존재로서 대내적(對內的)으로는 국가의 구심점이 되고 대외적(對外的)으로는 국가의 대표가 되는 것이며, 실질적 국가 운영은 총리가 실행하는 정치 제도이어야 한다는 것이다.
그 이유는 인류 역사상 아직까지는 민주주의 이상의 이데올로기가 존재하지 않으며, 현재의 우리나라는 자유민주주의를 추구하는 국가이기 때문이다.

〈 참고 문헌 〉

백완기, '행정학' (博英社, 1995.)
이창원·최창현, '새 조직론' (대영문화사, 1996. 3.)
양성길, '한국 정부론' (博英社, 1994. 7.)
변태섭, '한국사 통론' (삼영社, 1994. 8.)
안 천, '황실은 살아있다' (인간사랑 社, 1994. 8.)
     , '首善社會 제7집(별책) - 초기 황실복원운동에 관한 연구'
         (서울교육대학교 사회과학교육, 1995)
     , '首善社會 제8집 - 항일 국모 민갑완의 수절 항일 독립운동에
        관한 연구' (서울교육대학교 사회과학교육, 1996. 8.)
     , '단군할머니론(論)' (민족문화사, 1995. 10.)
SBS 방송국, '그것이 알고 싶다. - 조선 황실은 살아있다' (1995. 2. 4.)
일요서울, '역사 찾기 - 잃어버린 황실「복원하자」움직임'
       (제84호〈사회면〉, 1995. 12. 17.)
       '일제가 처참히 붕괴시킨「옛 황실을 복원시키자.」'
       (제131호〈정치면〉, 1996. 11. 10.)
주간조선, '역사 - 최후의 대한제국인들' (1996. 3. 21.)
일요시사, '나의 아버지 의친왕은 독립 투사였다'
       (제44호〈특종편〉, 1996. 11. 17.)

☐ 면담(面談, interview)

출처 : 마흔살(冊名) 中 143~149쪽, 박찬중 著

연구하는 대한제국 황실 관련 위헌적 법 조항에 관하여 보다 구체적으로 살펴 보기 위해 대전에 위치한 정부종합청사 문화재 관리국 기념물과를 찾았다. 그곳에는 30년 이상 전문적으로 근무하고 계시는 ○○○ 선생님이 계셨다.

■ 舊王公家規範에 관하여,

"구왕공가규범에 있는 왕실의 부동산과 동산 현황을 알 수 있습니까?"

"舊王公家規範이라 함은 일제강점기에 일본에 의해 시행된 이른바 토지조사 사업의 일환으로 이루어진 것이라고 볼 수 있다. 당시 우리나라에는 토지에 대한 소유권 의식이 희박했다. 왜냐하면 조상 대대로 물려 받아 온 터라 필요성을 느끼지 못했기 때문이다. 즉 현재의 부동산에 관한 제도의 근원은 일본이 시행한 것에 둘 수 있다고 볼 수 있다. 예를 들어 부동산 등기나 부동산 신고제 등..., 우리나라 사람들에게는 토지 소유권 의식이 일제강점기 전에는 희박했다.

어찌되었든 그 당시 舊王公家軌範이라고 했던 것이 만들어진 배경을 보면 일본은 조선 왕실을 조선 국민 정서상 무시하기에는 어려웠을 것이며 그렇다고 그대로 존치해 둔다는 것 또한 부담스러웠을 것이다. 그런 까닭에 宮內府 官制를 설치하고 그 아래 李王職 官制를 두어 조선 왕실을 관리하게 하였다고 본다."

"그렇다면 조선황실이 이씨조선이라는 명칭으로 일본 천황 계보에 기록되어 있듯, 일본은 조선을 일계 姓氏 門中으로 역사를 왜곡한 것으로 보입니다."

"그렇다. 무시한 정도가 아니다. 조선 왕실을 일계 행정 기관 중 하나의 관제로 만들어 버렸고, 그렇게 설치된 이왕직 관제를 통해 왕실 자손을 관리 했다. 또한 구왕공가규범은 말 그대로 규범이기 때문에 거기에는 부동산이나 동산 내역은 기록되어 있지 않고, 단지 王家와 公家 범위와 그 位格에 해당하는 처우 정도 등이 규정되어 있었다. 또한 이왕직의 명칭을 구왕궁이라 개칭하게 된 것도 미 군정 시기에 정해진 것이다."

"그렇다면 제1조에 쓰여 있는 구왕공가규범에 규정된 부동산 및 동산이라는 것은 어떻게 된 건가요?"

"자네가 가져 온 구왕궁재산처분법안에서도 알 수 있듯이 1950년 4월 8일에 공포되었는데, 2개월 후에 6. 25가 발발하였다. 전쟁의 혼란 속에 이 법은 시행령도 없는 상태가 되어 死法과 같게 되었다. 전쟁 이후 이것을 보완하기 위해 구황실재산법이라는 것을 1954년에 재정했다. 어찌되었든 구왕공가규범에는 부동산이나 동산의 내역은 기록되어 있지 않았다."

"구왕공가 규범에 근거하여 시행된 國有로 存置한 것과 賣却·貸與에 관하여 알 수 있습니까?"

"현재에도 의문으로 남아있다. 전쟁 이후 구왕실에 관계된 것들, 그러니까 부동산이나 동산의 재산 변동 상황 등 모든 것들의 기록을 구황실청사에서 관리했는데, 1960년 6월 6일 화재가 나서 완전 전소되었다. 현재는 자료를 찾는다는 것은 어렵게 되었다."

"그 화재는 방화 가능성이 높다고 그러던데요. 이승만씨 개인과 이승만 정권이 구황실을 개인적으로 무척 미워했고, 정권 유지를 위해 상당한 정도의 재원이 필요했기 때문에 본 법을 만들었으며, 그 법을 악용하여 황실 재산을 처분했다고 보는 견해도 있습니다."

"글쎄, 그 정도로 惡意가 있었다고는 말할 수 없다고 본다. 내가 이 일만 30년 넘게 해 왔는데, 그 정도까지로는 볼 수 없다. 그 화재에 관해서는 그 당시 신문을 보면 방화 가능성이 높다고 말하고 있다."

"제가 여기에 관심을 갖는 것은 본 법의 違憲性 與否를 판단하기 위한 것이기 때문입니다. 制憲國會에서는 당시 국민의 정서를 고려하여 의원내각제로 정부형태를 만들고자 하였으나, 당시 이승만과 미군정 당국의 압력이 가해져 대통령제로 정부형태가 결정되었으며 이승만씨가 대한민국 초대 대통령이 되었다고 보는 견해도 있습니다. 오늘날 우리나라 정부 조직을 보면 대통령제와 의원내각제 성격이 공존하고 있지 않습니까? 바로 대통령 아래 국무총리가 존재하고 있는 것 말씀입니다."

"글쎄 이 법이 위헌이냐 아니냐 하는 것은 상당한 論難이 있을 것이다."

"제가 違憲일 수 있다고 견해를 갖는 것은 어찌되었든 갑오개혁에 이어 1948년 대한민국 헌법이 제정되면서 특권계급의 제도를 부정하므로써 모든 국민은 법 앞에 평등하게 되었습니다. 이로 인해 당시 황실 가족은 일반 국민과 동일한 신분이 되었다고 볼 수 있겠습니다.

우리 헌법의 基本權을 보면, 국가가 일반 국민의 재산권에 있어서 어떤 이유에 의해 제한을 가하게 될 경우 충분한 보상을 해야 한다고 제시되어 있는 등 인간의 기본권을 강조하고 있습니다. 여기에 비추어 볼 때 본 법에 제시되어 있듯이 국가가 구황실 가족에게 실제로 얼마만큼 양여했는지를 알고 싶습니다. 또한 이 법이 제정되는 과정에서 충분한 공청회를 거쳤는지, 그리고 이 법에 의해 직접적으로 피해를 받게 되는 황실 가족과 어떠한 의견 조율이 있었는지 알고 싶습니다."

"그렇다. 그 당시 그분들은 일반 국민과 같게 되었다. 하지만 그들은 일을 할 수가 없었다. 지켜야만 하는 일종의 체면 때문이었을 것이다."

"하지만 그것은 이해할 수 있다고 봅니다. 그 분들의 가치관으로는 국가에 속한 국민으로서가 아닌 국가의 상징이라고 믿었으며, 그러한 상황에서 함부로 일을 하는 것은 다른 나라에 대해 나라를 욕되게 하는 것이라고 생각했을 수도 있습니다."

"그렇다. 그럴 수 밖에 없었을 것이다. 어찌되었든 그 당시 구왕실 가족에게 양여된 것은 전혀 없었다. 왜냐하면 이미 국가 문화재가 된 것을 국민의 신분인 그들에게 준다는 것은 법에 어긋나는 것이었기 때문이다. 다만 자네가 말한 것처럼 정부도 그들이 일하는 것은 어려울 것이라는 것을 알고 있었기 때문에 생계비를 지급했었지만 앞에서 언급한 1960년의 화재로 인해 생계비 지급 관련 자료를 찾는다는 것은 어렵게 되었다. 당시 공청회와 같은 것은 존재하지 않았던 시절로, 황실 가족과의 의견 조율 또한 없었다."

"끝으로 임시구왕궁재산관리위원회에 관해 알고 싶습니다."

"임시구왕궁재산관리위원회는 이 법이 6. 25전쟁으로 死法化되었기 때문에 존재하지 않았으며, 1962년에 구황실재산관리위원회가 활동했다."

"말씀 감사합니다."

. . .

■ 『舊王宮財産處分法의 違憲性 여부 분석』 정리.

이 주제를 연구하는 동안 합리적 사고를 유지하기 위해 노력하면서 '황실보존국민연합회'(서울 所在, 총재 ○○님)와 '대전정부종합청사 문화재관리국'을 찾아갔다.

충분한 자료를 찾기에는 한계가 있었다. 대부분의 자료가 1960년 구황실청사가 화재로 완전 全燒됨에 따라 소실되었기 때문이다.

하지만 두 곳을 방문하여 인터뷰하는 등 본 법률에 관하여 연구하면서, 이 법은 제정되기까지 과정과 제정·공포되기까지 어떠한 국민적 공감대나 공청회도 열리지 않았다는 것을 알 수 있었다. 그리고 본 법에 의해 인간의 기본권을 직접적으로 제한 받게 되었던 황실 가족과의 어떠한 의견 조율도 없었으며, 충분한 보상 또한 없었다는 것을 알 수 있었다.

또한 본 법은 한국전쟁으로 인해 死法化되었던 까닭으로 1954년 '구황실재산법'으로 다시 제정하여 실시되었다는 것이다. 하지만 구황실재산법의 제정·공포 과정도 구왕궁 재산 처분법에 근간을 두고 있었으므로 違憲性이 높다고 볼 수 있다.

■ 행정(行政)의 의미

구성원의 바람직한 주인이면서 바람직한 종이 되어야 하는 것이라고 생각한다. 행정의 출발점과 종착점은 구성원을 위한 행정이어야 한다는 것이다.

현대 行政은 그 기능이 강화되면서 법안 제출의 기능까지 갖고 있다. 이렇게 볼 때 행정부의 건전성 여부에 따라 시민의 基本權이 침해당할 수 있는 가능성은 더욱 커졌으며, 법의 지속성에 따라 그 영향은 다음 世代로 이어진다고 볼 수 있다.

이런 까닭으로 행정인에게 요구되는 것이 行政 責任이라고 할 수 있다. 본 법을 행정 책임 측면에 비추어 보면 위헌적인 법 제정과 집행 과정으로 직접 영향을 받는 황실 가족의 요구가 배제되어 있었다는 것에서 현 世代에까지 미치는 영향에 대해 책임 추궁을 마땅히 받아야 한다고 판단한다.

30살, 1999. 2. 23.

☐ To. 헌법재판소

- 舊王宮財産處分法의 위헌성 여부 분석

출처 : 마흔살(冊名) 中 153~157쪽, 박찬중 著

1. 들어가는 글(상기 법 관련 위헌성 여부 분석 목적)
 舊皇室 자손의 일반 국민으로서의 인권을 찾고자 하는 과정을 시작하고자 하며, 우선 구황실 재산의 일부만이라도 현존하는 황실 자손의 것이 되도록 한다.

2. 「구왕궁재산처분법」에 대한 분석
 - 본 내용 : 대한민국 법률안 연혁집, 국회사무처, 1992.
 1) 본 법의 제정 목적·목표
  (1) 목적 : 구왕궁재산을 효과적으로 관리·운영하기 위함
  (2) 목표 : 구왕궁재산을 國有로 하여 이를 존치하거나 처분한다.

 2) 본 법의 제정 과정
  (1) 提案件名 : 「舊王宮財産處分法案」
   ① 제안 주체 : 정부
   ② 제안 일자 : 1949. 02. 16.
   ③ 본회의 의결일 : 1950. 03. 20. 수정가결
   ④ 공포 일자 : 1950. 04. 08.
   ⑤ 공포 번호 : 0119.
  (2) 提案經過 : 제6회 국회(정기회) 재정경제위원회
  (1950. 03. 20) 상정·의결

(3) 주요골자
① 舊王宮財産이라 함은 1945년 8월 9일 현재의 舊王公家規範에 규정된 王族·公族의 소유에 속하였던 일절의 부동산 및 동산을 말함.(제1조)
② 중요한 궁전의 건물 및 宮地, 국보적 미술품, 역사적 기념품 및 文籍 등은 國有로 存置함.(제2조)
③ 존치할 필요가 없는 재산은 매각 또는 대여 할 수 있게함.(제3조)
④ 舊王族의 생계유지상 필요한 재산은 대통령령이 정하는 바에 의하여 讓與 할 수 있게 함.(제4조)
⑤ 재산의 관리를 위하여 임시구왕궁재산관리위원회를 두고 그 職制는 대통령령에 위임함.(제5조, 제6조)

3) 違憲性있는 본 법의 내용 분석
(1) 경제적 기본권 중 재산권에 대한 위헌성 여부 분석

본 법은 1948년 대통령제 정부 형태가 구성된 이후 사건이므로, 1948년 이전 황실의 법적 위치는 일반 국민이 아니었다. 당시 황실 재산의 소유자는 그들의 것이었다.

일반 국민으로서의 재산권에 있어서도 국가가 어떤 이유에 의해 제한을 가하게 될 경우 충분한 보상을 해야 한다. 여기에서 충분한 보상이란 국가의 입장에서가 아닌 일반 국민의 입장에서의 보상이어야 하는 것은 당연하다. 이렇게 볼 때 과연 당시 그들이 느끼기에 충분한 보상을 받았는가를 생각해 보아야 할 것이다. 여기에는 물질적인 것은 물론이거니와 무엇보다도 단어로는 표현할 수 없는 그들이 정신적으로 받아야만 했던 심각한 충격에 대한 충분한 보상이어야 한다는 것이다.

※ 헌법 제2장, 제23조 3항 : 공공필요에 의한 재산권의 수용·사용 또는 제한 및 그에 대한 보상은 법률로써 하되, 정당한 보상을 지급하여야 한다.

(2) 법 앞의 평등권에 대한 위헌성 여부 분석

여기에서는 '법 앞의 평등권이란 어떠한 법이든 그 법의 제안으로부터 공포되기까지의 과정에 있어서도 법과 그 법의 집행 대상이 되는 것과의 형평성 또한 필요하지 않은가?' 로부터 출발한다.

이렇게 볼 때 과연 본 법에 대해 직접적으로 영향을 받게 되는 황실 자손과의 충분한 의사 교환이 있었느냐이다. 본 법의 내용에서는 그들의 삶의 터전이 되는 집과 재산을 국가의 문화재화 하기 위해 논의되고 제정된 것으로 되어 있는데, 그 당시 과연 공청회 및 실질 당사자와의 의사 교환이 있었느냐이다.

※ 헌법 제2장, 제11조, 1항 내용 中 : 모든 국민은 법 앞에 평등하다.

(3) 인간의 존엄성 존중과 행복추구권에 대한 위헌성 여부 분석

국가는 개인의 가장 기본적 인권을 확인하고 이를 보장할 의무를 갖고 있다. 여기에서 '기본적 인권을 확인하고 보장한다' 함은 적극적인 개념으로 인권 침해가 일어나기 전에 미리 예방하도록 한다는 내용임은 분명하며, 국가의 필요에 의한 인권 침해가 예상되는 법을 제정하는 과정에 있어서도 최대한의 회피 노력이 요구됨은 당연한 것이다. 이렇게 볼 때 본 법의 제정 이전에 제정 이후 황실 자손의 삶에 대한 충분한 준비가 되어 있었느냐이다.

여기에는 자유권적 기본권 중 주거의 자유나 사회적 기본권 중 인간다운 생활권 또는 환경권에 관련해서도 위와 같은 입장에서 위헌이 된다고 볼 수 있다.

※ 관련 법 조항 :
① 헌법 제2장, 제10조 : 모든 국민은 인간으로서의 존엄과 가치를 가지며, 행복을 추구할 권리를 가진다. 국가는 개인이 가지는 불가침의 기본적 인권을 확인하고 이를 보장할 의무를 진다.
② 헌법 제2장, 제14조 : 모든 국민은 거주·이전의 자유를 가진다.
③ 헌법 제2장, 제34조 1항~2항 : 모든 국민은 인간다운 생활을 할 권리를 가진다, 국가는 사회 보장·사회 복지의 증진에 노력할 의무를 진다.
④ 헌법 제2장, 제35조 1항 : 모든 국민은 건강하고 쾌적한 환경에서 생활할 권리를 가지며, 국가와 국민은 환경 보전을 위해 노력하여야 한다.

(4) 본 법의 주요 골자 내용이 갖는 문제점

① 구왕족의 생계 유지상 필요한 재산은 대통령령이 정하는 바에 의하여 양여할 수 있다라는 내용이 있는데, 이때 '생계 유지상 필요한'이란 것을 당사자가 아닌 제3자가 결정하도록 되어 있는 것에서 문제점을 발견할 수 있다. 어떻게 사람의 생계에 직결되는 것을 당사자와의 의견 조율도 없이 결정할 수 있다는 것인가?

또한 '대통령령이 정하는 바에 의하여 양여할 수 있다'라고 되어 있는데, 그렇다면 실제 어느 정도 양여되었는가? 하는 것이다.

② 재산의 관리를 위하여 臨時舊王宮財産管理委員會를 두고 그 職制는 대통령령에 위임함이라는 내용이 있는데, 그 당시 실제로 임시구왕궁재산관리위원회가 어떻게 운영되었는지 살펴보아야 할 것이다.

이것에 대해서는 보다 많은 조사가 필요함을 표현할 수 밖에 없음이 아쉽다.

3. 맺는 글

본문 내용에서 살펴보았듯이 「구왕궁재산처분법」은 違憲이라고 할 수 있겠다. 실질 위헌 여부는 헌법재판소에서 결정할 사항일 것이며, 본인은 위 내용이 사회문제화되어 정책 의제로 채택되기를 바라는 마음이다. 그렇게 되어 모든 대한민국 국민들이 우리 국민의 황실에 대해 진지하게 고찰할 수 있는 기회가 주어졌으면 한다.

...

영국 여왕께서 우리 나라에 내방했던 시기(1999. 4.) 바로 전에 시사저널에 보냈던 시점을 전후로 헌법재판소에도 '구왕궁재산처분법'의 위헌성 분석 자료를 보냈다.

40살, 2009. 5.

☐ To. 시사저널

– 舊王宮財産處分法의 위헌성 여부 분석

출처 : 마흔살(冊名) 中 150~152쪽, 박찬중 著

   4월 하반기에 영국 국왕께서 우리나라를 찾는다고 합니다.
이와 같은 시기에 우리 황실은 어떠한 상태에 있는지를 살펴보아야겠습니다.

   저는 현재 교직을 맡고 있는 박찬중입니다.
貴社에 다음과 같은 내용을 보내는 것에 대해서 말씀을 드리고자 합니다.

   우리 국민의 皇室은 지금 이 시각에도 살아 있습니다. 다만 무관심과 냉대 속에서 어려운 상태에 계십니다. 이러한 현실이 있기까지의 과정을 살펴보면 우리 국민의 皇室은 우리 국민의 의사로 현재의 상태가 되어버린 것이 아니며, 그것은 일제강점기 동안 일본인들의 권력 집단에 의하여 왜곡되기 시작되었음은 누구라도 알 수 있는 일입니다.

   본인이 소망하는 것은 전제적인 왕정 복고가 아닙니다.
다만 원하는 것은 우리 국민의 황실에 관한 결정을 진정한 우리 국민의 의사로써 반드시 결정할 수 있는 과정이 필요하다는 것입니다. 이러한 과정을 올바르게 갖기 위해서 선행해야 할 사항으로는 우리 국민에게 우리 황실의 역사를 객관적 사료를 바탕으로 온전히 알려야 함은 당연합니다.

   긴급한 문제가 있습니다.

   국민의 의사를 올바르게 묻게 하기 위해서도 짧지 않은 준비 기간이 필요한 반면에 현 황실 자손들은 이 세상에서 사라져가고 있으며, 현존하고 있다 할지라도 세대를 거듭할수록 정통성이 약화되어가고 있다는 것입니다.

   이러한 판단에서 아래와 같은 내용을 貴社에서 사회문제로 다루어주기를 바랍니다.

본 내용은 국민 의사를 묻는 준비의 일환으로써,
현재의 황실 자손에 대해 그러한 특수계급으로서가 아닌 대한민국 국민으로서 갖는 인간의 기본권에 대한 피해자일 수 있다 라는 기본 관점 아래에서 본 법의 위헌성을 판단하는 방향으로 접근했습니다.

1. 주제 : 구왕궁재산처분법과 관련한 제반 법률의 위헌성 여부 분석

2. 접근 방법
 1) 본 법률에 관한 내용
 2) 본 법률에 의한 기본권 피해자의 의견
 3) 본 법률에 관한 전문가의 의견
 4) 참고 자료
  (1) 「대한민국 법률안 연혁집」, 국회사무처, 1992.
  (2) 「구황실관계법령 및 재산목록집」, 문화부 문화재관리국, 1992. 3.
  (3) 「언론기사 : 秘苑에 화재」, 조선일보社, 1960. 6. 6.
※ 위 2-2)에 해당하는 분으로 대한제국 황손 '○○' 님의 의견을 들었습니다. 그 분의 내용은 위 1)의 내용과 함께하기 때문에 記述하지 않았습니다.

. . .

 영국 여왕께서 우리 나라에 내방했던 시기(1999. 4.) 바로 전에 헌법재판소에 보냈던 시점을 전후로 시사저널에도 '구왕궁재산처분법' 의 위헌성 분석 자료를 보냈다.
40살, 2009. 5.

□ 시민단체 황실보존국민연합회(皇室保存國民聯合會)

154쪽~167쪽 출처 : 마흔살(冊名) 中 123~139쪽, 박찬중 著

소식지 제1호

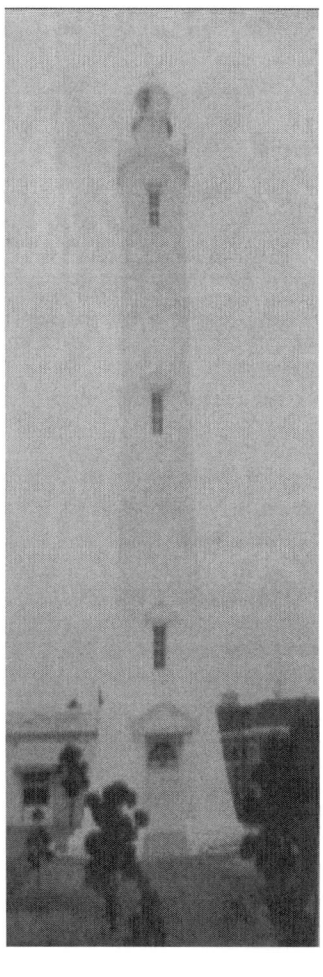

http://cafe.daum.net/epna

황실보존국민연합회

2003. 춘(春) 제1호

참된 우리 민족의
아름다운 모습을 찾아요.

| 표지사진 | 장기곶 등대
(1908~현재 가동 중)

우리는 황실 역사 외면이라는 현실에서 한민족 정체성 부재의 암울한 현상을 찾고자 한다.
그러한 까닭에 우리 나라의 광명을 시작하는 영일만에 우뚝 자리하여 100여 년 동안 황실의 혼을 담아 어둠을 뚫고 바른 길을 인도해 온 장기곶 등대가 건네는 정신을 받들고자 한다.

. . .

수필 작업으로 인해 참으로 오랜만에 책꽂이에 있는 황보련 관련 자료를 찾았다.
마흔 살, 2009. 5.

목표   글쓴이 (작성 시기) :
                                      박찬중 (2002년 12월)

황실보존국민연합회
- 단체의 이념, 목적 및 포괄적 목표는 '회칙' 참고 -

 본 단체는 스스로 황실 복원을 위한 사업에 관해서는 어떠한 것도 추구하지 않을 것임을 분명히 밝힌다.

다음과 같은 순서로 주요 사업을 추진한다.

1. 총재 ○○님의 주거 상황 개선과 경제적 지원 및 본 단체 사무실 안정화
   - 시민단체 구성을 통해 총재 ○○님의 대외적 신뢰도 구현과 한시적 수익 사업을 통한 경제적 지원 모색
   - 정기 건강 진단이 가능하도록 전담 의사(韓·洋醫) 마련
   - 총재님이 관련한 상당 수 흩어져 있는 단체 및 업체의 법적·사회적·경제적 상황 확인을 통한 환경 정리
   - 총재님 관련 저서 출판을 통한 현대사에서 잊혀진 황실 관련 역사 보존
   - 이상의 것을 일정 수준 이상으로 정리한 후,
     (1) 전담 비서 임원 마련을 통한 일정 관리
     (2) 자문위원 위촉을 통한 가치관 정립 지원
   ※ 1항 사업 추진과 동시에 적극적인 홍보를 통한 회원 확보 및 전국 지부 결성 (이후 해외 지부 결성 계획)
   ※ On-line 활용
     (1) 1단계 : Daum cafe 활용하여 지부 및 임원 마련 및 초기 여론 점검
     (2) 2단계 : 일정 수준 자료 준비 후 homepage 마련
   ※ Daum cafe의 성격 - 아래와 같이 이원화하며 가능한 모두 공개하는 것을 원칙으로 한다.
     (1) 본 단체의 회원에 대한 보고서 성격을 갖는다.
     (2) 친목 단체 성격을 가지며 본 단체 구조의 기반이 된다.

※ 일정 수준 이상으로 임원을 구성한 후 명상단체(국선도 외)와 자매 결연을 통한 임원의 덕·체·지 함양 모색

2-1. 대한황실 계보에 관한 정통성 연구
 - 본 단체 자체 연구와 연구소 설립 이후 전문 연구 병행
2-2. 본 단체를 중심으로 잊혀진 황실의 예의범절·음식·언행·의복 문화 등을 현 사회와 미래 사회에 올바로 전승할 수 있도록 한다.
 - 본 단체 자체 연구와 연구소 설립 및 본2항 관련 사회 단체 및 기관과의 병행 연구
2-3. 총재님의 관광자원화 가능성을 연구하여 대한민국의 국익에 일조할 수 있도록 한다.
 - 본 단체 자체 연구와 연구소 설립 이후 전문 연구 병행
  (정부기관의 협조는 추후 살펴 볼 예정)
2-4. 황실자손 현황 파악과 경제적·법적·사회적 문제 확인 및 지원 할 수 있도록 한다.
 - 본 단체를 통한 자원 봉사 최대 활용 예정(정부기관의 협조는 추후 살펴 볼 예정)

※ 이상 제반 사항에는 회원의 자원봉사 및 경제적 지원과 홍보와 같은 도움이 절대적으로 요구된다. (이상)

. . .

2003년 겨울(34살, 2003. 12.), 갑작스러운 나에 대한 해임 조치로 인해 어르신을 우리 나라 궁궐에 다시 모시기 위한 꿈이 내게서 사라져 버렸다. 하지만 해임 조치 당시로부터 오늘까지 단 한 번도 부당함에 대한 억울한 마음을 가져 보지 않았다. '인연이 여기까지인가 보구나...' 하는 마음과 '내가 아닌 보다 역량있는 다른 분들이 해야 할 때가 되어서 이렇게 되었나보다.' 라는 마음으로 미소지었을 뿐이었다.
하지만 책(冊名 : 마흔 살)을 만들어 내는 과정에서 새삼스럽게 지면을 통해 황실보존국민연합회 시민단체에 대해 글로 담는 것은 어쩌면 아직도 내게 남은 못난 아쉬움 탓인 듯 하다.

40살, 2009. 5.

Symbol

조선황실의 상징인 이화를 표현한 상징물이다. 당시 ○○○님은 손가락에 장애가 있었음에도 불구하고 헌신으로 단체 일에 임하셨다.

이 작품도 나(박찬중)와 ○○○님과의 협의로 도안을 마련하고, 그 분의 멋진 컴퓨터 편집 실력으로 탄생한 것이다. 지면을 통해 감사함과 죄송함을 머리 숙여 말씀 올린다.

당시에 찜질방을 전전하시던 어르신의 삶을 개선시켜 드리는 것이 시급한 상황이었다. 경기도 구로시 주민이셨던 건축업자로부터 3층 주택 중 2층 전체를 무상으로 어르신께 드리겠다는 연락을 받고 그 곳에 어르신의 살림을 장만하여 당시 임원들과 함께 청소하고 가구들을 배치하며 함께 웃었던 기억이 새삼 떠오른다.

당시 회비로 충당하기에는 부족하여 ○○○님께 상당한 금액을 빌려 살림살이를 마련한 후, 매 월 납입되는 회비로 상환을 하던 중에 갑작스러운 나에 대한 해임 조치(34살, 2003. 12.)로 잔액을 마저 돌려드리지 못하고 나온 것에 대해 오늘까지도 마음 한 켠에 죄송함으로 자리하고 있다. 부디 내가 해임된 이후에도 시민단체가 지속되어 매 월 회비로 ○○○님께 상환이 마무리 되었기를 바랄 뿐이다.

40살, 2009. 5.

Cover explanation

Imperial Preservation Association

Help us Restore our beloved Imperial Household as the center of hearts and souls of Koreans.

Imperial Household is the very backbone and core of our history and culture - our very identity.

(on the cover)

The tall, white lighthouse in the cover page picture is Homigot lighthouse.

Built in December of 1903 by the Imperial Household's order and funded by its treasury, it is the very first lighthouse built in Korean peninsula.

It stands at the eastern most tip of Korea peninsula, where the sun daily reaches the land very first.

With Imperial Coat of Arms of pear blossoms engraved on its interior walls and on the ceiling of every floor, it stands as the symbol of spirit of the Imperial Family.

It's now standing not only as the guiding light for ships travelling through the Easternn Sea of Korea, but also as the guiding light for all Korean people's spirits, which its builder, Imperial Household had been, through times of ordeals in history.

. . .

  2003년 여름으로 기억한다. 당시 다이애나(우리 단체 주요 임원 I.D)의 헌신적인 도움으로 내가 작성해 놓은 한글을 영어로 번역하여 세계 왕실에 보내는 안내장을 작성한 자료다.
  우리 황보련이 추구하는 정신을 온전히 표현해 내기 위해 다이애나가 어느 정도 정성을 쏟았는지 단어 하나하나로부터 전해진다.
  마흔 살 책을 내면서 지면을 통해서라도 세계 왕실 가족에게 알리고픈 마음으로 담았다.
  아쉬운 것은 내가 12월(34살, 2003. 12.) 갑작스럽게 해임 조치되는 일로 인해 이렇듯 소중한 영문 자료를 꽃피우지 못한 채 다이애나에게 감사 인사 조차 하지 못했다는 것이다. 지면을 빌려 다이애나에게 진심을 다해 감사 인사 드린다.

40살, 2009. 5.

Introduction of IPA
- by General Director of Imperial Preservation Association

Greetings,

In modern Korea of this day, people are forgetting what this nation's backbone has been in the past 7 centuries.

It is the Imperial Family of Joseon Dynasty. Our children are ignorant of their homeland's history, especially the part concerning the imperial family of the last dynasty, Joseon.

Our public schools' textbooks do not teach anything about it. Moreover, the surviving members of imperial family are scattered all over the world, with no moral or financial support from our government or the people. This is such a deplorable situation. Thus, my colleagues and I gathered out strength to put together this organization.

Our/IPA's ultimate goals are to let our children learn about the forgotten history of the imperial household, from their textbooks, as a part of the public history education carriculum, and to provide a forum to discuss the restoration of the imperial household and the establishment of the imperial household as a constitutional monarchy.

The IPA's most urgent business to be done is, first, to provide Prince ○○ with stable income and residence, and to form a network between imperial household members, and then to have historians and experts study the family tree of the imperial household and to win and build public confidence.

And as mentioned above, our long-term objectives are as follows.

First, we are aiming to open a forum for discussions mentioned above. We will invite a group of historians and experts to study the legitimacy of the surviving members of the imperial family. These group of people will also study the necessity of learning our history-that of the imperial household.

Second, we are preparing the case against the government, appealling for the return of all imperial household's assets, including palaces and lands, that once belonged to the imperial family and were confiscated by the new government of Korea after nation's independence from Japan.

Third, we believe, that Prince ○○ should be allowed to live in the old palaces of Joseon Dynasty. We beilieve that having him planted there to live will attract many more tourists and teach them about Korean history. We will be appealing to the government, to allow his residence in one of the palaces.

Eventually, we need to raise funds to be used to finance Prince ○○'s and imperial family members' living expenses.

They are witnesses of Korean modern history. We are obliged not only to learn from their witness accounts and memories of the cultural, spiritual and historical assets of the imperial household, but also the record and remember so that our children could also learn. They are historical assets themselves. They represent our heritage and lineage as one nation. They deserve our respects and moral support.

We believe that one nation's guiding light is always its imperial household, and that it should be at the very center of peoples' hearts, because it preserves the very identity of Koreans.

We need moral support from you.

Park Chan Joong
General Director of Imperial Preservation Association

. . .

  단체 인터넷 카페 명은 EPNA이지만, 소개 글에 IPA라고 한 까닭은 2002년 겨울에 어르신과 함께 단 둘이서 이 단체를 다시 재결성하는 과정에서 발생한 오류로 인한 것이다. 당시 영어에 전문 지식이 없던 내가 나름대로 만든 단어들의 머릿 글자가 EPNA였다. 그러나 미국 주립대학 졸업자인 다이애나의 해박한 영어 지식으로 올바르게 바꾼 것이 IPA이며, 안타깝게도 카페 명은 어쩔 도리가 없어 고치지 못했었다. 강제 해임된 날(34살, 2003. 12.)로부터 단 한 차례도 내가 마련했던 해당 사이트에 접속해 본 적이 없어 현재는 어떻게 되었는지 알 수 없다.

40살, 2009. 5.

. . .

  2003년 여름으로 기억한다. 당시 다이애나(우리 단체 주요 임원 I.D)의 헌신적인 도움으로 내가 작성해 놓은 한글을 영어로 번역하여 세계 왕실에 보내는 안내장을 작성한 자료다.
  우리 황보련이 추구하는 정신을 온전히 표현해 내기 위해 다이애나가 어느 정도 정성을 쏟았는지 단어 하나하나로부터 전해진다.
  마흔 살 책을 내면서 지면을 통해서라도 세계 왕실 가족에게 알리고픈 마음으로 담았다.
  아쉬운 것은 내가 12월(34살, 2003. 12.) 갑작스럽게 해임 조치되는 일로 인해 이렇듯 소중한 영문 자료를 꽃피우지 못한 채 다이애나에게 감사 인사 조차 하지 못했다는 것이다. 지면을 빌려 다이애나에게 진심을 다해 감사 인사 드린다.

40살, 2009. 5.

○○

President of the Imperial Preservation Association,
11th son of King Ui-chin, the oldest son of the Emperor Kojong, who was the 26th monarch of the Joseon Dynasty.

○○ is also a nephew of the Emperor Sunjong, the 27th and the last monarch of the Joseon Dynasty, and is one of the few surviving members of the Joseon Dynasty's Imperial Household.

Emperor Gojong's first son, Emperor Sunjong had no child. Emperor Gojong's third and youngest son, King Young-chin had two sons, but only the younger son, Yi Gu, is surviving. Emperor Gojong's second son, King Ui-chin had 13 sons and 5 daughters, and his 11th son is ○○. His mother was an operator at the imperial palace.
Presently only three sons of King Ui-chin, including ○○, and 5 daughters of King Ui-chin are still surviving.

○○ was born in 1941 in Seoul. He finished his secondary education in Seoul studied at the Hankuk University of Foreign Studies in Seoul, Korea, with a major in Spanish Language.

In 1948, after the Japanese colonial rule ended and the Korean peninsula was divided between the Soviet Union and the United States at the end of World War II, Syngman Rhee, the first president of South Korea confiscated all of the imperial households' wealth. In the 1960's South Korea's military rulers in the 1960's cut off financial allowances for the imperial family, and in 1979. Chun Doo-hwan took power in a coup and became the 5th president of Korea, he evicted the imperial family from the palace.

○○ is a Vietnam War veteran. After he returned home from Vietnam, he began his career as a singer, and won national fame with his 1970's hit song, "A House of Doves," a melody about a happy family.

He plans to dedicate his life to writing a book, recounting the imperial family's efforts in independence movement.
Believing that the imperial family deserves better treatment and respect, he plans to petition to the government to let the surviving members of the imperial family, including himself, live in the imperial palaces in Seoul. He also wants to build a museum where people can learn about the dress, food and rules of etiquette at the imperial court.

. . .

어르신에 대한 간단한 이력을 담은 소개 글이다.

오늘 이 순간에도 어르신에 대한 그리움과 감사함이 가득하며, 하루가 다르게 연로해 지시는 어르신을 뵐 때면 안타까울 따름이다. 내가 해임 조치(34살, 2003. 12.)를 받은 후 한참 지난 후 어르신께서 전화를 해 주셨었다. 어르신께서는 나를 해임하신 것에 대해 당시 알지 못하셨음과 함께 앞으로도 함께 꿈을 이뤄나가자고 말씀하셨었다.

내가 사무총장으로 일을 하고 있을 때 KBS로부터 섭외가 들어와 해당 방송국 프로그램 중 '이것이 인생이다.' 등에 어르신께서 출연하실 수 있게 되었다. 이것을 계기로 단 두 사람의 단체였던 우리 시민단체는 국내는 물론 세계에 흩어져 있는 교민들로부터 회원 가입과 회비를 납부 받는 기쁨을 가질 수 있었다.

이러한 과정에서 전라북도 전주시 의원이었던 □□□씨로부터 전주 한옥마을 조성에 따른 어르신을 모시고자 한다는 고결한 뜻을 전해 듣고 기뻐했던 기억은 지금도 가슴 벅참으로 다가온다.

아무 능력도 없는 나로서는 당시 분수에 맞지 않았음에도 전라북도 전주시 □□□ 시의원과 당시 황보련 임원을 비롯하여 많은 황보련 회원님들을 만날 수 있었음에 송구함을 느끼며, 미처 인사드리지 못한 것에 대한 죄송함과 감사함을 머리 숙여 인사드린다.

바쁜 일상에 쫓기는 탓에 자주 찾아 뵙지 못하고 있는 현실에서 전주 한옥마을 승광재에 계시는 어르신과 황실문화재단 관계자 그리고 □□□님을 보고 싶은 마음 간절하다.

40살, 2009. 5.

. . .

2003년 여름으로 기억한다. 당시 다이애나(우리 단체 주요 임원 I.D)의 헌신적인 도움으로 내가 작성해 놓은 한글을 영어로 번역하여 세계 왕실에 보내는 안내장을 작성한 자료다.

우리 황보련이 추구하는 정신을 온전히 표현해 내기 위해 다이애나가 어느 정도 정성을 쏟았는지 단어 하나하나로부터 전해진다.

마흔 살 책을 내면서 지면을 통해서라도 세계 왕실 가족에게 알리고픈 마음으로 담았다.

아쉬운 것은 내가 12월(34살, 2003. 12.) 갑작스럽게 해임 조치되는 일로 인해 이렇듯 소중한 영문 자료를 꽃피우지 못한 채 다이애나에게 감사 인사 조차 하지 못했다는 것이다. 지면을 빌려 다이애나에게 진심을 다해 감사 인사 드린다.

40살, 2009. 5.

History

Brief History of Korea's Last Ruling Family

In 1392, General Yi became King Taejo, the founder of Joseon Dynasty (1392-1910), and established the House of Yi as the ruling family of Korea.

In 1897, to demonstrate the independent sovereignty of Korea to the world, the 26th monarch of Joseon Dynasty, renamed the country and declared the Dae-Han Empire, proclaiming himself Emperor Gojong.

His son, Imperial Crown Prince succeeded to the throne in 1906 and became Emperor Sunjong, the 27th and the last monarch of the Joseon Dynasty, after his father, Emperor Gojong was forced to abdicate by Japan. He tried to reverse the waning fortune of Dae-Han Empire, but his efforts failed because of Japan's suppresstion and interference. On August 29th, 1910, Emperor Sunjong was forced by Japan to sign the Korea-Japan Annexation Treaty. Emperor Sunjong died in 1926 at Changdeok Palace.

After the end of the World War II, the newly established government under the control of Korea's first President, Syngman Rhee, virtually made the Imperial Household non-existent, by confiscating the imperial palaces, lands, all other assets that traditionally belonged to the Imperial Household.

Emperor Sunjong had no children, and therefore, his younger brother, the third son of Emperor Gojong, Prince Young-Chin(1897-1970) was given the title of the Imperial Crown Prince and was assumed to succeed after Emperor Sunjong. But because of the Annexation Treaty and Japan's deliberate efforts of interference, Prince Young-Chin could never officially succeed to the imperial throne.　He assumed the title King Young-Chin. He had two sons, and only one of them, the younger son, Yi Gu(1931-2005), is surviving.

　Emperor Sunjong had another brother, King Ui-Chin (1877-1955), the second son of Emperor Gojong. King Ui-Chin had 13 sons and 5 daughter, but only few of them are surviving, one of whom is ○○ (1941~), the President of the Imperial Preservation Association.

. . .

　2003년 여름으로 기억한다. 당시 다이애나(우리 단체 주요 임원 I.D)의 헌신적인 도움으로 내가 작성해 놓은 한글을 영어로 번역하여 세계 왕실에 보내는 안내장을 작성한 자료다.
　우리 황보련이 추구하는 정신을 온전히 표현해 내기 위해 다이애나가 어느 정도 정성을 쏟았는지 단어 하나하나로부터 전해진다.
　마흔 살 책을 내면서 지면을 통해서라도 세계 왕실 가족에게 알리고픈 마음으로 담았다.
　아쉬운 것은 내가 12월(34살, 2003. 12.) 갑작스럽게 해임 조치되는 일로 인해 이렇듯 소중한 영문 자료를 꽃피우지 못한 채 다이애나에게 감사 인사 조차 하지 못했다는 것이다. 지면을 빌려 다이애나에게 진심을 다해 감사 인사 드린다.

40살, 2009. 5.

□ 당원 새내기 인사 - 민주노동당 가입 후 탈퇴

출처 : 마흔살(冊名) 中 158~160쪽, 박찬중 著

안녕하신지요. 신입당원 박찬중입니다.
소중한 '진보 영통' 책자 지면을 통해 인사 올릴 수 있는 기회를 주셔서 감사드립니다.

학원 강사로서는 이른 시간인 아침에 잠에서 일어났습니다. 아마도 창을 두드리는 함박눈의 자그마한 속삭임이 잠을 깨운 듯 합니다.

높은 빌딩 고시원 한 켠을 차지하고 있는 방 구석에서 나와 물끄러미 함박눈 가득한 창 밖 하늘 아래 세상 풍경을 바라보다 문득 떠오르는 생각이 있어 글로 담습니다.

늘 한결같이 신뢰를 하는 여여한 자연 아래 우리네 사람들의 발걸음은 바쁘기만 합니다. 저만치 눈을 쓸어내어 차량 운행에 도움을 주시는 주차 관리원 할아버지, 왠지 발걸음이 무거워 보이는 점퍼 입은 중년의 아저씨, 초등학교 입학식에 가고 있는 듯한 젊은 아주머님과 그 손을 꼭 잡고 조심스레 눈 길을 걷고 있는 꼬마 계집아이, 밤 새 추위를 이겨가며 주워 모았을 종이상자 더미가 눈에 젖을까 염려하여 분주히 포장 비닐로 덮고 계시는 허리 굽은 할머님..., 그리고 왠지 텁텁해 보이는 한 명의 학원강사가 창문에 반사되어 보입니다.

'나를 포함해 우리네 서민들의 삶과 인생을 보듬어 줄 수는 없는 걸까?'
'진정「보듬어낸다」는 그 대상은 과연 무엇이며, 어떻게 해야만 하는걸까?'

'우리네 서민들은 진정 무엇을 원하는걸까?'

'진정 원하는 것이 우리가, 혹은 우리 각자가 진정 원하는 것일까?'

'번다하게 삶과 인생에 쫓겨 무엇인가 진정한 행복을 놓치고 있는 것은 아닐까?'

'우리는 혹여 정체성을 잃은 것은 아닐까?'

'정체성을 잃어버린 것 자체를 모르고 있는 것은 아닐까?'

'우리네 사람들이 바라는 것은 혹여 너무나도 사람들만을 위한 이기적인 것은 아닐까?'

모락모락 온기 가득한 녹차에 한아름 번뇌를 담아 물을 내립니다. 그리고 용기를 갖고 찾아가 당원이 된 민주노동당의 일원으로서 자그마한 꿈을 그려봅니다.

늘 한결같아 신뢰를 하게 하는 여여한 자연처럼 밝고 맑은 '숨'이 되는 민주노동당 일원, 때로는 여여함 속에 올곧은 의지로써 또 하나의 버팀목이 되는 민주노동당 일원이 되고자 합니다. 그리하여 선배님들의 피와 땀으로 언 땅 아래 긴 겨울잠에서 깨어나게 하신 서민들의 진정한 '민주노동당'이 깨어있도록 자그마한 속삭임으로 늘 두드리고자 합니다.

36살, 2005. 3.

. . .

아마도 2005년 3월이었던 것 같다.
2006년도에 탈당을 했다. '자본주의는 결코 바람직하다고 할 수 없다.'는 가치관을 가지고 있으나, 오늘날 사회주의를 표방했거나 표방하고 있는 주장 또한 결코 바람직하다고 할 수 없는 가치관을 가지고 있는 나로서는 민주노동당 일부 당원들의 편향한 행태에 조금의 관련도 맺고 싶지 않았기 때문이었다.

40살, 2009. 5.

☐ 탈상(脫喪)

출처 : 마흔살(冊名) 中 161쪽, 박찬중 著

비가 오고 있다. 장맛비다.
가슴 아픈 뉴스를 듣고 보아야만 했다.

'이 구 저하!'

지난 2005년 7월, 일본 한 호텔에서 싸늘한 주검으로 발견된 이 구 저하의 탈상 예(禮)가 오늘 창덕궁 낙선재에서 조선 황실 예법에 따라 시행되었다는 것이다.
참으로 가슴 저미는 마음이다.

째깍째깍 무심히 흐르는 시각에 가슴이 철렁 내려 앉는다.
당장 달려가 연로하신 ○○ 어르신을 찾아 뵙고 건강을 살펴드리고 싶다.
당장 달려가 정책 책임자들을 만나 탄원하고 싶다. 더 이상 외면하지 말고 궁궐에 황손님들을 온전히 다시 모시어 단순한 고궁의 모습에서 일상 생활이 펼쳐지는 궁궐 모습을 마련하라고 간청하고 싶다.
○○ 어르신 바람처럼 이 나라를 위해 단순한 관광 자원화가 되어서라도 국내·외 관광객들에게 손을 흔들어 주고 대화를 나누며 자연스럽게 우리 민족 역사의 장구함과 우리 민족의 정체성을 바로 잡을 수 있게 하라고 간청하고 싶다.
꼭 우리 곁에 있어야 할 것을 죽음이라는 것에 빼앗긴 후 연민이나 반성 따위 하는 것.
　　　　　　하지 말라고 간청하고 싶다.

38살, 2007. 7. 16.

□ 도덕성과 실용

출처 : 마흔살(冊名) 中 164~165쪽, 박찬중 著

모름지기 지도자(Leader)가 갖춰야 할 최고의 가치는 사람들에게 존경과 모범이 되는 '도덕성'이 되어야 한다.

지도자의 도덕성은 따르는 사람들에게서 신뢰를 만들어 낸다. 신뢰는 모든 사람 관계에서 기본이 되는 것이다. 모든 사람 간의 이해 관계에서 신뢰는 저절로 서로 존중하는 대화가 이루어질 수 있게 하고, 서로 양보하며, 모두 만족할 수 있는 결론을 마련할 수 있게 하기 때문이다.

반면 도덕성을 잃거나 의심받는 사람은 신뢰를 만들어 내지 못하므로 모든 인간 관계에서 기본을 마련하지 못한다. 그러한 사람이 지도자가 될 경우 신뢰하지 못해 저절로 따르지 못하는 대다수 사람들을 자신의 뜻에 따르게 하기 위해 법률과 규칙을 내세우게 된다. 법치(法治)가 자리 잡은 세상에서 법치를 내세우는 지도자는 무능한 자이며, 그런 사람 아래에 있는 국민은 행복하기 힘들다.

한편 지도자에게 있어서 실용이란 자신으로부터 영향을 받는 사람들이 요구하는 쓸모있는 무엇을 마련해 주는 것으로, 쓸모 있음이라는 것은 만족감을 가질 수 있게 하는 것이다. 서로에게 이득이 되고 손해가 되는 이해 관계가 실타래처럼 얽혀 있는 오늘의 세상에서 서로 만족감을 가질 수 있으려면 양보와 타협 과정이 꼭 필요한데, 양보와 타협이라는 것은 서로에 대한 신뢰가 바탕이 된다. 도덕성을 잃거나 의심받는 사람이 지도자가 될 경우 사람들에게서 신뢰를 만들어 내지 못하게 되므로 결국 온전한 실용일 수 없게 되고, 곧 낭패로 이어지게 된다.

대한민국이라는 나라에 새로운 정부가 들어섰다.
이번 정부는 모든 가치 판단의 주요 기준으로 실용을 삼겠다고 하며, 이러한 실용을 위해 법치를 전면에 내세우고 있다.

　　실용과 법치를 따르고 싶은 사람들에게는 참 좋은 세상일 듯 싶다. 결코 비아냥이 아니다. 누구나 자신의 가치가 있으며, 존중받을 권리가 있기 때문이다.

　　하지만 나는 저절로 따르고 싶은 덕치(德治)의 지도자가 그립다.

　　아무래도 비겁하기만 한 나로서는,
　　누가 뭐라해도 내 나라에서 살고 싶은 나로서는,
　　숨 죽이고 살아야 할 것 같다. 한 동안...

39살, 2008. 2. 25.

☐ 노무현 대통령 서거(逝去, 죽어서 이 세상을 떠남)

출처 : 마흔살(冊名) 中 162~163쪽, 박찬중 著

맑은 숨과 같았습니다.
숨 쉴 수 있게 해 주셔서 감사했습니다.
어르신께서 꿈꾸시고 행하셨던 길을 늘 마음에 담아 생활하겠습니다.

40살, 2009. 5. 23.
...

인터넷 추모의 글에 담아 노무현 전 대통령님께 올린 마음이다.

참으로 황망한 마음이었다.
내 나이 마흔 살. 그다지 많이 살아냈다고 하기에도, 적게 살아냈다고 하기에도 어정쩡한 삶의 연륜이겠지만, 한 해에 큰 어른 두 분을 잃어버린 경험은 올 해가 처음인 듯 하다.

지난 2월 김수환 추기경님의 선종.
그리고 오늘 노무현 전 대통령님의 서거.

오늘의 정부는 노 전 대통령 서거에 깊은 애도를 표하며, 예우에 한치의 소홀함 없이 장례를 모시겠다고 했다.
오늘의 정부는 불의의 사태가 벌어질 것을 예단하고 서울 시청을 경찰력을 동원하여 버스로 둘러쳐 추모객의 발길을 끊었고, 바로 앞 대한문에 인터넷 네티즌들의 의견을 모아 마련한 임시 분향소를 경찰력을 동원하여 강제 철거했다. 그리고 추모객을 때렸다.

나는 정치인들이 하는 정치를 알고 싶지 않다.
행정인이 정치인이 되어 행정이 아닌 정치를 하는 것에 대해 알고 싶지 않다.
대한민국의 현재와 미래를 위해 오늘의 정부가 정말 잘 되어주기를 간절히 희망한다.

정말이지 오늘의 정부가 발표한, "국민을 주인으로 섬기는 종처럼 임하겠다." 는 것이 초심이라면,
정말이지 오늘의 대한민국 국민이 정부의 진정성을 몰라줄만큼 합리적이지 못해 계몽해야 할 대상이라면,
제발이지 외양으로라도 show하는 셈 치고 이런 비극의 날만큼은 그냥 놓아두기라도 해줬으면 좋았을 것이다.

40살, 2009. 6.

. . .

본 글은 2019년 5월 경 사람사는 세상 노무현재단에 회원 가입할 때 작성해야 하는 본인 소개 칸에 올린 글이기도 하다.

☐ 구황실재산법은 위헌적이다
 (舊皇室財産法)   (違憲的)

> 출처 : 마흔살(冊名) 中 214~218쪽, 박찬중 著
> 출처 : http://imnews.imbc.com//citizen/photo/2050527_6012.html
>   (MBC 시민기자 박찬중 著)

 현 노무현 정부에서는 과거 친일파 소유의 재산들을 국고로 환수하고 있다. 이와 함께 부당하게 국고로 환수한 재산에 대해 반환 혹은 보상을 하는 일도 실행한다면 보다 나은 과거사 정리가 될 것이다. 더구나 참혹했던 현실에서 용기를 잃지 않고 면면히 살아 숨쉬는 구황족에 관련한 본 법에 대해서는 현대사를 바로 세우는 의미에서도 반드시 필요하다.

 이번 2-2회 기사는 법적 근거 자료를 실었다. 지난 2-1회, 황손 ○○님과의 인터뷰 내용을 참고하면 이해하는 것에 도움이 될 것으로 본다.

- 구황실재산법 관련 문헌 자료들 -

1. '구황실재산법' 관련 법적 근거 자료

 1) 미 군정법령 제26호(1945. 11. 8) 제2조 : 이왕직의 명칭을 이에 변경하여 구왕궁(舊王宮)이라 함.
 2) 구왕궁재산처분법(제정 : 1950. 4. 8. 법률 제119호 / 폐지 : 1954. 9. 23. 법률 339호) : 제정 후 2개월 뒤 한국동란(6. 25전쟁)이 발생하여 이 법은 시행령도 없으며, 사법(死法)이 되었다.
 3) 구황실재산법 : 사법화(死法化)된 구왕궁재산처분법을 보완하여 제정, 공포 및 시행한 법(제정 : 1954. 9. 23. 법률 제339호 / 일부 개정 : 1961. 10. 17 법률 제748호, 1962. 4. 10. 법률 제1050호 / 폐지 : 1963. 2. 9. 법률 제1265호)

2. '구황실재산법' 관련 주요 내용

 1) 제1조(목적) : 본 법은 구황실재산을 역사적, 고전적 문화재로서 영구히 보존, 관리하기 위하여 국유재산법과 별도로 구황실 재산에 관한 사항을 규정함을 목적으로 한다.
 2) 제2조(국유의 대상)
  (1) 1항 : 구황실재산은 국유(國有)로 한다.
  (2) 2항 : 전항(前項)에서 구황실재산이라 함은 구한국황실 소유에 속하였던 재산으로서 구이왕직(舊李王職)에서 관리하던 일체의 재산, 부동산, 기타의 권리를 말한다.
  (3) 3항 : 전항의 재산에는 그 재산에 따르는 의무를 포함한다.
 3) 제4조(생계비의 지급등)
  (1) 1항 : 구황족의 생계 유지상 필요할 때에는 ~ 구황족에게 양여(讓與)하거나 또는 구황실 재산 특별 회계 예산의 범위 내에서 매월 생계비를 지급할 수 있다.
  (2) 2항 : 전항의 구황족이라 함은 불법시행(不法施行) 당시 생존한 구황실의 직계존비속(直系尊卑屬) 및 그 배우자(配偶者)로서 다음 각 호(號)의 자(者)를 말한다.
   ① 낙선재 윤씨(고종의 부인)
   ② 삼축당 금씨(고종의 부인)
   ③ 광화당 이씨(고종의 부인)

④ 사동궁 김씨(이강의 부인)
⑤ 이은과 그 배우자
⑥ 이덕혜(고종의 딸)

3. '구황실재산법'의 위헌성 여부 분석

1) 본 법 제1조, 제2조(목적과 국유의 대상)
   - 경제적 기본권 중 '재산권과 법 앞의 평등권'에 대해 위헌적이다.
     본 법은 당시 대한민국 정부가 구황족 삶의 터전이 되는 궁궐과 재산을 문화재화하기 위해 제정한 것이다. 그러므로 당연히 법 시행에 따라 재산권 침해를 받게 되는 당사자와 보상 처리 등의 대화가 있어야 했다. 또한 공청회 등이 열려야만 했지만 어느 것도 실행되지 않았다. 당시 권위주의 시대의 상황과 국민 의식 수준을 감안한다고 해도 최소한 당사자와 사전 조율은 있어야만 했다.
     평등에는 절차적 평등과 실질적 평등이 있다. 설령 당시 국민의 대표 기관인 국회에서 통과되어 만들어진 법이므로 절차적 평등은 실현되었다고 해도 이해 관계에 있는 당시 정부와 국민이었던 구황족 간 실질적 평등이 실현되었는가에 대해서는 수긍하기 어렵다.
   ※ 헌법 제2장, 제23조 3항 : 공공 필요에 의한 재산권의 수용, 사용 또는 제한 및 그에 대한 보상은 법률로써 하되, 정당한 보상을 지급해야 한다.
   ※ 헌법 제2장, 제11조 1항 : 모든 국민은 법 앞에 평등하다.

2) 본 법 제4조(생계비의 지급 등)
   - '인간의 존엄성 존중과 행복추구권, 자유권적 기본권 중 주거의 자유 등'에 대해 위헌적이다.
     안타까운 것은 구체적인 생계비 지급 내역과 국고로 환수한 부동산이나 동산의 재산 변동 상황을 관리하던 '구황실청사'가 1960년 6월 6일 방화로 보이는 화재가 발생하여 모두 불타 없어졌기 때문에 자료를 찾기가 어렵다는 것이다. 하지만 지난 2-1회 기사에서 인터뷰를 통해 생계비 지급 대상도 상당히 제한적이었으며, 살아 있는 모든 황족이 생활을 하는 것에는 적정한 수준이 아니었음을 알 수 있었다.

국가는 국민 개개인의 기본권을 확인하고 이를 보장할 의무를 가지고 있다. '기본적 인권을 확인하고 보장한다' 라는 것은 적극적인 개념으로서 인권 침해를 미리 예방하기 위해 최선의 노력을 해야 한다는 내용이라고 해석할 수 있다. 국가의 필요에 의해서 불가피하게 특정 국민에 대해 인권 침해가 예상되는 법을 제정하는 과정에 있어서도 최대한의 회피 노력이 요구됨은 당연한 것이다.

또한 자유권적 기본권 중 주거의 자유에 관련해서도 위헌적이라고 볼 수 있다. 주거의 자유란 이사를 갈 수 있는 자유 뿐만 아니고 이사를 가지 않을 자유 또한 인정해야 하는 것이기 때문이다.

※ 헌법 제2장, 제10조 : 모든 국민은 인간으로서의 존엄과 가치를 가지며, 행복을 추구할 권리를 가진다. 국가는 개인이 가지는 불가침의 기본적 인권을 확인하고 이를 보장할 의무를 진다.

※ 헌법 제2장, 제14조 : 모든 국민은 거주, 이전의 자유를 가진다.

※ 헌법 제2장, 제34조 1항~2항 : 모든 국민은 인간다운 생활을 할 권리를 가진다, 국가는 사회보장, 사회복지의 증진에 노력할 의무를 진다.

본 기사를 작성하면서 재산권 침해 사례 등의 판례 등의 자문을 구하기 위한 법률 전문가와의 약속이 지켜지지 않아 1998년에 작성한 소논문 형식의 부족하기만 한 보고서를 바탕으로 싣게 된 것이 아쉬움으로 남는다.

□ 촛불 집회를 통해 바라본 우리 사회의 지향점!

　　출처 : 마흔살(冊名) 中 219~226쪽, 박찬중 著
　　출처 : http://imnews.imbc.com//citizen/photo/2178568_6012.html
　　　　　(MBC 시민기자 박찬중 著)

〈 촛불 집회 현장(2008. 6. 10.) - 서울 소재 광화문 일대 〉

　최근 서울 및 전국에서 발생하고 있는 '촛불 집회'에 관해 일부 학계와 언론 기관은 '직접 민주정치의 새로운 모습' 또는 '저항권의 발현'이라는 의미로 표현하고 있다.

　반면 또 다른 일부 학계와 언론에서는 '대의 민주주의 위기'의 시각으로 바라보고 있으며, 일부 종교단체 지도자는 '사탄 세력에 의한 불순한 책동'이라는 주장을 하고 있다.

　촛불 집회 초기 일부 정치권에서는 '과격 진보단체 등의 배후 세력에 의한 여론몰이'라고 주장을 했었다. 과연 어떠한 주장이 현 촛불 집회에서 나타나고 있는 대한민국 시민들의 주장을 가장 잘 대변하고 있는 것일까?

　이번 촛불 집회 양상을 기초로 앞으로 추구해야 하는 우리 사회의 지향점을 살피는 과정에서 해답을 찾아보기로 한다.

< 촛불 집회 현장(2008. 6. 10.) -시민들의 모습 >

1. 「최근 지속되고 있는 촛불 집회에 참여하는 시민 의식 수준은 어떠할까?」

 지난 1개월 지나 2개월 남짓 지속되고 있는 촛불 집회 양상에서 유럽, 미국, 캐나다, 호주 등 이른 바 선진 민주주의 국가에서 볼 수 있는 집회나 시위 모습을 발견할 수 있다. 명확하게 미국산 쇠고기 수입의 부당성을 주장하며, 폭력이 발생할 경우 서로 자제를 요구함으로써 비폭력을 유지하려 노력하고, 밤새 진행되는 집회 과정에서 발생하는 각종 쓰레기를 스스로 청소하는 모습에서는 오히려 위에서 열거한 국가들보다도 앞서 있는 시민 의식이라는 판단마저 하게 된다.

 촛불 집회를 통해 본 오늘날 대한민국 대다수 시민들은 '주권이 국민에게 있으며, 국민으로부터 나온다.'는 국민 주권 의식을 가지고 우리 나라를 대표하기 위해 출마하는 대통령 및 국회의원에게 정치 권력을 법으로 정한 임기 동안 잠시 맡긴 것으로, 그들이 약속을 지켜낼 경우에 한하여 정치 권력에 대한 정당성을 인정하고, 부당한 행태를 보일 경우에는 그들로부터 정치 권력을 돌려 받기 위한 저항권까지 행사하는 참여형 정치 문화 의식이 형성되어 있는 것으로 보인다.

이렇듯 우리 나라 시민 의식이 가깝게는 1960년 4. 19 혁명으로부터 1987년 6. 10 만세운동으로 발전하여 어느 새 2008년 6월 10일, 희망하던 이른바 선진 민주주의 국가의 국민 수준이 된 것이다.

< 촛불 집회 현장(2008. 6. 10.) -시민들의 모습 >

2. 「최근 촛불 집회는 과연 대의 민주 정치의 위기이자, 사탄 세력이며, 배후 세력에 의해 조정되는 단순한 대중으로 볼 수 있을까?」

일반적 학계와 정치권에서 '대의 민주 정치는 국민의 대표를 선출하여 그들로 하여금 국민의 자유와 권리 보호 및 발전을 실현시켜 나가는 정치 형태로서, 직접 민주 정치 실행이 물리적(시·공간적) 한계와 현대 사회의 다양화, 복잡화, 전문화로 인해 어려워짐에 따라 등장한 것'이라고 한다. 이러한 개념은 사회 대다수 구성원들이 공유하는 인식이라고 할 수 있겠다. 하지만 오늘날 대다수 민주 정치를 추구하는 국가들과 마찬가지로 우리 나라는 혼합 민주 정치(대의 민주 정치 형태 중심, 직접 민주 정치 형태 보완)라고 할 수 있다. 사례로 국민 투표 실시가 그러하며, 2007년 이후 실시하고 있는 지방자치단체에서의 주민 소환제는 또 하나의 강력한 직접 민주 정치 모습인 것이다.

또한 대다수 언론 기관의 보도를 통하거나 직접 현장에 나가 확인하면 금새 알 수 있듯이 이번 촛불 집회는 참으로 다양한 직업과 연령 계층, 사회 집단 및 사회 조직들의 자발적 참여에 의해 이뤄지고 있음을 발견한다.

이러한 촛불 집회 참여자들에 대해 '사탄의 무리'로 치부하는 것만큼은 촛불 집회에 참여한 꼬마 아이들과 나이 지긋한 어르신들께 민망하기 그지없는 것으로 지양해야 할 지나친 왜곡이라고 할 수 있다.

< 촛불 집회 현장(2008. 6. 10.) -시민들의 모습 >

3. 「최근 촛불 집회의 양상 기초로 앞으로 추구해야 우리 사회의 지향점은 무엇일까?」

촛불 집회에서 '전자 민주주의의 가능성'을 발견할 수 있다. 휴대폰이나 캠코더 등으로 촬영하여 인터넷을 통해 실시간 촛불 집회 현장의 모습이 중계되고, 인터넷 가상 공간을 통해 촛불 집회 참여 당위성 및 집회 일시와 장소 등에 관한 정보를 받아들인 사람들이 자발적으로 모이고 있기 때문이다.

그리고 이러한 현상을 '전자 유목민 세대'들의 모습이라고 할 수도 있겠다. 미국산 쇠고기 수입 관련 정보를 포함하여 대운하 건설, 공기업 민영화 방안,

어렌쥐로 대변되는 몰입식 영어 교육 등에 관한 정확하고 때로는 부정확한 정보들이 넘쳐날 만큼 제공되는 인터넷 가상 공간을 마치 유목민들처럼 들고 나는 과정에서 수 많은 정보들을 공유하고 선별하며 판단하여 자발적으로 모이고 있기 때문이다.

한편 촛불 집회에 대한 정부의 대응은 물대포나 소화기 사용, 여대생을 상대로 저지른 폭행 등 발생해서는 안될 부당한 공권력으로 나타났다. 하지만 거시적 관점에서 살펴볼 때 제한적이지만 어느 정도는 법과 제도 하에 공권력이 이뤄지고 있다고 볼 수 있겠다. 왜냐하면 대규모 촛불 집회가 1개월 지나 2개월 가까이 지나는 동안 대체로 평화적으로 진행되고 있음이 반증이 될 수 있기 때문이다. 물론 이러한 것이 가능할 수 있었던 가장 주요한 원인으로 우리나라 시민 의식이 참으로 높아진 정치 참여 문화 수준을 간과할 수 없다. 그리고 촛불 집회를 포함하여 각종 언론 기관, 사이버 공간을 통한 정치 참여 창구가 다양하게 활용되고 있음도 많은 언론 매체를 통해 알 수 있다.

 ← 나(키팅샘)

〈 촛불 집회 현장(2008. 6. 10.) -시민들의 모습 〉

"민주주의는 시민들의 참여로부터 시작되며 참여에 의해 결정된다."라고 한다. 이러한 선언적인 정의가 실현되기 위해서는 무엇보다도 시민 의식 수준도 올바른 판단과 타당한 주장을 할 수 있을만큼 성숙되어 있어야 하며, 민주주의로서의 법과 제도가 갖춰져 있어야 한다. 그리고 정치 참여 창구가 다양하게 존재해야 함도 당연한 얘기이다.

이상에서 언급한 것을 종합해 볼 때, 보다 나은 우리 사회를 만들어 가기 위한 지향점을 찾는다면,

첫째, 사후 조치보다 사전 예방이 중요하듯 대통령 및 국회의원 선출 과정에서 해당 후보자의 도덕성과 그 사람의 주변 인물 그리고 공약으로 내세운 정책들을 충분하게 살펴야 한다. 대통령 및 국회의원의 직책과 직무에 대한 정체성이 분명하게 바로 선 후보자를 선택해야 한다.

둘째, 시민, 언론 등과 같은 정치 참여자들의 변화하는 행태를 수용할 수 있는 정책 결정 및 집행자의 개방적 사고로의 전환이 필요하다. 전자 민주주의와 전자 유목민 세대들을 통한 실시간에 가까운 정치 참여 속도에 따라갈 수 있어야 한다.

셋째, 정책 결정 및 집행자는 진보·보수 등으로 구분짓는 것과 같은 시대에 뒤떨어지는 사고에서 벗어나 왜곡된 실용이 아닌 참된 실용에 기초한 통합을 할 수 있는 역량을 키워야 하며 모든 세대와 계층을 아우르는 법과 제도 마련에 노력해야 한다.

끝으로, 이번 미국산 쇠고기 수입 반대로 촉발된 촛불 집회에 관해 첨언을 하면 야당이 제시하고 있는 18대 국회 정상화(국회 등원)를 위한 전제 조건 중 한 가지인 '가축 전염병 예방법 개정안'을 고집하는 것보다는 기존 소비자 기본법을 활용하는 것을 제안하고자 한다. 이미 시행 중인 이 법에는 소비자의 권리와 책무 뿐만 아니라 국가 및 사업자의 책무도 적시되어 있으므로, 과연 현 정부가 자신의 책무를 다했는지에 관한 여부와 미국 쇠고기 관련 축산물 사업자와 우리 나라의 축산물 수입 및 유통업체 사업자들에게 책무를 요구할 수 있을 것이라고 판단하기 때문이다.

□ 광복절(光復節) - 지금 우리는 자격이 있는가?

출처 : 마흔살(冊名) 中 227~229쪽, 박찬중 著

출처 : http://imnews.imbc.com//citizen/photo/2678533_6012.html
(MBC 시민기자 박찬중 著)

< 제65주년 광복절을 맞이하는 독립기념관 >

"1945. 8. 15!"

한민족(韓民族)은 광복의 만세를 불렀다. 그로부터 65년이 지나 2010년을 살아가는 대한국인(大韓國人).

'과연 우리들 중에 일제 강점기 전후 참된 독립을 위해 귀한 목숨을 기꺼이 바친 당시 애국지사(愛國志士)분들 앞에서 얼굴을 붉히지 않을 사람이 과연 있을까?' 하는 부끄러움이 앞선다.

< 안중근 의사의 염원(念願) >

안중근 의사(1879. 9. 2~1910. 3. 26)의 염원은 대한독립, 대한국인이었다.

< 상자고문 - 독립기념관 내 전시물 >

삼면에 날카로운 못이 박혀 있는 좁은 상자 안에 사람을 가두어 놓고 흔들어 고통을 가하면서 신문하는 고문 방법이었다.

< 일본군 위안소 재현 모형 - 독립기념관 내 전시물 >

일본군 위안소에 강제로 끌려갔던 당시 조선의 꽃다운 젊은 여인들이 2010년 할머님이 되어 버린 오늘까지 일본 정부는 진정한 사과를 하지 않고 있다.

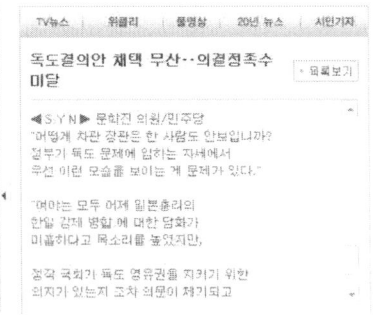

< 2010년 18대 국회의원의 현 주소 >
- 출처 : MBC 뉴스데스크, 2008.8.11. -

지난 8월 11일 MBC 뉴스데스크를 통해 절망적인 국회의원들의 행태를 또다시 지켜보아야만 했다. 한·일간의 과거사 정리와 함께 독도 영유권을 주장하기 위해 구성된 국회 외교통상위원회 내 독도영토수호대책특별위(이하 독도특위)에서 독도 결의안 채택이 무산되었다는 것이다. 더욱 가슴 아팠던 것은 '의결 정족수 미달'이 독도 결의안 채택 무산의 주요 까닭이라는 것과 독도 특위 현장에 해당 정부 부처 장관과 차관도 불참했다는 황망함 때문이었다.

과연 우리 국민은 이러한 국회의원들과 고위 공무원들을 비난할 수 있을까? 그들을 국민의 대표라고 선거에서 투표로 선출해 주고, 그러한 공무원들에게 국민의 세금으로 월급을 지급하는 이들이 지금 우리 국민인 것이다.

제65주년 광복절을 맞이하면서 "지금 우리는 자주 주권 국가의 대한국인(大韓國人)으로서, 시민으로서 자격이 있는가?"를 다시 한 번 살피게 된다.

☐ from 주한영국대사관 ... Daum 메일

2013년 3월 21일 목요일 오후 5시 59분

보낸 사람 : Enquiry.Seoul <Enquiry.Seoul@fco.gov.uk>
받는 사람 : citizendream <citizendream@hanmail.net>
참조   : Yujin.Jung <Yujin.Jung@fco.gov.uk>

안녕하세요 박찬중님,
주한영국대사관에 문의주셔서 감사합니다.

첫 번째 질문 관련하여 보유하고 있는 자료가 없는 점 양해 부탁드립니다.

두 번째 문의하신 내용에 관련해서는 영국은 성문헌법이 없어 헌법으로 규정된 바는 아니지만, 법적인 주권은 Head of State인 여왕에게 있습니다.

이와 관련된 세부사항은 아래
The official website of The British Monarchy를 참조하시기 바랍니다.
(http://www.royal.gov.uk/HMTheQueen/HMTheQueen.aspx)

감사합니다.

주한영국대사관 드림

☐ from 박찬중 ... Daum 메일
2013년 3월 21일 목요일 오후 2시 20분

From   : citizendream@daum.net [mailto:citizendream@daum.net]
Sent   : 21 March 2013 14:20
To   : Enquiry - Seoul (Protect)
Subject   : 박찬중입니다. 몇 가지 질문이 있어 안내 받은 이메일 주소로 여쭤봅니다.

저는 관광객을 상대로 문화, 역사 해설 등 강의하는 사람입니다.

1. 영국과 같이 현재 국가 정치 형태가 왕국인 국가는 모두 몇 개국이며 구체적인 국가 이름을 알 수 있을까요? (통계청 등을 통해 알아보았으나 자료가 없었습니다.)

2. 영국은 입헌군주국으로, 법적인 주권은 누구에게 있나요? 영국 국왕입니까, 아니면 국민입니까?

올바르게 알고 강의를 하고 싶어 위와 같은 질문을 합니다.
부탁드립니다.

. . .

  2013년 당시 전주 한옥마을에 있는 승광재(承光齋, 전라북도 전주시 완산구 최명희길 12-6(풍남동 3가) 소재)에서 잠시 황손(皇孫) 어르신을 대한황실 승광재 사무국장 겸 비서로서 모시면서 활동했던 때이다.

55세, 2025. 1. 17.

바른 길이 되어주는 조상(祖上)
바른 길, 참 삶 - 참 효(孝), 참 아버지, 참 군인, 참 벼슬아치

□ 성웅(聖雄)
이순신

... 2014년 9월 경, 박찬중(키팅샘) 글씀, 엮음

성웅으로서 후손들이 한없이 우러를 수 있는 조상을 모실 수 있는 겨레는 참으로 복된 겨레이다. 사람이 한 세상을 살아가면서 바른 길 위로 걸어갈 수 있는 친구를 만나는 것은 참으로 행복한 인연인 것과 같이 '바른 길이 되어 주는 조상'을 모실 수 있다는 것은 복된 일이기 때문이다. 이러한 의미에서 성웅 이순신을 조상으로 모실 수 있는 우리 한겨레는 참으로 복된 겨레이다.

※ 성웅(聖雄) : 지덕(知德)이 뛰어나 많은 사람이 존경하는 영웅

난중일기

1962년 12월 20일에 국보 제76호로 지정하여 국가 차원에서 보호를 하고 있는 것으로, 이순신 장군이 임진왜란(정유재란 포함, 1592년~1598년) 기간 동안 기록한 일기이다. 유네스코는 난중일기를 2013년 6월에 세계기록유산으로 결정하여 모든 인류가 함께 공유할만한 가치있는 기록물로서 보존을 위한 기술 지원 등을 하고 있다. 무엇보다도 일기는 하루 동안 있었던 상황과 자신의 마음을 솔직하게 적은 글인만큼 난중일기는 이순신 장군의 진솔한 모습을 살필 수 있는 귀중한 사료라고 할 수 있다.

※ 정유재란(1597년~1598년) :
　　　　　　　임진왜란 중 화의 교섭 결렬로 1597년에 다시 일어난 왜란
※ 유네스코(United Nations Educational Scientific and Cultural Organization의 줄임말, UNESCO, 국제연합교육과학문화기구) : 교육, 과학, 문화의 보급 및 교류를 통해 여러 국민들 사이의 이해를 높혀 협력 관계를 촉진함으로써 국제 평화와 안전을 확보하기 위해 1945년에 설립한 국제연합전문기구

[장수(將帥)로 걸어가야 하는 충성(忠誠)의 바른 길이 되다]

나라가 평화로운 때 장수의 길 이순신 장군은 일상으로 나라가 유지될 때 위태로울 시기, 특히 일본의 침략을 대비하는 것에 소홀함이 없었다. 군대 시설과 무기를 살피고 개발했으며, 장졸(將卒)들에 대해서는 자애로움과 함께 군령의 지엄함을 몸소 실천하였다.

※ 장수(將帥) : 군사를 거느리는 우두머리
※ 장졸(將卒) : 장수와 병졸

임진년(선조 25년, 1592년) 1월 16일 공무를 보았다. 방답의 병선 군관과 향리들이 병선을 수리하지 않았던 까닭에 곤장형을 내렸다. 자기 이익만을 취하고 나라 일은 돌보지 않는다.

임진년(선조 25년, 1592년) 2월 26일, 27일 개이도를 순찰하기 위해 배에 올랐다. 날이 저물어서야 도착하여 무기를 살폈다. 긴 화살은 쓸 만한 것이 없었으나, 전투함은 어느 정도 완전해 만족하였다. 흐렸다. 아침에 북쪽 봉우리에 올라가 지형을 보니, 사방에서 적의 공격을 받을 상황이었다. 성과 연못도 너무 허술하여 참으로 걱정스러웠다. 첨사가 노력하였으나 미처 시설을 못했으니 안타깝다.

임진년(선조 25년, 1592년) 4월 12일 맑았다. 거북선의 지자포와 현자포 발사 성능을 시험했다.(임진왜란 : 1592년 4월 14일 시작)

※ 거북선 : 세계 최초의 돌격용 철갑전선으로 평가되고 있는 거북선은 조선왕조실록 1413년(태종 13년)에 이름이 처음 나타난다. 난중일기에 따르면 임진왜란 직전 이순신의 고안에 의해서 군관 나대용 등이 건조한 것으로 알려지고 있다. 처음 해전에 참가한 것은 1592년(임진년) 5월 29일 사천해전으로 기록하고 있다. 이순신의 장계에 따르면 거북선은 용머리를 앞에 만들어 붙이고 밖을 내다볼 수 있어도 밖에서는 안을 들여다볼 수 없도록 설계하여 비록 적선 수 백 척 속이라도 뚫고 들어가서 대포를 쏘게 되어 있다. 조선 정조 때 이충무공전서에 따르면 거북선의 크기는 판옥선의 크기와 같고, 뱃머리에 용머리를 설치하여 용 입을 통해 대포를 쏠 수 있게 하였다. 거북선에서 사용했던 대포는 천자포, 지자포, 현자포, 황자포 등이었

다. 거북선 등 부분에는 뾰족하게 만든 쇠송곳을 꽂아 왜군이 배 위에 올라 올 수 없게 하였다. 당시 거북선의 총 전함 수는 대략 3~5척으로 1척에 대략 125명~130명 정도 수군들이 있어 전쟁에 임하였다.

나라가 위태로운 때 장수의 길 이순신 장군은 나라가 위태로운 시기에 임해서는 나라와 국왕의 안위를 한없이 염려하였으며, 부하 장수들에 대해서는 자애로움과 함께 군령의 지엄함을 하늘과 같이 실행하였다.

※ 충무공장검 (보물326호) : 임진왜란 중(1594년) 제작, 길이 2m, 무게 5kg.
   칼자루 속 슴베에 '갑오년 4월 태귀련과 이무생이 만들다.' 라는 글자가 새겨 있어 제작년도와 만든 이를 알 수 있다. 장검 날에 타격 흔적이 없고 길이와 무게로 미루어 볼 때 성웅 이순신이 실제 사용한 칼로 보기는 어렵다. 장검 두 자루에는 성웅 이순신이 직접 쓴 글자로 장중한 「三尺誓天 山河動色 一揮掃蕩 血染山河」 글이 새겨져 있는 것으로 볼 때 통제사의 권위를 나타내는 의장용으로 사용되었던 장검으로 추측한다.

※ 三尺誓天 山河動色 一揮掃蕩 血染山河(삼척서천 산하동색 일휘소탕 혈염산하) : 석자 칼로 하늘에 맹세하니 산하가 떨고 한 번 휘둘러 쓸어버리니 피가 강산을 물들인다.

임진년(선조 25년, 1592년) 5월 초3일 아침 내내 가랑비가 내렸다. 여도 수군 황옥천이 집으로 달아났다. 잡아 와 목을 베어 높이 메어 달게 했다.

계사년(선조 26년, 1593년) 6월 초3일 새벽에 맑았다가 늦게 큰비가 왔다. 순찰사(권율), 순변사(이빈), 병사(선거이), 방어사(이복남)들의 답장이 왔다. 각도의 군마가 많아야 5,000을 넘지 못하고, 양식도 거의 떨어져 간다고 한다. 적도들의 행패가 날로 더해 가는데, 일마다 이렇게 되어가니 어찌하면 좋으랴.

갑오년(선조 27년, 1594년) 7월 12일 맑았다. 유정승(성룡)이 세상을 떠났다는 부고가 순변사에게 왔다고 한다. 이는 반드시 질투하는 자들이 말을 만들어 헐뜯는 것이다. 오늘 밤 마음이 어지러워서 혼자 마루에 앉아 있었는데, 내 마음을 스스로 걷잡을 수가 없었다. 걱정이 쌓여 밤이 깊도록 잠을 이루지 못했다. 유정승이 어떻게 되었다면 나랏일을 어찌하랴.

을미년(선조 28년, 1595년) 5월 29일 비바람이 그치지 않고 종일 퍼부었다. 사직의 위엄과 영험에 힘입어 겨우 조그만 공을 세웠는데, 임금의 총애와 영광이 너무 커서 분에 넘친다. 장수의 직책을 띤 몸으로 티끌만한 공도 세우지 못했다. 입으로는 교서를 외면서, 얼굴에는 군사로서 부끄러움이 있다.
　병신년(선조 29년, 1596년) 2월 23일 맑았다. 둔전에서 받아들인 벼를 개정했는데, 새 곳간에 167석을 들여 쌓았다. (48석이 줄었다.)

※ 둔전(屯田) :
　고려, 조선 왕조 때 지방에 주둔한 군대의 군량, 관청의 경비에 쓰도록 지급한 토지

　백의종군(1597년 4월 1일~8월 3일)　정유년(선조30년, 1597년) 1월, 국왕의 일본군 공격 명령을 따르지 않았다는 죄목으로 파직되어 서울로 압송되어 죽음에 닿기 직전까지 3개월 간 험한 신문을 받은 후 4월 1일 백의종군의 명령을 받고 풀려났다.

※ 백의종군(白衣從軍) : 벼슬이 없는 상태에서 군대를 따라 싸움터에 나감. 당시 일본 장수 고니시의 부하인 요시라는 이중 간첩이었다. 요시라는 경상우병사 김응서에게 가토가 바다를 건너올 것이라는 거짓 정보를 제공하면서 수군을 시켜 가토를 사로잡을 것을 제안한다. 조선 조정에서는 통제사 이순신에게 이를 실행하라는 명령을 내렸다. 이 사건을 빌미로 이순신에 대한 모함이 이루어졌고, 조선 왕 선조는 이순신이 왕의 명령을 어기고 출전을 지연하였다는 등의 죄를 물은 것이다.
　성웅 이순신이 원균에게 직위와 함께 인계하였던 당시 군수 물자는 10,000석 가까운 군량미, 화약 4,000근, 각 전함에 놓인 총통 등은 300자루나 되었다.

　정유년(선조 30년, 1597년) 5월 26일 큰 비가 종일 내렸다. 비를 맞으면서 길을 떠났다. 막 떠나려는데 사량만호 변익성이 체찰사에게 문초 받을 일로 잡혀왔으므로 잠시 만나보았다. 석주관에 이르자 비가 퍼붓듯 왔다. 엎어지고 자빠지며 간신히 악양 이정란의 집에 이르렀지만, 문을 닫고 거절했다. 그 집은 김덕령의 아우 덕린이 빌려든 집이다. 나는 열을 시켜서 억지로 청해 들어가 잤다. 행장이 다 젖었다.

※ 형편없어진 전투력으로 명량해전(9월 16일)에 임하게 된 이순신 장군이 전투 하루 전에 쓴 글이다. 잠시 휴전과 같은 상태였던 전쟁은 1597년 정유재란으로 다시 시작되었다. 원균이 이끌었던 수군은 칠천량 전투(7월 16일)에서 일본군에 의해 전멸 상태가 된 상태였다. 8월 3일 이순신 장군은 다시 삼도수군통제사로 임명되었다. 당시 임명 내용("지난 번에 그대의 지위를 바꿔 오늘같은 패전의 치욕을 당했으니 무슨 할 말이 있겠는가")을 보면 국왕 선조의 안타까운 심정이 고스란히 담겨있다.

필사즉생 필생즉사(必死則生 必生則死)   정유년(선조 30년, 1597년) 9월 15일 맑았다. 숫자가 적은 수군으로 명량을 등지고 진을 칠 수 없으므로 우수영 앞바다로 진을 옮겼다. 그리고 여러 장수들을 불러 모아 약속했다. "병법에 이르기를 죽기를 각오하면 살고, 살려고 하면 죽는다했다. 또 한 사람이 길목을 지키면 천 사람도 두렵게 할 수 있다고 했으니 지금의 우리를 두고 한 말이다. 너희 여러 장수들은 살려고 마음 먹지 말아라. 조금이라도 명령을 어기면 마땅히 군율대로 시행하겠다." 두 번 세 번 엄격히 약속했다.

"신에게는 아직 전선 12척이 있으니
죽을 힘을 다해 싸우면 할 수 있는 일입니다."
"비록 저의 전선은 적지만
신이 죽지 않는 한 적이 우리를 업신여기지 못할 것입니다."

— 명량해전에 임(臨)하여

※ 명량해전 : 1597년 9월 16일 오전 10시 전후~오후3시에 있었던 해전. 오늘의 진도와 해남군 화원반도 사이에 있는 해협으로 조류가 무척이나 빠른 곳이다. 당시 우리 수군과 일본 수군의 총 전함 수는 대략 12여 척 대 330여 척이었다. 일본 수군은 좁은 수로를 통과하기 어려운 대형 군선 아다케부네는 해협 밖에 대기하고 세키부네 위주로 130여 척이 협수로를 통과하여 조선 함대와 전투를 벌였다. 이순신 장군은 선두에 서서 각종 함포와 화살을 쏘며 홀로 130여 척을 상대로 오랜 시간을 버텨야만 했다. 칠천량 전투에서 대패했던 우리 수군은 왜군이 두려워 뒤에 물러서 주저하고 있었기 때문이었다. 조선 수군에게 유리한 방향으로 조류가 바뀌자 그제서야 나머지 조선 함대도 참전하였고, 31척의 군선을 잃은 일본군은 후퇴함에 조선 수군은 승리할 수 있었다. 이 전쟁의 승리로 조선 수군은 제해권을 되찾을 수

있게 되었고, 정유재란에서 조선이 일본에 대해 불리했던 위치에서 유리한 위치로 올라 설 수 있는 결정적인 계기가 되었다.

　명량해전 이후 이순신은 수군 양성과 백성 난민들을 보듬어 안았다. 그 결과 단시일에 지난 백의종군 당시 한산도 군영에 비해 군사력은 10배를 넘어섰고, 백성 난민들의 가구 수는 수만 채가 되었다.

※ 판옥선 : 길이 대략 32~35m, 너비 대략 12m, 승선 가능 인원 대략 150여 명, 3층 구조로 병사들이 휴식할 수도 있는 선실(1층), 노를 젓는 격군이 집 모양의 판자 안에 위치해 있어 적의 조총이나 화살 공격으로부터 안전하게 노를 저을 수 있게 한 주갑판(2층), 주갑판 위에 판옥(네모난 집 모양의 상장) 등을 설치하고 전투원들이 적을 위에서 내려다보면서 유리하게 전투를 수행할 있게 한 갑판(3층)으로 이루어진 전투함이다. 판옥선은 우리 나라 서해안과 남해안의 독특한 바다 특성(복잡한 해안선, 많은 섬, 넓은 갯벌, 무척 큰 조수 간만의 차, 지역에 따라 거세지는 조류, 낮은 해저 지형 등)에 맞게 바다를 평평하게 설계하였다. 평평한 바닥 구조 특성 상 선체 저항이 커서 속도가 느린 단점이 있지만 대형 화포 등을 많이 싣고도 안정적인 운항이 가능하고 썰물 때 갯벌 위에서 넘어지지 않고 그대로 바닥에 내려앉을 수 있는 장점이 있었다.

※ 아다케부네 : 당시 일본 수군의 대장이 승선했던 전투함이다. 크기와 승선 가능 인원은 판옥선과 비슷하였다. 2층 구조로 갑판 위에 화려하게 꾸민 대장이 지휘하는 누각을 설치하였다. 바닥이 평평한 판옥선과 다르게 바닥이 뾰족하여 먼 거리 항해에 유리하게 설계하였다. 우리 나라 서해안과 남해안의 독특한 바다 특성 상 뾰족한 바닥 구조인 일본 전투함은 물 속에 깊이 잠겨 뱃머리를 돌리거나 썰물 때 갯벌 위에 닿아 넘어지는 등 전투에 임하는 데 불리하였다.

※ 셰키부네 : 당시 일본 수군의 주력 전투함이다. 크기는 판옥선의 1/2 정도이며, 승선 가능 인원은 60여 명이었다. 일본군의 주력 전술인 근접하여 백병전을 수행할 수 있게 설계하였다. 판옥선이 단단한 재질의 소나무로 12~18cm의 두께로 만든 전투함인데 반해 아다케부네와 셰키부네는 소나무보다 강도는 약하지만 가공하기 쉬워 정밀한 구조 설계가 가능한 삼나무와 전나무로 배를 만들었다. 아다케부네와 같이 바닥이 뾰족하고 크기가 작아 대형 화포를 싣기에는 적합하지 않아 일본의 주력 무기였던 조총 부대원들을 배치하여 백병전에 대비하였다. 판옥선보다 높이가 크게 낮아 적선(판옥선)에 건너 올라 백병전을 벌이기가 어려웠다. 마치 성 아래에 있는 일본 병사가 성 위에 있는 조선 병사를 상대로 싸우는 것과 같이 불리하였다.

정유년(선조 30년, 1597년) 10월 초5일 맑았다. 도원수의 군관이 유지를 가지고 왔다. "이번에 선전관에게 들으니 통제사 이순신이 아직도 전투에 힘을 내기 위해 고기를 먹는 임시 방편을 따르지 않아 여러 장수들이 민망히 여긴다고 한다. 어머니를 그리워하는 사사로운 정이야 간절하겠지만, 지금은 나랏일이 한창 바쁜 시절이다. 옛 사람이 말하길 전쟁에 나가 용맹이 없으면 효(孝)가 아니라고 했다. 전쟁에서의 용맹은 소찬이나 먹어서 기력이 곤비한 자가 능히 할 수 있는 것이 아니다. <예기>에도 원칙을 지키는 경(經)이 있고, 임시 방편을 취하는 권(權)이 있다. 꼭 평상시의 예법만 지킬 수는 없는 법이니, 경(卿)은 내 뜻을 잘 생각해 소찬 먹기를 그만두고 임시 방편을 따르라."고 했다. 아울러 고기 반찬을 내리셨으므로 더욱 감격스러웠다.

"지금 싸움이 한창 급하니 나의 죽음을 알리지 말라." - 노량해전 中에

※ 노량해전 : 1598년 11월 19일 이른 새벽, 일본 함대의 선제 공격으로 시작되었다. 해전 7년 중 가장 치열한 근접전이 펼쳐지게 되었다. 조선과 명의 연합 함대는 큰 승리를 거두었고, 이 전쟁을 마지막으로 7년 간 지속되었던 임진왜란(정유재란 포함)은 끝이 났다. 노량해전에서 이순신 장군을 포함한 장수 10여 명과 명나라의 많은 장졸이 전사하였다.

※ 충(忠) : 본래 어느 한 쪽으로 치우치지 않고 공평한 것을 의미한다. 이 때 기준을 어디에 두느냐에 따라 충에 대한 가치 판단이 달라질 수 있는데, 난중일기를 통해 살펴 본 이순신 장군은 바른 공평의 기준을 왕과 함께 백성을 중심으로 삼고, 공공의 업무는 물론 개인의 일을 판단하고 결정하는 것까지 어느 한 쪽에 치우치지 않고 공평하게 판단하기 위해 노력하는 모습을 발견할 수 있다.
　반면 어쩔 도리 없이 왕과 백성 중에서 선택해야 하는 상황에서는 백성을 선택하는 모습을 발견 할 수 있다. 왕이 곧 국가였던 조선 왕조 시기, 이순신 장군은 국왕의 신하로서 국왕에게 목숨을 다해 헌신하되 국왕의 명령이 백성을 살필 수 없는 명령일 경우에는 목숨을 걸고 단호히 거부하였다. 아무래도 이순신 장군은 왕이 곧 국가라는 신념 위에 백성이 곧 국가라는 신념을 가지고 있었던 듯 하다.

[자식으로 걸어가야 하는 효성(孝誠)의 바른 길이 되다]

흰머리카락

　임진년(선조 25년, 1592년) 6월 12일 비오다 개다 했다. 아침에 흰 머리털 두어 오라기를 뽑았다. 흰 머리털이 났다고 어떠랴마는, 다만 위로 늙은 어머님이 계시기 때문이었다.
　갑오년(선조 27년, 1594년) 1월 11일 흐렸지만 비는 오지 않았다. 아침에 어머님을 뵈려고 배를 탔다. 바람 따라 바로 고음천에 닿았는데, 남의길, 윤사행과 조카 분이 같이 갔다. 어머님을 뵈었더니 기운이 가물가물하셨지만 말씀이 헷갈리지는 않으셨다. 적을 토벌하는 일이 급해서 오래 머물지 못했다.
　갑오년(선조 27년, 1594년) 11월 15일 맑고 봄날같이 따뜻했다. 음양이 질서를 잃었다. 오늘은 아버님 제삿날이라서 공무를 보러 나가지 않고, 방 안에 혼자 앉아 있었다. 아픈 마음을 어찌 다 말하랴. 아들 울 등의 편지를 보니, 어머님께서 평안하시다고 한다. 다행이다. 영의정의 편지도 왔다.

울고 싶다

　을미년(선조 28년, 1595년) 6월 초4일 맑았다. 탐후선이 오지 않아 어머님의 안부를 알 수 없으니 답답해 울 것 같다.
　을미년(선조 28년, 1595년) 6월 초9일 맑았다. 어둘 녘에 탐후선이 들어왔는데, 어머님께서 이질에 걸리셨다고 하니 답답해서 울고 싶다.
　을미년(선조 28년, 1595년) 6월 12일 가랑비가 오고 바람이 불었다. 새벽에 (아들) 울이 들어왔다. 어머님의 병환이 조금 덜해지셨다고는 하지만, 구십 노인이 이런 위태한 병에 걸리셨으니 염려스러워 울고 싶다.
　을미년(선조 28년, 1595년) 7월 초3일 맑았다. 2경(밤 10시)에 탐후선이 들어왔다. 어머님께서 평안하시지만 입맛이 없다고 하니 몹시 민망하다.
　을미년(선조 28년, 1595년) 11월 15일 맑았다. 아버님 제삿날이라 나가지 않았다. 혼자 앉아 아버님을 생각해보며 그리움을 이기지 못했다.

병신년(선조 29년, 1596년) 윤8월 12일 맑았다. 종일 노를 빨리 저어 2경 (밤 10시)에 어머님께 이르렀다. 백발이 흩날리는 모습으로 나를 보고 깜짝 놀라 일어나셨다. 눈물을 머금고 서로 붙들고 앉아 밤새도록 위로하고 기쁘게 해 드렸다.

　　병신년(선조 29년, 1596년) 윤8월 13일 맑았다. 옆에 모시고 앉아 아침 진지상을 올리니 대단히 기뻐하시는 빛이었다. 늦게 하직 인사를 드리고 본영으로 돌아왔다.

　　정유년(선조 30년, 1597년) 4월 11일 맑았다. 새벽에 꿈이 몹시 어지러워 마음이 편치 못했다. 병드신 어머님을 생각하니 저절로 눈물이 떨어졌다. 종을 보내 어머님의 소식을 알아오게 했다. 도사가 온양으로 돌아갔다.

　　뛰쳐나가며 발을 구르니 하늘의 해마저 캄캄했다
　　　　　　　　　　　　　　　　　　　　　－ 어머니의 부고(訃告)를 듣고

　　정유년(선조 30년, 1597년) 4월 13일 맑았다. 일찍 아침을 먹은 뒤에 어머님을 마중하려고 바닷가로 가는 길에, 종 순화가 배에서 와서 어머님의 부고를 전했다. 뛰쳐나가며 발을 구르니 하늘의 해마저 캄캄했다. 곧 해암으로 달려갔더니, 배가 벌써 와 있었다. 가슴이 찢어지는 아픔을 다 적을 수가 없다.

　　　　　　(당시는 조정의 험한 고문 끝에 풀려나 백의종군에 임하게 되는 때였다.)

　　정유년(선조 30년, 1597년) 4월 16일 궂은비가 내렸다. 배를 끌어다 중방포에 옮겨 대고, 영구를 상여에 싣고 집으로 돌아왔다. 마을을 바라보며 찢어지는 아픔을 어찌 다 말하랴. 집에 이르러 빈소를 차렸다. 비는 크게 쏟아지는 데다 남으로 가는 길마저 또한 급박해서 부르짖으며 울었다. 빨리 죽기만을 기다릴 뿐이다.

　　정유년(선조 30년, 1597년) 4월 19일 맑았다. 일찍 길을 떠나며, 어머님 영 앞에 곡하고 하직했다. 어머님의 장례도 치르지 못하고 백의종군 길을 떠나야 하니 천지 간에 어찌 나 같은 일이 있으랴. 빨리 죽는 것보다 못하다. 뇌의 집에 이르러 선조(先祖)의 사당에 하직했다.

　　정유년(선조 30년, 1597년) 7월 초10일 맑았다. 열과 변존서를 아산으로 보내려고 앉아서 날새기를 기다렸다. 스스로 정을 억제할 수 없어 통곡하며 보냈다. 내가 무슨 죄를 지었기에 어머님의 장례도 직접 모시지 못하고 이 지경에 이르렀단 말인가.

[목민관으로 걸어가야 하는 애민(愛民)의 바른 길이 되다]

※ 목민관(牧民官) : 백성을 다스리는 벼슬아치

계사년(선조 26년, 1593년) 5월 초6일 개천에 물이 넘쳐 농민들을 만족하게 하니 다행이다.

갑오년(선조 27년, 1594년) 1월 20일 맑았지만 큰 바람이 불어 몹시 추웠다. 각 배에서 옷 없는 사람들이 거북이처럼 목을 움츠리고 추워 떠는 소리를 차마 들을 수 없었다. 군량미가 도착하지 않아 이 또한 답답했다.

갑오년(선조 27년, 1594년) 2월 초9일 맑았다. 아침에 고성현령이 왔는데, 돼지를 가지고 왔다. 그에게 당항포에 적선이 오가는지 묻고, 또 백성이 얼마나 굶주리는지 물었다. 서로 잡아먹기까지 하니 장차 어떻게 살아가랴.

을미년(선조 28년, 1595년) 6월 18일 비오다 개다 했다. 진주 선비 유기룡과 하응문이 양식을 대어 달라고 청해 쌀 5석을 받아 갔다.

병신년(선조 29년, 1596년) 4월 초6일 늦게 큰 비가 왔다. 농민의 소망을 흡족히 채워주니 기쁘고 다행한 마음을 이루 말할 수 없다.

병신년(선조 29년, 1596년) 윤8월 14일 맑았다. 지나온 곳들이 모두 쑥대밭이 되어 참혹한 꼴을 차마 눈으로 볼 수 없었다. 우선 전선을 정비하는 일을 면제해 주어 군사와 백성들의 노고를 풀어주어야겠다.

병신년(선조 29년, 1596년) 9월 초8일 맑았다. 아침 식사에 고기 반찬을 놓았지만, 나라 제삿날이라 먹지 않았다. 아침 먹은 뒤에 동산원에 가서 말에 여물을 먹이고, 말을 재촉해 임치진에 이르렀다. 그랬더니 이공헌의 여덟 살 된 딸이 사촌의 계집종 수경과 함께 보러 왔다. 공헌을 생각하니 애처로운 마음을 이길 수 없었다. 수경은 내어버린 아이를 이담의 집에서 얻어다 기른 것이다.

정유년(선조 30년, 1597년) 6월 초2일 비오다 개다 했다. 일찍 떠나 단계에서 아침을 먹고 늦게 삼가현에 도착했다. 현감은 이미 산성으로 가서 주인도 없는 빈 객관에서 잤다. 고을에서 심부름하는 사람이 밥을 지어주며 먹으라고 했지만, 종들에게 먹지 말라고 일렀다.

              (당시는 조정의 험한 고문 끝에 풀려나 백의종군에 임하게 되는 때였다.)

정유년(선조 30년, 1597년) 6월 초3일 비가 왔다. 길을 떠나지 못하고 그대로 묵었다. 아침에 종들이 고을 사람들의 밥을 얻어 먹었다고 하기에, 종을 때리고 밥쌀을 도로 갚아주었다.

정유년(선조 30년, 1597년) 8월 초9일 맑았다. 일찍 떠나 낙안에 이르니 많은 사람들이 5리 밖까지 보러 나왔다. 흩어져 달아난 까닭을 물었더니 적이 쳐들어온다고 병사가 겁내면서 창고에 불을 지르고 달아났기 때문에 백성들도 흩어졌다고 말했다. 군에 도착하니 관사와 창고의 곡식이 모두 타버려 관리와 백성 가운데 눈물을 뿌리며 보러 오지 않는 사람이 없었다. 오후에 길을 떠나 10리쯤 이르렀는데 늙은이들이 길가에 늘어서서 술병을 다투어 바쳤다. 받지 않았더니 통곡하면서 억지로 바쳤다. 저녁에 보성 조양창에 도착했는데 아무도 없었다. 창고의 곡식은 예전 그대로 봉쇄되어 있어 군관 4명을 시켜 지키게 했다. 나는 김안도의 집에서 잤는데, 집 주인은 이미 피난가고 난 후였다.

[부모로 걸어가야 하는 부성애(父性愛)의 바른 길이 되다]

계사년(선조 26년, 1593년) 8월 초2일 맑았다. 탐후선이 들어왔는데, 염이 아픈 데가 곪아서 침으로 째었더니 고름이 흘러나왔는데 며칠만 늦었더라면 구하기가 어려웠다고 한다. 놀라움과 탄식을 이길 수 없다. 이제는 조금 생기가 있다고 하니, 기쁘고 다행한 마음을 어찌 다 말하랴. 의원 정종의 은혜가 참으로 크다.

갑오년(선조 27년, 1594년) 2월 초8일 맑았지만 동풍이 크게 불고 날씨가 몹시 추웠다. 봉과 분이 배로 떠난 것을 생각하며 밤새도록 편히 자지 못했다.

병신년(선조 29년, 1596년) 8월 초4일 맑았지만 동풍이 크게 불었다. 늦도록 다락에 앉아서 아이들이 떠나는 것을 바라보느라고 몸이 바람에 상하는 줄도 몰랐다.

정유년(선조 30년, 1597년) 5월 초3일 맑았다. (둘째 아들) 울의 이름을 열로 고쳤다. 열은 음이 열이다. 싹이 처음 돋아나고 초목이 무성하게 자란다는 글자이니, 그 뜻이 아주 아름답다.

내가 죽고 네가 사는 것이 이치에 마땅하건만...
하늘과 땅이 캄캄해지고 밝은 해까지도 빛을 잃었다
　　　　　　　　　　　　　　　　　　 - 아들 면의 부고(訃告)를 듣고

정유년(선조 30년, 1597년) 10월 14일 맑았다. 4경(새벽 2시)에 꿈을 꾸었는데 내가 말을 타고 언덕 위를 가다가 말이 헛디뎌 냇물 속에 떨어졌지만 거꾸러지지는 않았다. 그런데 막내아들 면이 나를 껴안는 모습을 보고 깨었다. 무슨 조짐인지 모르겠다. 저녁에 어떤 사람이 천안에서 와서 집 안 편지를 전했는데, 봉함을 뜯기도 전에 뼈와 살이 먼저 떨리고 정신이 혼미해졌다. 겉봉을 대강 뜯고 둘째 아들 열의 글씨를 보니, 겉에 '통곡' 두 글자가 씌어 있었다. 면이 전사한 것을 알고 나도 모르게 간담이 떨어져 목놓아 통곡했다. 하늘이 어찌 이다지 인자하지 못하신가. 내가 죽고 네가 사는 것이 이치에 마땅하건만, 네가 죽고 내가 살았으니 무슨 이치가 이렇게 어긋나는가. 하늘과 땅이 캄캄해지고 밝은 해까지도 빛을 잃었다. 슬프다. 내 아들아. 나를 버리고 어디로 갔느냐. 남달리 영특해서 하늘이 이 세상에 남겨두지 않은 것이냐. 내가 지은 죄 때문에 재앙이 네 몸에 미친 것이냐. 이제 내가 세상에 산들 누구를 의지하겠느냐. 울부짖기만 할 뿐이다. 하룻밤 지내기가 1년 같구나.

※ 이면 : 1577년~1597년, 성웅 이순신의 셋째 아들. 정유재란 당시 이순신에 대한 보복으로 비밀리에 보낸 암살단(닌자)의 충남 아산 이순신 생가 급습에 저항하다 팔과 다리가 모두 절단되어 참혹하게 전사하였다. 아버지 이순신을 닮아 총명하고 재주가 뛰어나며 무술에도 능했다. 현재 충남 아산 현충사 내 묘소가 있다.

※ 귀무덤공원 : 2014년 지금의 일본에는 귀무덤 또는 코무덤이라고 불리는 공원이 있다. 교토시 히가시야마구에 있는 무덤으로, 지금으로부터 420여 년 전 임진왜란(정유재란 포함, 1592년~1598년) 때 왜군에 의해 전리품으로 베어진 조선 군인

과 백성들의 귀와 코가 묻힌 곳이다. 당시 조선을 침략한 왜군이 전쟁에서 세운 공로의 표식으로 무겁고 부피가 큰 머리를 베는 대신에 조선 군인과 백성들의 코와 귀를 베었는데, 이와 같은 이유로 희생된 조선인은 12만 명 이상이었다. 그들의 베어진 코와 귀는 부패를 막는다는 이유로 소금에 절여져 일본으로 옮겨졌고, 토요토미 히데요시의 명령으로 무덤으로 만들어졌던 것이다. 무덤 위에는 희생된 조선인의 억울한 혼을 억누르기 위해 만들어 놓은 오륜석탑이 세워져 있다. 쿄토시는 이곳을 이총공원(耳塚公園 : 귀무덤공원)으로 조성하고, 2003년에 안내판을 설치했는데 이총(耳塚)과 비총(鼻塚)을 함께 사용하여 안내하고 있으며, 바로 근처에 임진왜란을 일으켜 당시 우리 하늘, 우리 땅, 우리 바다, 우리 백성을 무참하게 마구 죽게 한 전쟁 범죄자, 임진왜란 당시 일본 왕 토요토미 히데요시의 신사(토요쿠니신사)가 있다.

추 신
追伸 postscript

인연을 지었고, 인연을 짓고 있는 학생 모두에게

키팅(Key★Think)샘 보냄 2023. 秋 ~ 2024. 冬

□ 나는 누구인가(정체성, 正體性)를 찾아갔던 과정

  고등학생 때 모교(母校) 공주고등학교(충남 공주시 소재)에는 동문동산(同門동산)이라고 부르는 언덕이 있었다. 3학년 학생일 때 생활했던 3층 건물의 2층에서 바라볼 때면 눈높이의 언덕이었다. 동문동산에는 졸업하신 선배님들 중에 유명하신 선배님들의 이름, 정치·경제·사회적 지위를 알리는 직함(職銜 – 국무총리, 내무부장관, 대법원장 등), 몇 회 졸업생임을 알리는 숫자 등이 새겨져 있는 기념비(紀念碑)들이 A4용지보다 가로, 세로, 높이가 조금 더 큰 크기로 줄지어 땅에 박혀 있었다.

  학교 후문(後門)으로부터 언덕에 올라 운동장 쪽으로 줄지어 서 있는 기념비들을 따라 걷다 보면 동문동산 구역이 끝나고, 동문동산 구역이 끝나는 곳으로부터 운동장 쪽으로 내려가는 돌계단 사이에는 사람들이 오고 갈 수 있는 3m 정도 너비의 길이 있었다. 언덕 위 강당과 강당 오른편에 나란하게 서 있는 3층 건물을 서로 이어주던 3m 정도 너비의 언덕 위 그 길 끝자락에 단풍나무로 기억하는 한 그루가 다른 나무들과 한참 거리를 두고 홀로 서 있으면서 돌계단 아래 운동장을 내려다 보고 있었다. 단풍나무를 학교 의자 높이의 바위들이 동그랗게 한 발짝 거리를 두고 둘러싸고 있었다. 강당 정문으로부터 3m 정도 너비의 언덕 위 길을 가로질러 돌계단을 따라 내려가면 조회대가 있었고, 조회대를 중심에 두고 양 옆으로 돌계단이 언덕 위 길과 나란하게 늘어져 있었다. 넓은 운동장은 공주고등학교 야구부 선수들이 야구 훈련을 하면서 외치는 소리들로 채워지고는 했다. 운동장은 야구부가 아닌 학생들도 체육 또는 교련 수업 활동을 할 때든지, 체력장 시험 대비 연습을 한다든지, 쉬는 시간이나 점심 시간에 나가 뛰어 놀거나 하는 장소이기도 했다.

  나(키팅샘)는 10대 때 <u>내가 누구인지</u> 알 수 없었다. 정체성이라는 거창한 단어조차 몰랐다. 내가 누구인지 알지 못하고 있음을 알지 못한 상태로, 학생은 학교에 가는 것을 당연한 것이라고 판단하는 것조차 판단함이 없이 그냥 그렇게 집과 학교를 오고 가며 선생님 가르침은 그냥 정답으로 알고 따랐다.

쉬는 시간이면 동문동산 언덕 위에서 다른 나무들과 동떨어져 홀로 서 있는 단풍나무 옆 바위에 홀로 앉아 물끄러미 야구부 훈련을 바라 보거나 하늘 위 해(태양)를 바라 보곤 했다. 2학년 고등학생이었던 1987년에도 그랬다.
1987년 9월. 단풍나무 잎 하나가 내 가슴을 툭 치고는 내가 앉아 있는 땅바닥으로 떨어졌다.
　　　　　　나 스스로에게 셀 수 없이 질문을 시작했던 때였다.

내가 여기 왜 앉아 있지?
　　　　　　수업 종이 쳤다. 쉬는 시간에 운동장에 있던 애들이
　　　　　　교실로 뛰어 들어가는 모습이 보였다.
애들이 왜 교실로 뛰어가지?
수업은 왜 들어야 하는거지?
　　　　　　종소리가 나와 우리를 움직이게 하고 있네!
종소리는 나와 우리에게 무엇인거지?
수업 시간인데, 들어가야 하는거지?
수업 시간에 나는 왜 들어가야 하는거지?
...

질문에 대한 답을 찾기 시작했다.
주변 어른들께 여쭐 수 있는 형편이 아니었다.
내가 배우고 있는 고등학교 교과서에는 찾을 수 없었다. 그나마 철학 과목과 음악 과목이 있었지만 만족스럽지 않았다.
...

최고로 좋은 대학에 가면 알려줄 것 같았다. 제일 좋은 대학교가 서울대학교라고 했다. 헌책을 파는 학교 근처 가게에서 서울대학교 합격 수기를 담은 책을 발견하고 돈을 마련해서 책을 샀다. 읽었다. 3시간만 잠을 자고 공부만 했다고 했다. 나도 그렇게 하면 서울대학교를 갈 수 있을 것으로 알았다. 서울대학교를 가면 나의 질문에 대한 답을 찾을 수 있을 것이라는 근거 없는 믿음을 근거가 있는 믿음인 양 여기고 공부만 했다. 서울대학교 합격 수기에서 제시하고 있는 방법을 따라 영어 10시간, 수학 6시간씩 공부를 시작했다. 학교에서 화장실 가는 것을 2교시와 5교시 끝나는 쉬는 시간으로 제한하고 실천했다. 집에 돌아와서는 잠을 3시간 잤다. 당시에는 가끔씩 동네 전체에 전기 공급이 끊길 때가 있었다. 그럴 때면 촛불을 켜고 공부를 하면서 3시간 잠을 자는 것 외에는 공부하기로 결심했던 나 자신과 했던 약속을 실천했다. 2학년 고등학생이었던 1987년부터 서울올림픽이 열렸던 1988년까지, 3학년 고등학생 시절(1988년) 여름을 지나 가을에 이르도록 16시간 영어와 수학 공부하기, 2교시와 5교시 끝나는 쉬는 시간에만 화장실 가고 나머지 쉬는 시간은 공부하기, 집에 돌아와서는 3시간 잠자기 외에는 공부하기를 실천했다. 서울대학교 합격 수기에서 제시하고 있는 방법을 따라 3학년이 되어서는 매월 대학교 시험인 학력고사를 대비하는 모의고사 점수도 그래프로 그렸다. 1988년 10월까지 그래프는 최하위 점수 부근에서 수평선이었다.

참담했다.

10월 아침 조회 때 담임선생님께서 교무수첩을 놓고 나가셨다. 감히 담임선생님 물건을 만진다는 두려움에 떨리는 손으로 교무수첩을 펼쳐 보았다. 교무수첩에 담임 반 아이들 IQ가 쓰여 있었는데, 나의 IQ가 궁금했기 때문이었다.

두 자릿수 IQ인 나의 숫자를 발견했다. 실망보다는 안심이었다.
위로를 받았다. 그리고 내 입에서 자그맣게 터져 나온 탄성(歎聲),

나 돌대가리였구나!
그래서 이토록 공부만 했는데도 성적이 이 모양이었구나!
그렇다면 조금 더 공부하면 되겠다.
대신 이제 영어, 수학 공부는 멈추자. 암기 과목만 공부하자.

...
　서울대학교를 가지 못했다. 당시에도 지금도 무시를 받는 지방대라는 세 글자에 속하는 청주대학교에 합격했다. 나와 같은 돌대가리를 합격시켜 준 청주대학교에 감사할 따름이었다. 나와 같은 돌대가리를 자식이라고 합격을 축하해주시는 어머님께 송구(悚懼)할 따름이었다.
...

　돌대가리였던 탓인지, 2학년 대학생이 되어서야 대학교는 국립대학교와 사립대학교로 구분하며, 사립대학교가 국립대학교보다 등록금이 훨씬 비싸다는 것을 알았다. 가난했던 가정 형편으로는 국립대학교를 갔어야만 했다.
...

　집이 가난하여 대학교 점심 밥을 먹는 것을 400원으로 정하고 실천했다. 내가 다니던 사회과학대학 행정학과를 가기 위해서는 오르막길을 한참 올라가야 했는데, 오르막길 중에 인문대학 식당이 있었다. 1층인데 건물 구조상 지하 1층이라고 하는 식당이었다. 햄버거용 빵을 위아래로 두고 빵과 빵 사이에 토마토케첩, 얇게 썰어 놓은 양배추, 둥근 모양의 납작하게 눌러 놓은 고깃덩이로 구성한 300원짜리 햄버거와 자판기에서 종이컵에 담겨져 나왔던 100원짜리 전지분유가 나의 점심 식사였다. 89학번으로서 2학년(1990년)까지 거의 2년 간 나의 점심식사는 언제나 400원이었다.

　대학생이 되어서는 고등학생 때 보다 자주 동기, 선·후배와 어울렸던 것 같다. 다만 점심 식사 때만큼은 늘 혼자였던 것으로 기억한다.
...

　2학년 고등학생 때 시작한 질문은 대학생이 되어서도 계속되었다. 시험공부를 위한 전공 과목과 교양 과목 외에는 책을 읽을 수 없었다. 머릿 속에 들어 있는 지식(知識)이라고 하는 것이 내 것이 아니라는 것을 알았기 때문이었다. 내가 아닌 다른 사람으로부터 채워졌고 채워지고 있다는 것을 알았기 때문이었다. 크게는 크리스트 교에서 말씀하시는 것과 같은 종교 측면의 신념으로부터 사람으로 살아가면서 챙겨야 하는 바른 길(도리, 道理)까지 내 것이 아닌 남의 것이 나의 정신을 지배하고 있다는 것을 알았기 때문이었다. 하느님께서 이 세상의 모든 것을 만드셨고, 모든 것의 운명을 결정하시고 계시다는 것, 하느님만을 신(神)으로 믿어야 한다는 것 등으로부터 시내버스에 올라 목적지까지 이동하는 동안 할아버지, 할머니께서 버스에 오르시면 일어나서 자리를 양보를 해야 한다는 것까지 너무나도 자연스럽게 따르며 살아가고 있는 나를 문득 발견했기 때문이었다. <u>이미 내가 살아가고 있는 사회에서 이것을 옳고 저것은 옳지 않다, 이것은 바른 사람의 모습이고 저것은 바르지 않은 사람의 모습이다</u> 라고 정해 놓은 길을 그냥 그렇게 받아들이고 살아가고 있는 나를 문득 발견했기 때문이었다.

...

나라(國家)에 군대(軍隊)가 필요한 까닭과 숭고(崇高)한 가치를 알고 있다. 반면 사람이 사람에게 복종을 해야 하고, 사람이 사람을 죽이기 위해 훈련에 임해야 하는 군대가 나는 참으로 낯설었다. 1991년 1월에 입대해서 1993년 6월에 병장으로서 만기 전역을 할 때까지 군인 신분의 나를 나는 참으로 낯설어했다.

...

스물일곱 살(1997년)에 어렴풋이 깨달았다. 사람이 자신을 발견(= 正體性)하는 데 큰 영향을 미치는 존재가 <u>아버지</u>라는 것을 알았다. 아버지께서 나에게는 살아 계시지 않았음에 따른 내가 누구인가(= 자아 정체성)에 관한 혼란이 지속하고 있었음과 같이 우리 겨레 역시 <u>아버지와 같은 존재가</u> 갑작스럽게 사라짐을 당함으로써 우리 겨레가 누구인가(= 겨레 정체성)에 관한 혼란이 지속하고 있음을 알았다.

— 스물일곱 살(1997년) 때

출처 : 마흔살(冊名) 中 7쪽, 박찬중 著

나

나는 사람임을 알았다.
다른 이들도 사람임을 알았다.

나는 생명임을 알았다.
다른 모든 이들도 생명임을 알았다.

나는 죽음을 알았다.
다른 모든 이들도 죽음을 알았다.

그리하여 나는 내가 소중함을 알았다.
그런 까닭에 다른 모든 이들도 소중함을 알았다.

    - 내 나이 17살에 시작된 고민.
      27살 때(1997년),
      <내가 누구인가?>에 대한
      어렴풋한 해답을 10여 년 만에 찾았다.

                마흔 살, 2009. 5.

출처 : 마흔살(冊名) 中 3쪽~4쪽, 박찬중 著

나에게 보내는 편지

　나에게 편지를 씁니다.

　내게 주어진 지금의 여정 속에서 가장 중요한 결정을 내리고자 합니다. 이렇게 제게 결정을 내릴 수 있는 자유를 주신 하느님께 눈물로 감사의 마음을 바칩니다.

　먼저 애써 외면해오던 제 삶에 대해 결정합니다.
그것은 우주에 있는 존재들에게 시봉하는 삶으로써 죽음으로 인생의 여정을 잠시 마칠 때까지 채우겠습니다. 그리하여 스스로 쌓은 죄에 대하여 용서를 구하겠습니다.

　다음으로 자아정체성을 찾아 방황해 왔던 제 인생에 대해 결정합니다.
우리 한민족의 정체성을 찾는데 일조하는 길을 걷겠습니다. 잊혀져 잃어가고 있는 대한제국 황실 역사 연구를 제 인생으로 삼겠습니다.

　다음으로 제 가족과 친족들에 대해 결정합니다.
情으로 대하겠습니다. 시봉(侍奉)하는 마음으로 대하겠습니다. 상하로는 제 조상님으로부터 동생들에게까지, 그리고 좌우로는 현 시대에 살아 숨쉬는 친족들에게 시봉하는 마음으로 대하겠습니다.
　다음으로 저와 인연이 되었던 모든 분과 존재에 대해 결정합니다. 情으로 대하겠습니다. 시봉하는 마음으로 대하겠습니다. 살피겠습니다.

원칙을 정하겠습니다.

하루의 시작과 끝을 명상으로 채워나가며, 진리와 비폭력 그리고 봉사의 정신으로 남은 잔여 생명을 채워 나가겠습니다. 그리고 위 원칙의 실천에 관한 자아성찰의 시간을 늘 갖겠습니다.

32살, 2001. 3. 5. 월요일

"제가 살아가는 모습을 잘 살펴보십시오.
제가 평소 어떻게 생활하고, 먹고, 앉고, 말하고, 행동하는가를.
저의 이 모든 것을 합한 것이 제 신앙입니다."

- 마하트마 간디 -

□ 광복절 과 건국절
　대한민국 정부 수립 과 대한민국 건국

1. 제72주년 8. 15 광복절 경축사(2017. 8. 15.) - 문재인 대통령
   https://www.youtube.com/watch?v=_9rJmFos5Ng - KTV 국민방송

2. 제73주년 8. 15 광복절 경축사(2018. 8. 15.) - 문재인 대통령
   https://www.youtube.com/watch?v=QBQm1bzT8hQ - KTV 국민방송

3. 제74주년 8. 15 광복절 경축사(2019. 8. 15.) - 문재인 대통령
   https://www.youtube.com/watch?v=g0pZR9cUZqk - KTV 국민방송

4. 제75주년 8. 15 광복절 경축사(2020. 8. 15.) - 문재인 대통령
   https://www.youtube.com/watch?v=wagPI46zUlE - KTV 국민방송

5. 제76주년 8. 15 광복절 경축사(2021. 8. 15.) - 문재인 대통령
   https://www.youtube.com/watch?v=tErzI_yh4zo - KTV 국민방송

6. 홍범도 장군 유해 봉환식(2021. 8. 15.)
   https://www.youtube.com/watch?v=nl5KhRmWpT0 - KTV 국민방송

　　　　　　　　※ KTV 국민방송 :
　　　　　　　　　가. 우리나라(대한민국) 정부가 운영하는 공공 채널
　　　　　　　　　나. 책임 운영 기관 - 문화체육관광부 한국정책방송원

위 여섯 가지 자료를 꼭 찾아 열린 마음으로 경청하기 바란다. 과거 우리나라(대한제국(일제 강점기 포함))부터 지금 우리나라(대한민국)까지 역사에 관한 바람직한 역사관으로써 가치 있는 연설문이다. 연설문 작성의 모범답안으로써도 가치 있는 연설문이다.

본 주제 광복절과 건국절, 대한민국 정부 수립과 대한민국 건국 과 관련해서 위에서 얘기한 1. 제72주년 8. 15 광복절 경축사 유튜브 주소를 찾아 경청하기 바란다. KTV 국민방송에서 제공하는 총29분 39초 분량의 영상 자료이다. 25분 21초부터 25분 36초 사이에 문재인 대통령이 연설하는 내용을 본 지면에 옮기면 아래와 같다.

- 출처 : KTV 국민방송

"2년 후 2019년은 대한민국 건국과 임시정부 수립 100주년을 맞는 해입니다. 내년 8. 15는 정부 수립 70주년이기도 합니다."

또한 인터넷을 통해 아래와 같은 곳을 찾아가면 바로 위에서 얘기한 KTV 국민방송 영상 자료와 같은 문재인 대통령의 연설 내용을 발견할 수 있다.

대한민국 정책 브리핑   정책뉴스 [전문] 문재인 대통령 제72주년 광복절 경축사

존경하는 국민 여러분,
독립유공자와 유가족 여러분,
해외 동포 여러분,

2년 후 2019년은 대한민국 건국과 임시정부 수립 100주년을 맞는 해입니다.
내년 8.15는 정부 수립 70주년이기도 합니다.

우리에게 진정한 광복은, 외세에 의해 분단된 민족이 하나가 되는 길로 나아가는 것입니다.
우리에게 진정한 보훈은, 선열들이 건국의 이념으로 삼은 국민주권을 실현하여
국민이 주인인 나라다운 나라를 만드는 것입니다.

지금부터 준비합시다.
그 과정에서, 치유와 화해, 통합을 향해 지난 한 세기의 역사를 결산하는 일도 가능할 것입니다.

※ 출처 : 대한민국 정책 브리핑
  가. 우리나라(대한민국) 정부가 운영하는 공공 채널
  나. 담당 기관 - 문화체육관광부

KTV 국민방송 영상 자료와 대한민국 정책 브리핑을 통한 연설문(2년 후 2019년은 ~ 합니다)을 통해 문재인 대통령은 대한민국 건국 시기를 대한민국임시정부 수립과 같은 때인 1919년 4월 11일로 규정(2019년 - 1919년 = 100년)하고 있으며, 1948년 8월 15일을 대한민국 정부 수립의 날로 규정(2018년 - 1948년 = 70년)하고 있음을 알 수 있다.

본 주제 광복절과 건국절, 대한민국 정부 수립과 대한민국 건국 과 관련한 것으로 KTV 국민방송과 대한민국 정책 브리핑 이외 자료는 아래와 같다.

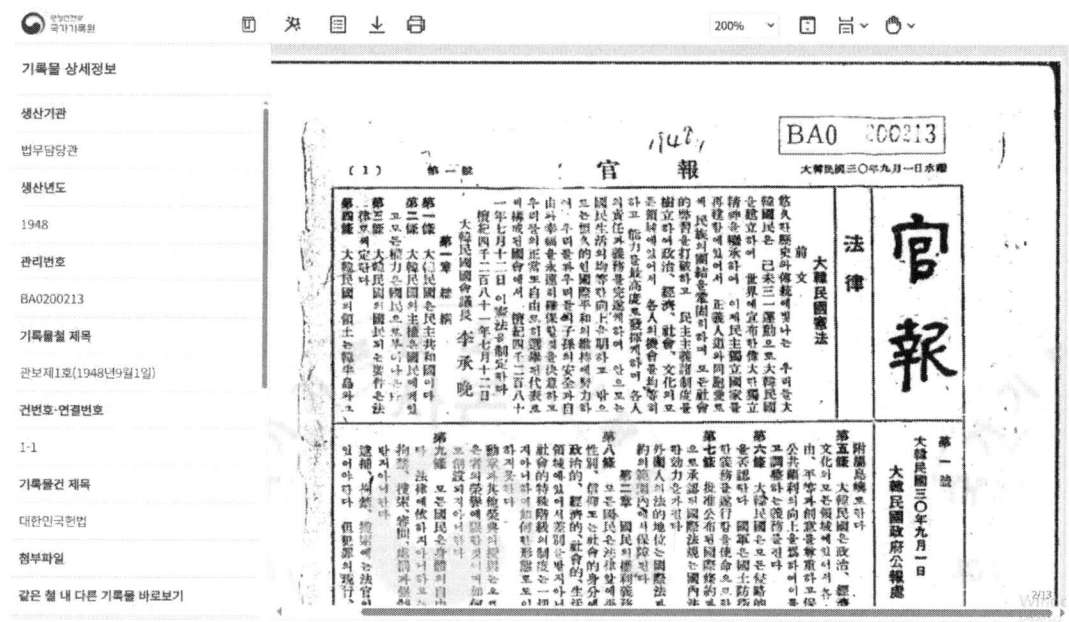

※ 출처 : 행정안전부 국가기록원
    가. 대한민국 공공기록물 관리(영구 보존 등) 행정 기관
    나. 담당 기관 - 행정안전부

1948년 9월 1일 자(字) 대한민국 관보(官報, 정부에서 국민에게 알리기 위해 만들어 내는 신문(新聞, news)과 같은 자료)이다. 첫 번째 우리 민주제(대통령 : 이승만) 시기의 관보로서, 위 자료를 눈여겨 살피면 영어 알파벳 BA로 시작하는 네모칸 바로 아래에 한자(漢字)로 대한민국 30년 9월 1일 수

요(大韓民國三○年九月一日水曜) 라고 쓰여 있는 것을 발견할 수 있다. 또한 가장 큰 글자로 써 놓은 관보(官報)라는 칸 바로 아래 칸에 한자(漢字)로 써 놓은 글자를 눈여겨 살피면 제1호 대한민국 30년 9월 1일 대한민국 정부 공보처(第一號 大韓民國三○年九月一日 大韓民國政府公報處) 라고 쓰여 있는 것을 발견할 수 있다. 이승만 대통령은 대한민국 건국 시기를 1945년 또는 1948년으로 판단하고 있지 않았음을 알 수 있다. 대한민국 건국 시기를 대한민국임시정부 수립과 같은 때인 1919년으로 규정하고 있음을 알 수 있다.

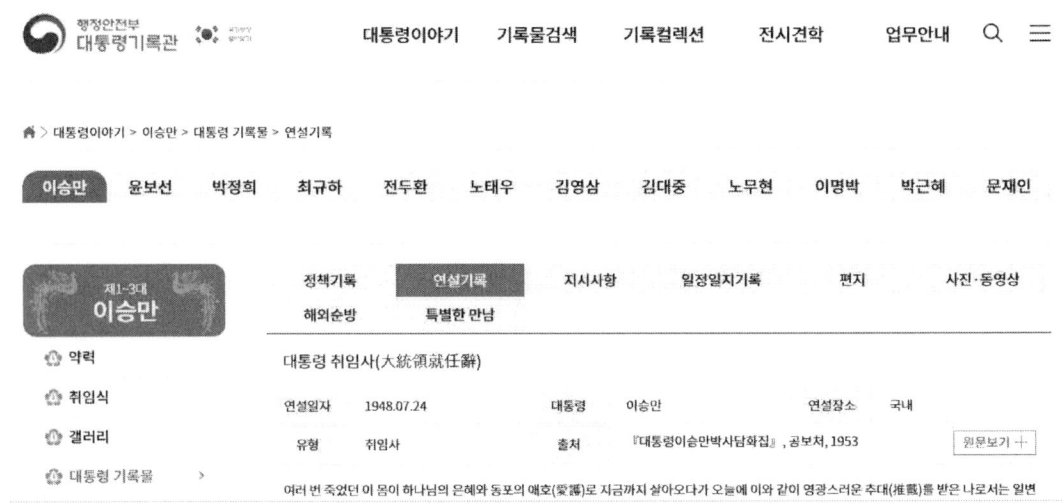

※ 출처 : 행정안전부 대통령기록관
　　가. 대한민국 역대 대통령 관련 자료를 보존하는 행정 기관
　　나. 담당 기관 - 행정안전부

1948년 7월 24일 대통령 취임사이다. 당시 이승만 대통령의 취임 연설문으로서, 취임사 앞 부분 표 안의 연설 일자를 보면 1948.07.24. 라고 쓰여 있으며 취임사 끝 부분을 눈여겨 살피면 대한민국 30년 7월 24일 이라고 쓰여 있음을 발견할 수 있다. 이 또한 이승만 대통령은 대한민국 건국 시기를 1945년 또는 1948년으로 판단하고 있지 않았음을 알 수 있다. 대한민국 건국 시기를 대한민국임시정부 수립과 같은 때인 1919년으로 규정하고 있음을 알 수 있다.

너희(우리 학생)에게 바란다. 문재인 대통령의 72주년~76주년 광복절 경축사와 홍범도 장군 유해 봉환식 관련 KTV 국민방송 영상 자료를 경청하고, 대한민국 정책 브리핑 자료를 읽어주기 바란다. 1948년 9월 1일 자(字) 대한민국 관보와 행정안전부 대통령기록관에서 보존하고 있는 1948년 7월 24일 이승만 대통령의 대통령 취임사에서 발견할 수 있는 날짜를 살펴주기 바란다. 내가 소개한 위 자료들보다 훨씬 많은 자료들을 살펴주기 바란다. 나(키팅샘)와 다른 주장을 하는 사람들의 주장도 꼼꼼하게 경청하고 살펴주기 바란다. 열린 마음으로 모두를 정성(精誠)으로 살핀 후 광복절, 건국절, 대한민국 정부 수립, 대한민국 건국에 관하여 너희(우리 학생) 스스로 판단하기 바란다.

□ 독도(獨島) - 경상북도 울릉군 울릉읍 독도리,
　　　　　　　　　　우리 겨레 땅(영토), 대한민국 땅(영토)

1. 존경하는 국민 여러분, 독도는 우리 땅입니다 - 노무현 대통령
   https://www.youtube.com/watch?v=TRHlxkH0b1w
   　　　- 사람사는세상 노무현재단, 2006년 4월 25일 노무현 대통령 연설문

2. 한일 관계에 대한 특별 담화문, 2006년 4월 25일
   https://www.knowhow.or.kr/center/program_detail.php?seq=137
   　　　　　　　　　　- 사람사는세상 노무현시민센터

| 시민센터 | 센터프로그램 | 지역프로그램 | 시민활동 | 시민공모지원 | 공간예약 |

🏠 센터프로그램 ⌄

"존경하는 국민 여러분, 독도는 우리 땅입니다"

노무현대통령이 직접 쓰셨고 '**독도연설**'로 잘 알려진 [**2006, 한일관계에 대한 대통령 특별담화문**]을 함께 필사합니다.
노무현의 말과 글을 사랑하는 분들의 많은 참여를 기다립니다.
본 프로그램은 온라인으로 진행됩니다.

| 2006년 4월 25일　　　　　　　　　　　　　　　　　　　대통령 발언록

한일 관계에 대한 특별 담화문

존경하는 국민 여러분,

독도는 우리 땅입니다. 그냥 우리 땅이 아니라 40년 통한의 역사가 뚜렷하게 새겨져 있는 역사의 땅입니다. 독도는 일본의 한반도 침탈 과정에서 가장 먼저 병탄되었던 우리 땅입니다. 일본이 러일전쟁 중에 전쟁수행을 목적으로 편입하고 점령했던 땅입니다.

※ 출처 : 사람사는세상 노무현시민센터

너희(우리 학생)에게 바란다. 노무현 대통령의 2006년 4월 25일, <u>존경하는 국민 여러분, 독도는 우리 땅입니다</u> 라는 제목의 사람사는세상 노무현재단 영상 자료를 경청하고, 사람사는세상 노무현시민센터에서 제공하고 있는 <u>한일관계에 대한 특별 담화문</u> 전체 자료를 모두 읽어주기 바란다.

예전에는 본적(本籍)이라는 것이 있었다. 지금의 가족관계증명서를 발급 받아 볼 때 가장 윗 부분 네모 칸에 있는 등록기준지(登錄基準地)라고 여기면 된다. 등록기준지는 자신이 바라면 변경할 수 있다. 나(키팅샘)의 본적(등록기준지)은 <u>경상북도 울릉군 울릉읍 독도리 30번지</u>다.

<u>독도</u>다.

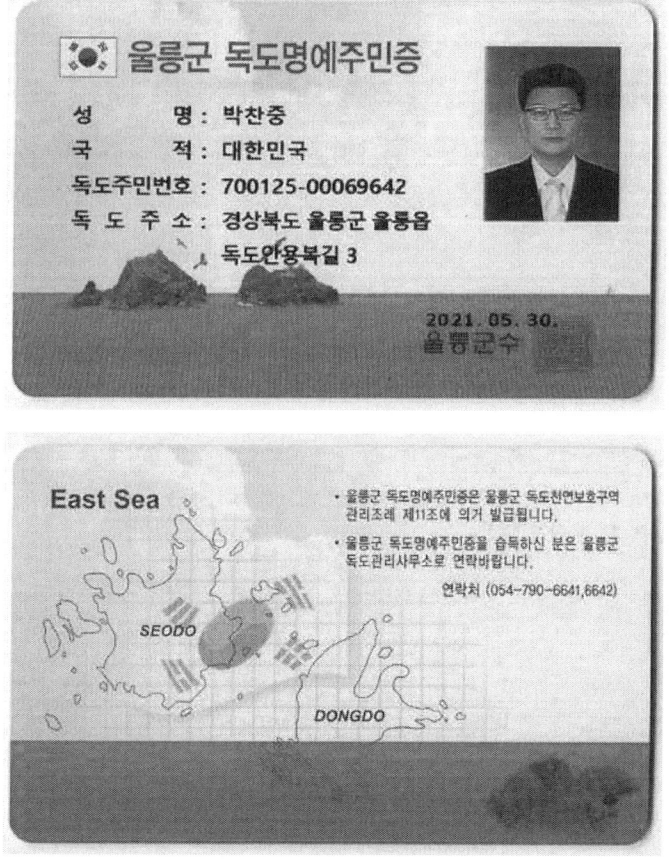

독도(獨島, 우리 땅)를 꼭 찾아가서 두 발로 우뚝 서기를 바란다.

□ 우장춘로(路) - 부산광역시 동래구 온천동 우장춘로

　다행히도 만리포고등학교(충남 태안군 소원면 서해로 631 소재) 기간제 교사 공고에 따른 응모 과정을 통해 합격함에 따라 2014년 4월부터 교사 직업을 지속할 수 있던 때였다. 3학년 공동 담임교사 업무와 함께 법과 정치, 사회·문화 교과 업무를 담당했다. 행정 업무로는 학생부 소속으로 학생부 업무와 함께 보건 업무를 담당했다. 감사하게도 2015년 8월까지 대략 17개월 간 근무할 수 있었으며, 2015년에는 메르스(중동 호흡기 증후군) 사태로 보건 업무 부문에서 업무 부담이 상당했던 것으로 기억한다.

　슬라브 구조의 한자(漢字)로 일(一) 자 모양의 3층 건물에서 3층이 3학년 교실이었다. 아침 조회와 오후 종례를 하거나 수업을 하기 위해 길다랗게 이어진 3층 복도를 따라 걷다 보면 학급별로 교실과 복도가 맞 닿아있는 벽면에 위인(偉人, 뛰어난 일을 한 사람)들의 얼굴 사진이나 그림을 액자처럼 하여 걸어 놓은 것을 발견할 수 있었다. 반명함판 사진과 같은 사진이나 그림으로 얼굴을 알리고, 사진이나 그림 아래 그 사람이 뛰어나게 했던 일들을 소개해 놓은 B4 용지만한 종이 인쇄물이었다. 당시 한국사 교과 담당 선생님이 태안중학교에서 만리포고등학교로 근무 장소를 옮기면서(전근, 轉勤) 이내 게시한 인물들이라고 했다. 상당한 경력이 있는 선생님으로, 남편 분은 태안군 소재 다른 학교에서 교장선생님으로 재직하고 있는 등 태안군 내 중,고등학교에서는 소위 인맥(人脈)이라고 하는 것이 탄탄한 선생님이었다. 만리포고등학교에서도 열정적으로 담임 교사 업무와 한국사 교과 업무를 하는 선생님으로서 그 분이 수업 시간에 학생들을 수업에 집중하게 하는 능력 등에서 배우고 싶은 바가 많았던 좋은 선생님이었다.

　4월 초에 위인들의 얼굴과 그들의 업적을 읽던 중에 문득 납득하기 어려운 인물이 있었다. 육종학자 우장춘이라는 인물이었다. 그는 지금(2024년)까지도 씨 없는 수박을 만들어 낸 사람으로 알려진 인물이다. 우장춘 박사가 우리나라에 이바지한 훌륭한 일(공로, 功勞)은 나(키팅샘)와 같은 사람은 견줄 수 없을 만큼 크다. 또한 소위 연좌제(連坐制, 범죄를 저지른 사람과 관계있는 사람에게 같은 책임을 묻고 처벌을 하는 제도)를 바라는 것은 아니다.

하지만 우장춘 박사와 같이 바로 위 아버지 또는 어머니가 저지른 잘못이 공동체에 미치는 영향이 너무나도 크고 깊은 경우에는 반드시 그의 <u>업적</u>(業績, 뛰어난 일로 이루어낸 성과)을 알릴 때 최소한 바로 위 아버지 또는 어머니가 저지른 잘못에 관한 <u>사실 관계</u>(잘못한 사건에 관한 원인, 과정, 결과와 이에 따른 정치 측면의 권력 형성 과정, 경제 측면의 재산 형성 과정, 사회 측면의 명예 형성 과정 등)를 알리는 것으로 한정하여 함께 알려야 한다고 나(키팅샘)는 판단하고 있다. 이와 같이 알림으로써 우리 초,중,고등학생이 우장춘 박사와 같은 위인(偉人)의 업적을 우장춘 박사와 같은 가족 내 크나큰 잘못이 있는 사연과 함께 배우면서 우리 초,중,고등학생 스스로 그 위인(偉人)에 관한 가치 판단을 할 수 있는 기회를 마련해야 한다고 판단하기 때문이다.

나(키팅샘)는 2014년 4월 초 만리포고등학교 3층 복도에 있는 우장춘 박사에 관한 문제 의식을 교장선생님과 위인(偉人)들 사진과 업적을 준비해서 3층 복도에 게시했던 한국사 선생님이면서 나와 3학년 1개 반 공동 담임이었던 선생님께 말씀을 드렸다. 그 분들은 우장춘 박사의 아버지가 누구인지를 알지 못했던 상황이었고, 감사하게도 이내 나의 의견을 받아들였다. 교장선생님과 한국사 선생님은 나에게 우장춘 박사 게시물을 대체할 인물을 찾아 게시할 것을 부탁했다.
...

2014년 8월 말이었다. 우리나라 지역 곳곳이 참으로 심한 폭우로 인해 많은 피해를 겪고 있던 때였다. 우연하게 텔레비전을 통해 부산 지역의 홍수 피해 소식이 알려지고 있었는데 문득 내 귀에 꽂히는 이름의 도로명주소가 홍수 피해 지역 이름으로 들렸다. <u>우장춘로</u> 라는 것이었다. 다음 날 인터넷 검색을 통해 우장춘로가 부산광역시에 있다는 것을 알았고, 그 지역의 담당 구청과 동사무소 이름을 찾았다.

전화를 걸었다. 사람 이름을 도로 이름으로 사용한다는 것은 그 사람의 업적을 훌륭한 사람으로 기억하고 알리기 위함이기 때문이므로 나(키팅샘)로서는 전화를 걸어 건의를 드려야만 했다. 2024년 지금의 나는 당시(2014년) 구체적으로 전화통화를 했던 날짜와 전화통화를 했던 대상이 구청 담당자였는지 동사무소 담당자였는지 기억을 할 수 없지만 전화 통화 내용만큼은 분명하게 기억하고 있다.

전화 통화를 했던 담당자 역시 만리포고등학교 교장선생님, 한국사 선생님과 같이 우장춘 박사의 아버지가 누구였는지 알지 못했다. 그 분에게 나의 의견을 전했다.

부산광역시 우장춘로에 살고 있는 우리 학생들이 자신의 집 주소를 누구에게 알릴 때나 학교 생활기록부에 기록을 해야 할 때 등 일상 생활에서 어쩌면 평생 사용해야 하는 이름이 우장춘로임을 담당자께서는 살펴주기 바란다. 사람의 말과 글의 힘이 미치는 영향을 담당자께서는 살펴주기 바란다. 습관(習慣)이 미치는 영향력을 담당자께서는 살펴주기를 바란다. 우장춘이라는 사람을 너무나도 당연한 듯 자연스럽게 훌륭하게 받아들여지게 될 때 우리 후대에 미칠 수 있는 영향을 담당자께서는 살펴주기를 바란다. 우장춘로 도로명 주소를 바꾸기를 원하지만 무리하게 요청하는 것은 아니며, 가능한 우장춘이라는 사람의 아버지가 우리나라 역사에 미쳤던 잘못도 함께 우리 학생들이 알 수 있는 방안을 담당자께서는 살펴주기를 바란다. 이마저도 어렵다면 지금 나와 전화통화를 하고 있는 담당자만이라도 문제 의식을 가져주기를 바란다. 앞으로 누구의 이름을 도로명 주소로 결정할 일이 있다면 조금 더 꼼꼼하게 살펴 결정하기 바란다.

담당자로부터 감사하다는 인사말을 들었다. 나 또한 담당자에게 불편할 수 있는 의견을 들어주어서 감사하다는 인사말을 전했다. 그리고 전화를 끊었다.

우장춘 박사의 아버지는 우범선(禹範善)이라는 사람이다. 1895년 을미사변(乙未事變, 일본제국주의가 저지른 명성황후 살인 범죄 사건) 때 훈련대 대대장으로서 일본인들이 경복궁(景福宮) 안의 건청궁(乾淸宮)까지 쳐들어가 명성황후를 찾아 살인 범죄 짓을 하는 데 적극 도왔던 사람이다.

1997년 학사 학위 논문 작성과 2002년 12월부터 2003년 12월까지 시민단체를 꾸려 나가는 과정에서 황손 ○○ 님과 서울교육대학교 교수님으로부터 직접 들었던 말씀과 교수님의 책에는 우범선이라는 사람의 알려지지 않은 일들이 있다. 을미사변 때 명성황후에게 우범선 훈련대 대대장이 저질렀던 만행(蠻行)과 우범선 훈련대 대대장이 일본으로 도망가서 일본 일왕으로부터 을미사변에 관하여 소위 혜택(惠澤)이라고 할 수 있는 이득을 받아 어떻게 사용했는지에 관하여 본지(本紙)에 기록하지 않고자 한다.

※ 아래 초상화의 출처를 밝히고자 살폈으나 10여 년 전(2014년)에 작성한 까닭인지 알아내지 못했다. 출판 이후 출처를 찾으면 죄송함을 전하고자 한다.

류방택(1320-1402)

본관 : 서산,
호 : 금헌
활동 : 천문학

■ 고려왕조 말기 - 조선왕조 초기 대표적 천문학자
■ '천상열차분야지도(국보 제228호)'를 만든 주된 인물.
■ 천상열차분야지도 : 우리 민족의 천문관을 잘 드러냄.
  동양에서 두 번째로 오래된 별자리지도.
  우리 민족문화 100대 상징물로 선정, 만원권 지폐 바탕그림을 장식함.

2014년 4월 초, 만리포고등학교 3학년 교실이 있는 3층 복도에 걸려 있던 우장춘 박사의 사진을 떼어내고 새롭게 걸어 놓았던 위인(偉人) 인물 사진이다.

출처 : YTN, 2014년 8월 26일

□ 테디 베어(Teddy Bear)

- 시어도어 루스벨트(Theodore Roosevelt)

나(키팅샘)는 가능하면 곰 인형을 그냥 곰 인형이라고 불러주기 바란다. 이름을 짓고 싶다면 곰돌이, 곰순이 등 우리말로 불러주기 바란다. 굳이 영어 등으로 이름을 짓고 싶다면 테디 베어 만큼은 제외하기 바란다. 꼭 테디 베어이기를 바란다면 앞에서 얘기한 <u>부산광역시 동래구 온천동 우장춘로</u> 사례와 같이 테디 베어의 유래라고 하는 미국의 대통령이었던 시어도어 루스벨트가 우리나라 역사와 관련하여 어떠한 일을 한 사람인지 알아주기 바란다.

나는 말과 글이 사람의 정신에 미치는 영향력을 절실하게 경험한 바가 있다. 말과 글로 인해 잘못했던 나는 평생 <u>자책(自責, 자신의 잘못을 깊이 뉘우치며 자신을 못마땅해함)하는</u> 내 모습을 <u>성찰(省察, 자신의 잘못을 반성하고 알아채기 위해 살핌)하며 죄송(罪悚, 죄스럽고 두려워함)함으로</u> 기도하는 삶을 살아가고 있다.

곰 인형은 어린 아이 때부터 곁에 두고 말을 걸고 위로를 받으며, 품에 안고 잠에 드는 물건 이상의 의미를 가지는 물건이다. 어른이 되어서도 그러한 경우가 많다. 지금까지 가까운 사람 집에 방문을 할 때면 열쇠 고리 등에 매달려 있는 자그마한 곰 인형부터 어른 크기만한 곰 인형까지 한 개 이상은 있었던 것으로 기억한다. 이러한 곰 인형에 대하여 언제부터인가 테디 베어라는 말과 글(= 이름)을 짓고 테디 베어라고 말과 글(= 이름)로 부르며 애착을 하는 물건 이상의 의미를 가지는 물건이 되어 있다. 심지어 테디베어뮤지엄이라는 이름으로 테마파크가 영업을 하고 있다. 제주특별자치도 서귀포시, 전북특별자치도 군산시, 전라남도 여수시에 있다고 한다.

나는 테디 베어라고 부르지 말라고 주장하는 것이 아니다. 앞에서 얘기한 부산광역시 동래구 온천동 우장춘로 사례와 같이 테디 베어의 유래라고 하는 시어도어 루스벨트에 관하여 알고 난 후 <u>스스로 판단할 수 있는 과정을 가져주기를 바랄 뿐이다. 스스로 판단한 후 지속하여 테디 베어라고 부른다면 나는 불만 없다. 스스로 판단하는 과정을 실천했기 때문이다.</u>

시어도어 루스벨트(Theodore Roosevelt)는 미국의 26번째 대통령으로 노벨 평화상을 수상한 사람이다. 학교에서 배우는 세계 경제 대공황으로부터 뉴딜 정책을 시행하여 미국을 위기에서 극복하게 한 위인(偉人)으로 배우는 루스벨트(= 프랭클린 루스벨트, 미국의 32번째 대통령)가 아니다. 두 사람은 서로 먼 친척 관계로서, 시어도어 루스벨트는 프랭클린 루스벨트의 아내와 삼촌 관계이다.

학교에서 배우는 한국사 교과 내용 중에 일본이 우리나라(조선 왕조와 대한제국)를 침탈하는 과정이 있다. 내용 중에 대한제국 시기에 있었던 러·일 전쟁(1904. 2. 10.~1905. 9.)에서 일본이 승리하는 결과에 따른 영향 아래 러시아 제국주의 국가와 일본 제국주의 국가는 미국의 포츠머스라는 지역에 모여 포츠머스 조약을 맺었다. 포츠머스 조약은 러시아 제국주의 국가와 일본 제국주의 국가가 각자 자신의 전쟁 수행 능력의 한계에 따른 서로의 필요에 따라 이루어진 조약으로, 당시 미국 대통령이었던 시어도어 루스벨트의 역할이 컸다. 시어도어 루스벨트는 상당히 일본과 가까운 외교를 펼쳤던 사람으로, 포츠머스 조약을 중재하기 위한 필요에 따라 가쓰라-태프트 밀약(1905. 7.)을 체결한 사람이다. 가쓰라-태프트 밀약은 학교에서 배웠던 바와 같다. <u>미국 제국주의 국가가 필리핀을 식민지화하는 것을 일본 제국주의 국가가 인정하고, 일본 제국주의 국가가 우리나라(대한제국)를 식민지화하는 것을 미국 제국주의 국가가 인정한다</u> 이다. 가쓰라-태프트 밀약이 밀약(密約, 남 모르게 자기들끼리 한 약속)으로 불리는 까닭은 1882년 우리나라(조선 왕조)와 미국 제국주의 국가 간에 약속했던 국제 조약인 조·미 수호 통상 조약을 조선 왕조의 동의 없이 일방으로 미국 제국주의 국가가 깨트린 조약이 가쓰라-태프트 조약(밀약)이었기 때문이다. 당시 미국 대통령으로서 조·미 수호 통상 조약을 일방으로 깨트린 사람이 시어도어 루스벨트이다. <u>조·미 수호 통상 조약의 주요 내용은 조선이 제3국의 침략을 받으면 미국은 즉각 조선을 돕기 위해 개입한다</u> 는 취지의 조약이었다.

가쓰라-태프트 밀약을 맺은 후 두 달 후인 1905년 9월에 포츠머스 조약을 맺었다. 당시 미국 대통령이었던 시어도어 루스벨트의 적극적인 중재 아래 두

나라(러시아와 일본)는 미국 땅 뉴햄프셔 주에 있는 포츠머스라는 지역에 모여 조약을 맺었던 것이다. 포츠머스 조약의 첫 번째가 <u>1905년 우리나라(대한제국)에 대하여 일본이 우월한 지위를 가지고 우리나라를 지도하고 보호하고 관리할 수 있는 권리가 있음</u>을 러시아가 인정한다는 취지의 내용이었다.

시어도어 루스벨트는 포츠머스 조약을 맺게 하는 적극적인 역할을 인정받아 노벨 평화상을 받았다.

끝.

애들아, 미안하다 - 한국사 교과서
Enough!

초판 1쇄 펴냄   2025년 1월 27일 월요일

지은이   박찬중

펴낸곳   키 팅(Key★Think)
등록   2025년 2월 15일   제708-90-02291호
E-mail   citizenshope@naver.com

2025. 2. Printed in Korea

Enough!(애들아, 미안하다 - 한국사 교과서)는
저작권법에 따라 보호를 받는 저작물입니다.

가격 12,500원

ISBN 979-11-991612-0-7 03900

박찬중(1990년대)

충남 공주에서 출생. 선생님을 업으로 살고 있다.